leykam: *seit 1585*

Oberösterreichische Schriften zur Volksmusik

Band 23

Musik entlang der Eisenstraße

Kultureller Transfer bis zum Ende der Monarchie

herausgegeben vom

Anton Bruckner Institut

und dem

Oberösterreichischen Volksliedwerk

durch

Klaus Petermayr und Andreas Lindner

Graz 2025

leykam: *Wissenschaft*

Für dem Inhalt sich die jeweiligen Autorinnen und Autoren verantwortlich

Impressum
Medieninhaber: Anton Bruckner Institut, Oberösterreichisches Volksliedwerk

Herausgeber: Klaus Petermayr, Andreas Lindner

Lektorat: Klaus Petermayr, Erkan Osmanović
Umschlaggestaltung und Layout: Robert Rothschädl
Gesamtherstellung: Leykam Buchverlag
Lichtenauergasse 1/8, A-1020 Wien, Österreich
Dreihackengasse 20, A-8020 Graz, Österreich
office@leykamverlag.at

uni.leykamverlag.at

ISBN 978-3-7011-0607-3

Inhalt

Vorwort

In Cajetan Franz Leitners *Vaterländischer Reise von Graz über Eisenerz nach Steyr* ist vielfach von Kultur und ein wenig auch von Musik die Rede, die in dieser von der Eisenindustrie geprägten Landschaft eine große Rolle spielte. Doch schon Jahrhunderte früher lassen sich immer wieder musikalische Verbindungen entlang dieses Weges feststellen. Maßgebliche Bedeutung hatten auch geistliche Zentren, die im Einzugsgebiet der Eisenstraße Oberösterreich mit der Steiermark verbanden (Admont, Rottenmann, Leoben, Rein, Garsten, Kremsmünster, Spital am Pyhrn usw.). Diesen unterschiedlichen Verbindungen, bei denen nicht zuletzt auch Volksmusik und Volksmusikanten sowie der Instrumentenbau eine Rolle gespielt haben, soll in diesem Band, der Großteils auf Beiträgen einer Tagung im Herbst 2023 beruht, nachgegangen werden. Diese Tagung wurde vom Anton Bruckner Institut gemeinsam mit dem Universalmuseum Joanneum in Graz und der Kunstuniversität Graz abgehalten, weshalb es den Herausgebern ein Anliegen ist, sich bei Bettina Habsburg-Lothringen und Klaus Aringer besonders zu bedanken.

An der Eisenstraße. Musikverbindungen entlang der Enns und Mur vom 17. bis zum 19. Jahrhundert. Ausgewählte Beispiele

Klaus Petermayr (Linz)

Bereits im späten Mittelalter erlangten die Städte Steyr und Leoben durch die florierende Eisenerzeugung und den daraus resultierenden europaweiten Handel erheblichen Wohlstand.[1] Über den Markt Eisenerz standen sie seit jeher wirtschaftlich miteinander in Verbindung. Dazu kam später noch auf niederösterreichischer Seite Waidhofen an der Ybbs.[2] Zum unmittelbaren Einzugsgebiet der beiden großen Handelszentren gehörten im Norden, an Enns und Donau liegend, Enns und Linz; im Süden, durch die Mur verbunden, Bruck und Graz. Anknüpfend an die ökonomischen Verbindungen dieser Städte ergaben sich bald Kontakte, die, auch in musikalischer Sicht, zu einem regen kulturellen Austausch führten. Erste Hinweise darauf finden sich bereits im 16. Jahrhundert und nehmen danach kontinuierlich zu. Nach den Franzosenkriegen, dem großen Revolutionsjahr 1848 und der langsamen Etablierung des Bürgertums setzte ein schleichender Niedergang der Eisenindustrie ein, welcher sich naturgemäß auch kulturell bemerkbar machte, weshalb die zweite Hälfte des 19. Jahrhunderts als Zäsur anzusehen ist.

Die Eisenstraße bzw. die Eisenwurzen galt, wie angedeutet, als einheitliche Kulturlandschaft, in der musikalische mit wirtschaftlichen und politischen Verhältnissen korrespondierten. Auch wenn gegenwärtig nicht mehr alle Gründe nachvollziehbar sind, die für musikalisch tätige Menschen ausschlaggebend waren, ihre Wohnorte innerhalb der hier im Zentrum der Betrachtung stehenden Region zu wechseln, lassen sich dennoch immer wieder Hinweise finden, die etwas Licht ins Dunkel bringen. Nicht immer handelt es sich dabei um berufliche Verbesserung, oft waren es auch Direktiven bzw. Aufträge von Adel, Bürgertum oder Geistlichkeit. Folgende acht Institutionen bzw. Faktoren spielten für einen Ortswechsel und dem mit ihm verbundenen musikalischen Transfer eine Rolle:

- Die Grazer Universität als Anziehungspunkt für Studierende
- Ordensgemeinschaften – Konventualen und extern Bedienstete als Musiker
- Der Adel als Dienstgeber
- Bürgertum – Städte als Musikzentren
- Pfarrschulen – Landorganisten als Kulturträger
- Schauspiel- und Musikantentruppen

---

[1] Vgl. dazu etwa Anton Koller: *Heimatkunde von Steyr*. Steyr 1894 oder Josef Freudenthaler: *Eisen auf immerdar! Geschichte der Stadt und des Bezirkes Leoben*. Leoben ³1954.

[2] Vgl. u.a. Peter Maier: *Waidhofen an der Ybbs. Metropole des Ybbstales*. Waidhofen 1993.

- Instrumentenbauer
- Privat Reisende – Musiktransfer im Freundeskreis

Keine Erwähnung findet hier das Militär. Graz und Linz verfügten zwar über Garnisonen, doch haben diese nichts mit der Eisenstraße zu tun.

Zu all den relevanten Punkten seien im Folgenden einige Beispiele angeführt, die in ihrer gebotenen Knappheit zwar keine speziell herausgearbeiteten Details bieten können, aber dennoch von der Vielfalt der untereinander stark verflochtenen Beziehungen zeugen. Doch vorweg soll noch ein Blick auf das 16. und frühe 17. Jahrhundert geworfen werden, in denen sich die ersten Hinweise zum kulturellen Austausch in der Region finden.

16. und 17. Jahrhundert

Steyr, Waidhofen und Eisenerz waren damals Zentren des protestantischen Glaubens und verfügten über Meistersingerschulen. Diesbezüglich sei etwa der „*Kürschner und Dichter*" Lorenz Wessel (ca. 1529–nach 1570) genannt, der 1562 in Steyr und Waidhofen und 1565 in Eisenerz tätig war. Von ihm haben sich aus diesen Jahren mehrere Lieder erhalten.[3] Parallel bzw. kurz nach dem Auftreten der Meistersinger sind an der Eisenstraße allerorts protestantische Schulmeister nachweisbar. Einer von ihnen war Joachim Fritz (oder Fritzius, * nach 1525–nach 1595), der in Eisenerz und Vordernberg als Komponist tätig war. Nach dem Eingreifen der Gegenreformation ging er nach Linz. Motettendrucke von ihm waren aus ökonomischen Gründen sowohl dem protestantischen Adel als auch steirischen Äbten gewidmet.[4] Ebenso unterhielten Mitglieder der Familie di Lasso gleichsam Beziehungen zu Graz und Steyr und boten sowohl den steirischen Landständen als auch dem Magistrat von Steyr Kompositionen ihres Vaters Orlando an.[5] Erste Hinweise zum Orgelbau passen ebenso in die Zeit des Protestantismus: Paul Hofhaimer (1495–1537) scheint 1513 mit einem Werk in Eisenerz auf, war aber auch in Linz tätig.[6] Ebenso fertigte Caspar Sturm (um 1540–nach 1605), unter Orlando di Lasso (1532–1594) Hoforganist in München, Instrumente für Graz und Linz.[7]

---

[3] Vgl. Gilbert Trathnigg: *Die Welser Meistersinger-Handschriften. Untersuchungen zum Welser Meistersang.* In: *Jahrbuch des Musealvereines Wels* 1.Wels 1954, S. 127–180 bzw. Karl Mitterschiffthaler: *Meistergesang in Oberösterreich.* In: *Streifzüge 1. Beiträge zur oberösterreichischen Musikgeschichte* (*Oberösterreichische Schriften zur Volksmusik* 5). Linz 2007, S. 25–60.

[4] Vgl. dazu den Artikel „*Fritzius*". In: *Steirisches Musiklexikon.* Hg. Wolfgang Suppan. Graz ²2009, S. 167f.

[5] Martin Fiala: *Frühe Musikinstrumente, Erzeuger und Instrumentalisten in Garsten, Gleink und Steyr.* In: *Musikinstrumente. Hersteller, Spieler und Sammlungen in Oberösterreich* (*Oberösterreichische Schriften zur Volksmusik* 18). Linz 2017, S. 21–54: 48f.

[6] Vgl. Günther Jontes: *Paul Hofhaimer als Orgelbauer in Eisenerz.* In: *Blätter für Heimatkunde* 54 (1980), S. 43–48.

[7] Vgl. dazu Suppan (Anm. 4), S. 694.

Die Grazer Universität als Anziehungspunkte für Studierende

Seit 1586 führten die Jesuiten eine Universität in Graz. Studierende unterschiedlicher sozialer Schichten genossen dort ihre Ausbildung. Nach dem 1619 erfolgten Abzug des Hofes nach Wien fiel dem Orden und den Ferdinandisten die musikalische Pflege an der Hofkirche zu, wofür auch Studierende mit dementsprechender Kenntnis eingesetzt wurden. Anhand einer 1992 erschienenen Arbeit über Sänger und Kirchenmusiker aus dem Grazer Ferdinandeum von Maria Mairold lässt sich eine Vielzahl von Personen namhaft machen, die vor allem aus Steyr und Umgebung kamen, um in Graz zu studieren. Im Zeitraum zwischen 1588 und 1684 scheinen folgende Namen auf:[8]

Lambert Windperger, Steyr „*Cantor*“ 1602

Johann Burchardus, Garsten „*est eximii artis in tuba ductili*“ 1638

Georg Erasmus Stettner, Steyr „*factus Tubicen*“ 1649

Johann Jeremias Stettner, Steyr „*factus Turnerus Graecensis*“ 1649

Franz Josef Tallmon, Steyr „*Musicus*“ 1657

Johann Adam Lux, Steyr, „*Tenorist*“ 1658

Johann Ulrich Pleses, Steyr „*acceptus pro musico*“. 1662

Johann Gottlieb Kimpach, Steyr „*et se perficiet in musica*“ 1664

Martin Wisshoffer, Steyr „*s. in M.*“ 1665

Richard Kirschner, Steyr „*susceptus in Musicum*“ 1665

Johann Michael Maurer, Steyr „[...] *serviturus choro titulo Musici*“ 1665

Johann Franz Zeiringer, Steyr „*susceptus titulo musices in Altistam, gnarus etiam tubae campestris*“ 1670

Balthasar Stangerer, Garsten „*s. i. M.*“ 1676

Franz Josef Niess, Steyr „*s. i. M.*“ 1676

Zu den 14 hier erwähnten Personen aus Steyr gesellen sich je eine aus Kremsmünster, Lambach und Linz. Diese Tatsache mag wohl für eine direkte Verbindung entlang der Eisenstraße sprechen. Erstaunlicher Weise finden sich unter den Studierenden keine solchen aus Waidhofen an der Ybbs, doch ist mit Johann Jakob Stummer (um 1600–1659) im Jahr 1644 ein aus Seitenstetten stammender Konventuale als Musiker bezeugt.[9] Über das Leben der genannten Personen lässt sich kaum Näheres in Erfahrung bringen. Im Falle der Gebrüder Stettner weiß man immerhin, dass sie auch später noch als Thurner-

[8] Maria Mairold: *Sänger und Kirchenmusiker aus dem Ferdinandeum in Graz, 1588 bis 1684*. In: *Zeitschrift des Historischen Vereins für Steiermark* 83 (1992), S. 273–335.

[9] Ebenda, S. 296 (Nr. 242).

gesellen bzw. Stadtmusikanten in Graz tätig waren.[10] Bei Franz Josef Tallmon (Thalman, 1640–?) wird es sich wohl um einen Enkel des in Gmunden und Steyr tätigen Komponisten und Organisten Mathias Thalman (um 1569–1639) gehandelt haben.[11] Erwähnenswert ist auch Johann Jakob Schmidt (Lebensdaten unbekannt) aus Amstetten, der 1651 bis 1654 an der Universität als „*Musicus*" nachweisbar ist und danach Regens chori in St. Florian geworden sein dürfte.[12] Zu ergänzen wären noch die Brüder Wolff Jacob (1676–1754) und Georg Adam Lauffensteiner (1678–1753), Söhne eines Steyrer Thurnermeisters, die ab 1693 in den Matriken der Universität nachweisbar sind.[13]

Ordensgemeinschaften – Konventualen und externe Stiftsbedienstete als Musiker

Viele der in Graz Studierenden traten vor, während oder unmittelbar nach ihrer Ausbildung in Orden ein und kehrten in ihre Stifte oder Klöster zurück, wo sie musikalisch tätig wurden und sicherlich die gewonnenen Erkenntnisse umzusetzen versuchten. Eine direkt an der Eisenstraße gelegene, einflussreiche Institution war das 1787 aufgelöste Benediktinerstift Garsten. Hierzu einige Beispiele:

Der 1615 in Leoben geborene Anselm Hubmann wurde 1637 Konventuale in Garsten und dort ab 1638 Regens chori ehe er 1663 als Pfarrer von Molln starb.[14] Maurus Ryß, 1702 in Waidhofen an der Ybbs geboren, studierte in St. Lambrecht und war ab 1729 Regens chori in Gartsen. Er starb 1744 als Stadtpfarrer von Steyr.[15] Schließlich sei noch der 1697 in Deutschlandsberg geborene Robert Weigel genannt, der 1715 in das Kloster Garsten eintrat und an den Universitäten in Graz und Salzburg studierte, ehe er 1731 das Amt des Chorregenten übernahm. 1748 wurde er Pfarrer in Großraming, kehrte aber kurz vor seinem 1753 erfolgten Tod nach Garsten zurück.[16]

Die bedeutendsten Musiker bzw. Komponisten, die von der Steiermark nach Oberösterreich gingen waren aber sicherlich der aus Mariazell stammende Sebastian Ertl (1555–1618) und der gebürtige Grazer Franz Sparry (1715–1767). Der ab 1589 in Garsten nachweisbare Ertl setzte dort in seinen Werken die mehrchörige Tradition Giovanni Gabrielis (1554/57–1612) fort. Ertl gilt als der erste Komponist des süddeutsch-österreichischen Raumes, der in seinem Werk einen Basso continuo verlangt.[17] Sparry hingegen

---

[10] Vgl. Suppan (Anm. 4), S. 683.

[11] Zu diesem Rudolf Flotzinger: *Oesterreichisches Musiklexikon* Bd. 5. Wien 2006, S. 2393 bzw. eigene Recherchen.

[12] Mairold (Anm. 4), S. 299 (Nr. 278).

[13] Rudolf Flotzinger: *Rochus Berhandtzky und Wolff Jacob Lauffensteiner. Zum Leben und Schaffen zweier Lautenisten in kurbayerischen Diensten.* In: *Studien zur Musikwissenschaft* 27 (1966), S. 200–239.

[14] Ernst Koch: *Biographische Denkmäler vom aufgehobenen Stifte Steyr-Garsten.* Hg und bearbeitet von Günter Garstenauer. Garsten 2011, S. 254f.

[15] Ebenda, S. 312.

[16] Ebenda, S. 305.

[17] Vgl. Martin Fiala: *Nachforschungen zu Sebastian Ertel – Quellen und Werküberlieferung.* In: *Zur Musik in Österreich von 1564 bis 1740* (*Neue Beiträge zur Aufführungspraxis* 9). Graz 2022, S. 83–107.

studierte in Admont, Salzburg, Graz, Rom und Neapel und war ab 1736 in Kremsmünster als einer der fruchtbarsten Klosterkomponisten seiner Zeit tätig. Viele seiner Werke haben sich bis heute erhalten.[18] So finden sich auch in den Musikbeständen der Leobener Kirche St. Jakob zwei Werke von ihm.[19]

Nicht unerwähnt soll an dieser Stelle auch Valentin Scheibl (1697–1745) bleiben. Der noch in Enns geborene und in Spital am Phyrn aufgewachsene Sohn des dortigen Regens chori Johann Georg Scheibl (1654–1738) trat in das Stift St. Lambrecht ein, wo er 1723 seine Primiz feierte und bis zu seinem 1745 erfolgten Tod als Chorregent und Komponist tätig war. Sein heute bekannterer Bruder Johann Adam (1710–1773) ging als Organist und Komponist nach Seitenstetten und später nach St. Pölten. Die Werke von ihm fanden in der ganzen Monarchie Verbreitung, während jene von Valentin nur in St. Lambrecht erhalten sind.[20]

Doch nicht nur Komponisten und Organisten waren am Musiktransfer der Klöster beteiligt. Auch zu Musikern, die einen „grenzüberschreitenden" Ortswechsel vollzogen findet man immer wieder Belege. So ist etwa Anton Helm (ca. 1765–1820), ein Sohn des Vöcklabrucker Organisten und Schulmeisters Andreas Franz Helm (um 1735–1783) bei seiner Hochzeit mit Klara Waldsam als „*Choralist*" im Stift Göß nachzuweisen. Als solcher mindestens bis 1805 tätig, verstarb er am 7. Februar 1820 als Beamter in Leoben.[21]

Für das in der niederösterreichischen Eisenwurzen gelegene Benediktinerstift Seitenstetten lässt sich ein musikalischer Austausch eher im kleinregionalen Bereich festmachen. Beziehungen bestanden zu Waidhofen an der Ybbs, Ybbsitz, Steyr, Gleink, Garsten oder Enns aber auch zur Wallfahrtskirche am Sonntagberg, die dem Stift als Pfarre inkorporiert war. Nachweisbar sind dort gelegentlich musikalisch und sogar kompositorisch tätige Konventualen, die aus der Region stammten und später seelsorgerisch wieder in Pfarren der Eisenwurzen tätig waren, wohin sie sicherlich auch ihre Musikalien mitnahmen. Zu diesen zählen etwa der aus Ybbsitz gebürtige und schließlich wieder hier tätige P. Adam Weissenhofer (1663–1719) oder P. Hieronymus Hueber (1691–1754), der danach in Wolfsbach tätig war.[22] Die Widmung von Kompositionen an Seitenstettener Äbte sowie der Ankauf von Musikalien ist etwa 1674 durch den Organisten von Garsten oder der den Schulmeister und Organisten von Ybbsitz – beide werden namentlich nicht genannt – belegt.[23] Intensive Kontakte pflegte man in Seitenstetten auch zu Joseph Fierlinger (1761–1827), dem Schulmeister und Organisten von Sierning bei Steyr. Dieser war zwar seinerzeit als ausgezeichneter Kirchenkomponist bekannt, trat aber auch als

[18] Altman Kellner: *Musikgeschichte des Stiftes Kremsmünster.* Kassel – Basel 1956, S. 362–410.

[19] Vgl. Hellmut Federhofer: *Die Musikpflege an der St. Jacobskirche in Leoben (Steiermark).* In: *Die Musikforschung* 4 (1951), S. 333–341: 340.

[20] Vgl. Christian Fastl/Klaus Petermayr: Artikel *Scheibl, Familie*, in: www.musiklexikon.ac.at.

[21] Vgl. Klaus Petermayr: *Der geheimnisvolle Herr Gräßl. Spurensuche zu einem Vöcklabrucker Organisten und einem verschollenen Gemälde.* In: *Jahrbuch der Gesellschaft für Landeskunde und Denkmalpflege Oberösterreich* 168 (2023), S. 359–375: 374.

[22] Vgl. Johann Haider: *Die Geschichte des Theaterwesens im Benediktinerstift Seitenstätten in Barock und Aufklärung* (*Theatergeschichte Österreichs* IV:1). Wien 1973, S. 44.

[23] Ebenda, S. 51.

Schöpfer von Schauspielmusiken und kleinen Opern an die Öffentlichkeit. Hier gelangte kurz nach 1800 sein eigens für Seitenstetten komponierte Singspiel *Hans von der Werth* zur Aufführung. Auch mehrere Kirchenmusikalien aus seiner Feder scheinen für das Stift entstanden zu sein.[24] Vom in St. Florian tätigen Sänger und Komponisten Benedikt Kraus (um 1725–um 1810) sind zwei dramatische Kantaten in Stift überliefert.[25] Auch hier können persönliche Beziehungen des Tonschöpfers nach Seitenstetten nicht ausgeschlossen werden.

Im Bereich der Ordensmusik waren auch die Jesuiten tätig, die Niederlassungen in Linz, Steyr, Leoben, Graz und St. Lorenzen im Mürztal hatten.[26] Höhepunkte ihres kulturellen Wirkens bildeten die jährlichen Aufführungen von Schuldramen. Inwieweit in diesem Bereich untereinander ein musikalischer Austausch erfolgte, kann zurzeit nicht nachgewiesen werden. Fest steht jedenfalls, dass der in Linz tätige Franz Weichlein (1659–1727) – auf ihn wird später noch näher eingegangen – sowohl für Linz als auch für Graz als Komponist von Jesuitenspielen in Erscheinung trat. Auch der vermutlich aus Traunstein in Bayern stammende Franz Ertl (Lebensdaten unbekannt), der an den Universitäten in Salzburg und Graz (ab 1707) studierte, trat als Komponist von Dramen in Erscheinung. Nach seinen Studien in Graz ging er als Musiker und Komponist nach St. Florian, wo er bis 1716 tätig war. Möglicherweise zog es ihn danach nach Garsten[27] bzw. wieder in die steirische Hauptstadt, da hier 1732 seine Musik zum Schauspiel *Exus coronatus* erklang.[28] Ertls Werke fanden relativ weite Verbreitung. Eine Komposition von ihm lässt sich auch in den ehemaligen Beständen von St. Jakob in Leoben nachweisen.[29]

Der Adel als Dienstgeber

Adelskapellen galten schon immer als erstrebenswerte Ziele für Musiker und Komponisten. Eine solche war die Hofkapelle der Eggenberger in Graz, die nach dem Abzug des kaiserlichen Hofes nach Wien immer mehr an Bedeutung erlangte. Über ihr Bestehen und ihre Zusammensetzung ist man kaum unterrichtet. Noch immer fehlen grundlegende Studien darüber, doch war sie nachweislich Anlaufstelle für bedeutende Persönlichkeiten, die auch am Rande mit der hier im Mittelpunkt stehenden Region zu tun haben.[30] Der 1652 bis 1659 im Stift Kremsmünster als Organist tätige Johann Jakob

[24] Vgl. Klaus Petermayr: *Die Autobiographie Joseph Fierlingers. Leben und Werk eines kaum bekannten Komponisten.* In: *Streifzüge IV. Beiträge zur oberösterreichischen Musikgeschichte* (*Oberösterreichische Schriften zur Volksmusik* 21). Graz 2023, S. 37–44.

[25] Vgl. Haider (Anm. 22), S. 94.

[26] Rudolf Flotzinger: *Musik im Grazer Jesuitentheater.* In: *Historisches Jahrbuch der Stadt Graz* 15 (1984), S. 9–26; Josef Fröhler: *Zur Geschichte der Schule und des Schuldramas der Jesuiten in Steyr.* In: *Oberösterreichische Heimatblätter* 9 (1955), S. 131–146; Günther Jontes: *Das Leobener Jesuitentheater im 17. Jahrhundert.* In: *Der Leobener Strauß* 8 (1980), S. 9–117.

[27] Darauf würde ein Hinweis auf dem Titelblatt eines im Stift Lambach erhaltenen Oratoriums von ihm hinweisen: „*O.S.B. Garsten*". A-LA 1972.

[28] Vgl. Flotzinger (Anm. 26), S. 23.

[29] Siehe Ingrid Schubert: *Musikalienbestände im Institut für Musikwissenschaft der Universität Graz. Teil 2* (*Tabulae Musicae Austriacae* XVI). Wien 2007, S. 209.

[30] Vgl. Ingrid Schubert: Artikel *Graz.* In: musiklexikon.ac.at bzw. Suppan (Anm. 4), S. 224–232.

Prinner (ca. 1624–1694), war danach bis etwa 1670 als Kapellmeister der Fürsten Eggenberg in Graz tätig. Er soll auch den jungen Heinrich Biber (1644–1704) in Graz beschäftigt haben, der, ehe er Kapellmeister in Salzburg wurde, auch im Dienst der Eggenberger in Graz stand.[31] Christoph Naringpauer († 1682) war bis 1639 als Trompeter im Dienst des Stiftes Kremsmünster tätig und wechselte danach in gleicher Funktion an den Hof der Eggenberger nach Graz, wo er 1682 starb.[32] Eggenbergische Trompeter (unter ihnen vielleicht auch Naringpauer) lassen sich als Beleg für einen „innersteirischen" Musiktransfer anführen: Am 24. Jänner 1681 wurden zum Einsatz bei einer feierlichen Messe zwei fürstlich Trompeter nach Bruck an der Mur berufen.[33]

Doch nicht nur den Fürsten Eggenberg war die Musik ein Anliegen. Während ihrer Grazer Internierung hatten auch die vier Söhne des bayerischen Kurfürsten Maximilian II. Musiker im Dienst. Darunter Wolff Jacob Lauffensteiner, Sohn des gleichnamigen Steyrer Thurnermeisters, der später nach München ging und als Komponist für die Laute einen außerordentlich guten Ruf genoss. Sein Bruder Georg Adam ist nach seinen Grazer Studien als Musiker und Zimmerwärter in Kremsmünster nachweisbar, wo er 1753 starb.[34]

Bürgertum – Städte als Musikzentren

Stadtpfarrorganisten bewegten sich meist im Spannungsfeld zwischen Pfarre und Magistrat, bezogen ihren Lohn aus unterschiedlichen Quellen, was oft zu Unklarheiten im Anstellungsverhältnis führte. Gerade in landesfürstlichen Städten war aber die Position des Stadtpfarrorganisten relativ angesehen und einigermaßen lukrativ. Nach dem Tod von August Hartmann Peintinger (um 1635–1690), der in erster Ehe mit Katharina Tuelly, einer Büchsenmachertochter aus Steyr liiert[35] und vermutlich einer der Lehrer von Johann Joseph Fux (um 1660–1741) war, berief man den zuvor in Garsten und Linz tätigen Johann Weichlein zu dessen Nachfolger als Stadtpfarrorganist nach Graz.[36] Weichleins Bruder Magnus, einst Regens chori im Stift Lambach und 1692 in Graz verstorben, war ihm sicher bei seiner Bewerbung behilflich. Bis 1727 war nun Franz Weichlein einer der Hauptverantwortlichen für das Grazer Musikleben, das er mit seinen eigenen Kompositionen, wohl aber auch mit solchen seines berühmten Bruders Roman (1652–1706) bereicherte. Obwohl in Graz vielbeschäftigt, hielt Weichlein seine Beziehungen nach Oberösterreich aufrecht.

---

31 Vgl Jiri Záloha: *Beziehungen der am Hofe der Fürsten zu Eggenberg in Ceský Krumlov (Böhmisch-Krumau) in der zweiten Hälfte des 17. Jahrhunderts wirkenden Künstlern zu Oberösterreich*. In: *Historisches Jahrbuch der Stadt Linz 1985*. Linz 1986, S. 529–544: 536.

32 Suppan (Anm. 4), S. 482.

33 Ebenda, S. 65.

34 Flotzinger (Anm. 13).

35 Trauungsbuch der Pfarre Graz Hl. Blut Tom. VI, S. 46.

36 Vgl. Klaus Petermayr: *Neues zum Leben des Grazer Stadtpfarrorganisten Franz Weichlein*. In: *Blätter für Heimatkunde* 98 (2024), S. 30–34.

Auch ein Sohn des 1728 in Wels verstorbenen Stadtpfarrorganisten Johann Gottfried Copisi (1662–1728) ging in die Steiermark: der in St. Florian geborene Franz Joseph (1688–1714) war laut der Verlassenschaftsabhandlung bezüglich des Todes seines Vaters Schulmeister und Organist in Murau.[37] Dort wurde er 1712 in den Dienst genommen, starb aber bereits zwei Jahre später.[38]

Doch nicht nur Musiker aus Oberösterreich wurden in die Steiermark berufen. Auch umgekehrte Fälle sind bekannt: Alessandro Tadei (ca. 1585–1668) etwa, ab 1606 Grazer Hoforganist und ab 1619 kaiserlicher Hoforganist in Wien, war in den Jahren 1628 und 1629 als Kapellmeister in Kremsmünster tätig.[39] Im März 1639 wurde Lorenz Gräßl aus Rottenmann als Organist nach Wels bestellt, wo er nahezu 30 Jahre zur Zufriedenheit von Magistrat und Pfarre tätig war.[40] In einem Leobener Visitationsprotokoll aus dem Jahre 1756 ist hingegen der aus Wels stammende Joseph Kurz als Musiker bezeugt.[41]

Für den musikalischen Transfer der Städte Waidhofen und Enns war bis zu einem gewissen Grad auch Leopold von Zenetti (1805–1892) verantwortlich, der um 1827/28 Privatlehrer und Musiker in Waidhofen und ab 1829 Regens chori der Stadt Enns war. Seine umfangreiche Musikaliensammlung, die sich teilweise in der Österreichischen Nationalbibliothek erhalten hat, spiegelt die bürgerliche Musikkultur dieser Zeit.[42]

Aber auch innerhalb der Landesgrenzen kann der städtische musikalische Austausch immer wieder belegt werden. Dazu weitere Beispiele: Johann Kaspar Winkler (17./18. Jhd.), der Regens chori von Bruck, offerierte dem Rat der Stadt Leoben 1709 etliche Musikalien.[43] Winkler ist insofern eine interessante Persönlichkeit, da er auch äußerst geschäftstüchtig gewesen zu sein scheint. So wird er in einer Kremsmünsterer Kirchenrechnung von 1710 erwähnt:

> Den 27. Juni seint mit gnäd: Consens von J: C: Winkhler, Chorregenten zu Prugg an der Murr in Steuermarckht vill schöne Musicalien erkhaufft wordeten per 20fl.[44]

Lukas Bernhard Grasser (18. Jhd.), von 1701 bis spätestens 1715 Organist in Leoben, ist in den Jahren 1725 bis 1729 als solcher in Graz bezeugt.[45] Der 1757 in Weyer geborene, und im niederösterreichische Göstling und Gaming gebildete Johann Wittmann wirkte in Garsten als Sänger und als Orgelbaugehilfe in Steyr, ehe er 1790 als Organist und

[37] Pfarrarchiv St. Johannes, Wels, Faszikel 9, Einlagezahl 18.
[38] Sterbebuch der Pfarre Murau Tom. II A, S. 232.
[39] Kellner (Anm. 18), S. 196.
[40] Petermayr (Anm. 21).
[41] Suppan (Anm. 4), S. 417.
[42] Vgl. Elisabeth Maier/Franz Zamazal: *Anton Bruckner und Leopold von Zenetti* (*Anton Bruckner Dokumente & Studien* 3). Graz 1980.
[43] Suppan (Anm. 4), S. 416. Schubert (Anm. 28), S. 217.
[44] Zitiert nach Kellner (Anm. 18), S. 307.
[45] Suppan (Anm. 4), S. 223.

Komponist im Stift Lambach seine Tätigkeit aufnahm.[46] Die Auflistung könnte noch beliebig lang fortgesetzt werden, doch mögen diese wenigen Beispiele genügen.

Einen bedeutenden Anteil am städtischen Musikleben hatten die Türmer, die im geistlichen und weltlichen Bereich gleichermaßen tätig waren. Der kulturelle Austausch, den wirtschaftlich und politisch verbundene Städte gehabt haben mussten, zeigt sich am Beispiel der Leobener Thurnerdynastie Seybald: Jakob Seybald (ca. 1714–1785) war in Steyr als Türmer tätig und ehelichte dort die Tochter seines Meisters Ferdinand Sertl. 1745 ging er nach Leoben, wo er nicht nur als Thurnermeister tätig war, sondern bald die gesamte städtische Musik unter seiner Leitung vereinte. Ihm folgte sein Sohn Anton Johann (1754–1834) im Amt nach.[47] Auch in Waidhofen an der Ybbs verfügte man über Türmer, die alle Jahre zu Neujahr dem Seitenstettener Abt ein Ständchen brachten und für feierliche Anlässe im Stift Verwendung fanden. Zudem scheinen sie auch als Händler für Instrumente und Noten mit den Konventualen des Stiftes in Verbindung gewesen zu sein.[48] 1773 ist als Stiftsbassist und Tafeldecker Joseph Fezmann (Lebensdaten unbekannt), Sohn eines Vöcklabrucker Thurnermeisters, nachweisbar, der wenig später als Thurnermeister nach Waidhofen ging. Die Waidhofener Thurner hatten aber auch rege Kontakte nach Enns. Der hier bis 1817 in Dienst stehende Alois Schiffner (1787–1852) ging als Nachfolger von Franz Glöggl (1796–1872) nach Enns, ehe er 1844 wieder nach Waidhofen zurückkehrte, um seinen früheren Posten erneut auszuüben.[49]

Pfarrschulen – Landorganisten als Kulturträger

Schon vor, vor allem aber seit der mariatheresianischen Schulreform galten Lehrer bzw. Lehrerorganisten und ihre Gehilfen als die kulturelle Instanz in ihren Pfarren. Über diese, heute immer noch wenig beachtete Berufsgruppe, erfolgte der musikalische Transfer in überregionaler Form, da gerade sie es waren, die schulbedingt ständigen Ortswechseln unterlagen. Auch hierzu ein paar Beispiele: Am bedeutendsten war wohl Wolfgang Lindner (16./17 Jhd.), der in Waidhofen und Steyr wirkte und in seinen privaten Aufzeichnungen viel über die Musik in der Region zu berichten hatte.[50]

1605 bat Peter Schrambl (Lebensdaten unbekannt), der Schulmeister von Weyer, um die Schulmeisterstelle in Eisenerz, die ihm jedoch verwehrt wurde.[51] Immerhin ist dessen Ansuchen aber ein Beleg, für das „grenzüberschreitende“ Interesse dieser Berufsgruppe.

Johann Felix Gräßl (vor 1640–1695), Sohn des schon erwähnten Welser Organisten Lorenz Gräßl, scheint 1662 als Musiker in Vöcklabruck auf. Von 1688 bis 1690 war er

---

[46] Vgl. die Autobiographie Wittmanns, Archiv der Gesellschaft der Musikfreunde Wien, Sign. 10907/134 bzw. Andreas Lindner: *Musikpflege in den oberösterreichischen Stiften, Aufbau, Organisationsstruktur und Personal* (*Veröffentlichungen des RISM-Österreich* A/9). Wien 2008, S. 608f.

[47] Vgl. Ingrid Schubert: Artikel *Seybald, Familie*. In: www.musiklexikon.ac.at.

[48] Vgl. Haider (Anm. 22), S. 45.

[49] Vgl. Maier/Zamazal (Anm. 42), S. 47.

[50] Vgl. dazu den Beitrag von Andreas Lindner in diesem Band.

[51] Vgl. Johann Schmut: *Beiträge zur steirischen Schulgeschichte*. Graz 1898, S. 33f.

Schulmeister und Organist in St. Lorenzen im Mürztal, später ebensolcher in Lauffen an der Traun und in Vöcklabruck, ehe er 1696 in Gallspach starb.[52] Josef Radler (1823–1887), Sohn des Ischler Lehrers und Komponisten Engelbert Radler (1767–1836) und selbst auch als Komponist tätig, begann seine Lehrerlaufbahn nach der Ausbildung in Linz im steirischen Maria Kumitz, wechselte dann nach Liezen und Gams und verstarb 1887 als Lehrer in Pack.[53] In St. Florian war Franz (H)Raab (Lebensdaten unbekannt) als Schulgehilfe und Gesangslehrer tätig – er unterrichtete auch den jungen Anton Bruckner –, ehe dieser als Organist nach Waidhofen wechselte.[54] Es ist kaum denkbar, dass (H)Raab, Radler oder Gräßl im Zuge ihrer Dienstortwechsel keine Musikalien mit im Gepäck führten. Freilich, Belege dazu gibt es keine. Anders verhält sich dies mit einem *Tantum ergo* des Steyrer Lehrers und Komponisten Joseph Hübel (19. Jhd.), das als Besitzer Josef Kastl (um 1773–1823), Lehrer in Ternberg, und in der Folge Friedrich Seybald (1801–1865) aus Leoben bzw. St. Marein im Mürztal aufweist.[55] Anhand dieser Komposition wird deutlich, wie Musikalien entlang der Eisenstraße ihre Besitzer wechselten.

Schauspiel- und Musikantentruppen

Alle größeren, an der Eisenstraße gelegenen Städte besaßen ein Theater: Steyr, Waidhofen, Leoben und Bruck an der Mur. Ab dem späten 18. bzw. frühen 19. Jahrhundert fanden dort Aufführungen statt, die der Allgemeinheit zugängig waren. Wie weit auch reisende Schauspielgruppen dort ihre Auftritte absolvierten, konnte in diesem Zusammenhang nicht recherchiert werden, da die Quellenlage hierfür komplex und kaum mehr erhalten ist. Bekannt ist, dass schon im Jahr 1688 für die Aufführung eines „*pollitschänella spill*[s]“ Schauspieler:innen von Graz nach Bruck an der Mur berufen wurden.[56] Auch berichtet Franz Cajetan Leitner (1768–1805) in seiner *Vaterländischen Reise von Grätz über Eisenerz nach Steyr* (erschienen 1798 in Graz) über das Theater in Steyr:

> Man hatte schon vor vielen Jahren im Saale eines Privathauses eine Schaubühne aufgeschlagen; erst vor kurzem aber wurde aus der Kirche eines aufgelassenen Frauenklosters ein Theater hergestellt, welches gar nicht übel ist. Es wird von Zeit zu Zeit durch wandernde Schauspielergesellschaften besetzt; als ich in Steyer war, spielte eine solche unter der Direktion des Philipp Brandt. Ich sah Ifflands Elise von Valberg aufführen; eine Demoiselle Göttersdorf zeigte in der Rolle der Elise Anlagen für die Bühne, durch welche sie einst eine gute Schauspielerin werden könnte.[57]

[52] Vgl. Petermayr (Anm. 21).
[53] Vgl. Klaus Petermayr: *„Volksmusik“ im urbanen Raum. Ohrenzeugenberichte aus dem 19. Jahrhundert* (im Druck).
[54] Vgl. August Göllerich/Max Auer: *Anton Bruckner. Ein Lebens- und Schaffensbild.* Bd. I. Regensburg 1922, S. 129.
[55] A-LIm Mus.Hs. 585
[56] Suppan (Anm. 4), S. 65.
[57] Cajetan Leitner: *Vaterländische Reise von Grätz über Eisenerz nach Steyer (1798).* Neu herausgegeben von Herbert Fussy. Wien 1983, S. 184f.

Philipp Brandt war ein 1758 in Reichenberg/Liberec (Nordböhmen) geborener Schauspieler, der auch als Prinzipal einer Schauspiel-Gesellschaft tätig war, die Anfang der 1790er-Jahre u. a. in Laibach, Cilli, Marburg, Pettau, Klagenfurt, Radkersburg und Ödenburg spielte und sich dann in Krumau, St. Pölten, Krems, Wels und Wiener Neustadt engagierte. Ab 1797 waren sie vorwiegend in der Ostslowakei zu finden. Von dort bespielt er temporär auch etliche andere Bühnen am südöstlichen Rand des dt. Sprachraums. Zuletzt (1818) findet man Brandt und seine Truppe in Klausenburg/Cluj. Danach verlieren sich die Spuren.[58]

Ähnlich, wenn gar nicht noch komplizierter, ist die Quellenlage im Falle von fahrenden Musikanten, über die es nahezu gar keine Aufzeichnungen gibt. Im 18. Jahrhundert finden sich in sogenannten „Musik-Imposti" (Steuervorschriften) die sich für Oberösterreich und die Steiermark gleichermaßen erhalten haben, vereinzelt Angaben zu ihnen. Aber wirkliche Rückschlüsse für die Eisenstraße lassen sich daraus keine ziehen. Vielleicht im volkskulturellen Bereich anzusiedeln sind mehrfach nachweisbare Besuche von „Singern" im Stift Seitenstetten, die meist um Weihnachten oder Dreikönig datiert sind. Jene von Gleink und Steyr sind dort 1613 belegt, die von Garsten 1628 und von Ybbsitz 1640. Dezitiert dort anwesende *„Spilleith"* für die Jahre 1654, 1697, 1719, 1721 und 1726 belegt.[59] Allerdings lässt sich nicht nachweisen, woher diese gekommen sind.

Ignaz Hübel (1774–1837), Organist in Garsten, war als Glasharmonikabauer und Virtuose bekannt, der als solcher mit seinem Instrument die Gegend bereiste. Aus seiner Feder haben sich sowohl selbstkomponierte Klavierlandler als auch Tanzeinsendungen zur sogenannten Sonnleither-Sammlung der Gesellschaft der Musikfreunde in Wien erhalten (1819). Ob diese auf seinen Reisen auch zum Vortrag auf der Glasharmonika gedacht waren, ist durchaus möglich, aber nicht belegbar.[60]

Zu den „fahrenden Musikern" ist in seinen letzten Lebensjahren auch Anton Absenger (1820–1899) zu zählen, der von 1853 bis 1883 Thurnermeister in Leoben war, und dort die Geschicke der städtischen Musikpflege gelenkt hatte.[61] Der auch als Komponist fruchtbare Musiker – er schuf viele volkstümliche Lieder, Tänze und Märsche – wurde aufgrund von Neid und Intrigen aus dem städtischen Dienst entlassen, weshalb er sich gezwungen sah, seinen Lebensunterhalt durch Konzertreisen aufzubessern. Ausführliche Beschreibungen seiner Reisen finden sich in Absengers Autobiographie, die sich im Stadtmuseum von Leoben erhalten hat. Diesen zufolge spielte er am 17. Mai 1887 in Steyr. Seinen Aufzeichnungen fügte er einen Bericht aus der *Steyrer Tagespost* bei, in dem es heißt:

[58] Für diese Informationen bedanke ich mich bei Christian Neuhuber, Graz.

[59] Vgl. Haider (Anm. 22), S. 46f.

[60] Klaus Petermayr: *Die „Hübel"-Landler. Oberösterreichische Tanzmusik aus dem frühen 19. Jahrhundert* (*Oberösterreichische Schriften zur Volksmusik* 12). Linz 2012.

[61] Vgl. Günther Jontes: *Anton Absenger, Leobens letzter Stadttürmermeister. Zur Selbstbiographie des steirischen Musikers und Komponisten.* In: *Der Leobener Strauß* 5 (1977), S. 67–100.

> [...] Gestern abends convertierte der berühmte Componist der bekannten Steirer Lieder „'s Kohlröserl", „'s Edelweiß", „Abschied von Diandl" etc., etc im Verein mit seinem Sohne in Eiselmayers Saallokalitäten vor einem sehr gewählten Publikum, welches mit gespannter Aufmerksamkeit sämmtlichen Piecen lauschte und den feierlichen Tönen der Harmonie-Flöte und den weichen zu Herzen dringenden Tönen der Philomele zu wahren Beifallssalven hingerissen wurde. [...] Die Philomele ist ganz und gar eigene Erfindung des Herrn Absenger; es ist ganz eigenartig, hat Stahlbesaitung und Viola-Stimmung. Absenger sen. ist wohl auch Violinspieler, auf dem Flügelhorn aber, seinem „Wunderhorn", das er nicht allein mit dem Athem seiner Brust, sondern auch mit dem Gefühle seines Herzens bläst, ist er ein Meister, der trefflichsten einer. Mit dem von ihm erfundenen Flügelhornecho fesselt er die Zuhörer zu athemlosen Lauschen. [...] Absenger gedenkt auch in Linz zu conzertieren und es ist nichts anderes zu erwarten, als daß er den Linzern einen künstlerisch genußvollen und innig schönen Abend bereiten wird wie uns Steyrern, die wir ihn ungern von hier scheiden lassen.[62]

Ob Absenger tatsächlich auch in Linz aufgetreten ist, lässt sich anhand seiner Aufzeichnungen nicht belegen. Am 20. Mai ließ er sich jedenfalls wieder gemeinsam mit seinem Sohn in Enns hören, wo auch, wie er schreibt, „*Seine kaiserliche Hoheit Franz Ferdinand d' Este* [...] *zugegen war*".[63]

Instrumentenbauer

Auch Orgel- und andere Instrumentenbauer verbanden mit ihren Schöpfungen bestimmte Regionen miteinander, doch sind diese Verbindungen bislang nur wenig erforscht. Hierzu wieder Beispiele: Johann Daniel Recher (17. Jhd.), über dessen Herkunft und Ausbildung nichts bekannt ist, war um 1660 in Garsten tätig und führte 1669 Reparaturen an einer Orgel in Steyr durch. Schon 1665 ist aber seine Verehelichung – er wird dabei als Organist von Steyr bezeichnet[64] – in Leoben nachweisbar. 1666 schuf er für Köflach eine neue Orgel.[65] Der in Windischgarsten ansässige Organist, Schullehrer und Orgelbauer Valentin Hochleitner (1717–1797), der 1749 sein opus primum für die Leonhardkirche in Spital am Pyhrn lieferte, hatte sich hatte sich schon bald einen guten Ruf als Fachmann erworben, weshalb man im Stift Admont auf ihn aufmerksam wurde und ihn mit mehreren Aufträgen bedachte: 1761 schuf er für die Sebastianskirche in Kalwang eine neue Orgel und 1769 für die Pfarre Landl im Ennstal.[66] Des Weiteren können die in Garsten wirkenden Mitglieder der Familie Hötzel – Peter (1751–1827), Simon Anton (vor 1783–1868) und Franz Xaver (1825–1874) – als regelrechte „Orgel-

[62] Zitiert nach ebenda, S. 88f.
[63] Ebenda.
[64] Vgl. Günter Jontes: *Alt-Leobener Glocken, Hornwerke und Orgeln. Beiträge zur Musikgeschichte der Stadt Leoben.* In: *Der Leobener Strauß* 7 (1979), S. 6–60: 35.
[65] Suppan (Anm. 4), S. 558.
[66] Vgl. Klaus Petermayr: *Orgeln für Oberösterreich und Steiermark. Valentin Hochleiter (1717–1797) – Leben, Werk und Umfeld.* In: *Zeitschrift des Historischen Vereins für Steiermark* 113 (2022), S. 49–63.

bauer der Eisenwurzen" bezeichnet werden, da sie mit ihren Schöpfungen in vielen Orten der Region vertreten sind.[67]

1694 war der Linzer Lauten- und Violinbauer Johann Seelos (1654–1715) mit der Reparatur eines Barytons in Seitenstetten beschäftigt, während 1712 ein namentlich nicht genannter Grazer Geigenbauer dort „*Chorgeigen*" instandgesetzt hatte.[68] 1772 scheint der Linzer Geigenbauer Johann Baptist Havelka (um 1739–1798) in Seitenstettener Rechnungsbüchern auf.[69]

An weiteren Instrumentenbauern sei noch der aus Eisenerz stammende Georg Haid (1864–?) genannt. Er ging in den 1870er-Jahren nach Linz, um bei Eduard Heidegger (1851–1923) das Gitarrenmacherhandwerk zu erlernen. Weitere Ausbildungsschritte führten ihn nach Passau und München ehe er sich mit einer eigenen Werkstatt in Wien selbstständig machte.[70]

Privat Reisende – Musiktransfer im Freundeskreis

In der Zeit des Biedermeier wurden reine Vergnügungsreisen oder solche zu Freunden und Bekannten immer beliebter. Gerade Künstlerinnen und Künstler waren es, für die solche Fahrten eine große gesellschaftliche Rolle spielten. Musikalische Darbietungen im privaten Rahmen standen an der Tagesordnung. Es erklangen vor allem aktuelle Lieder, Klavier- und Kammermusikwerke, immer wieder aber auch „Volksmusik", die damals in gehobenen Kreisen sehr populär war. In der zweiten Hälfte des 19. Jahrhunderts kamen es in bürgerlichen Kreisen zu Sängerfahrten und Chorfesten, die bis zu einem gewissen Grad sicherlich auch zum Repertoireaustausch beitrugen. Letztere seien hier aber ausgeklammert, während drei knappe Beispiele den zuerst angedeuteten Punkt illustrieren sollen:

1817 vermerkt der Kremsmünsterer Geistliche, Musiker und Dichter P. Beda Plank (1741–1830) in seinen Kalendernotizen den Besuch des Organisten „*Widerhofer von Graz*".[71] Dabei handelt es sich um Josef Widerhofer (1786–1857), dem Organisten und Regens chori von Mariazell. Vielleicht war dieser von Graz aus unterwegs nach Kremsmünster. Wie lange er dort blieb und wohin ihn die Weiterreise führte, ist nicht bekannt. Die Regenterei des Stiftes Kremsmünster verwahrt vier Kompositionen von ihm.

Dem Kreis um Franz Schubert (1797–1828) zuzuordnen, der selbst sowohl Steyr als auch Graz bereiste, sind Anna, Gräfin Revertera von Salandra und ihr Bruder Franz von Hartmann, die Schubert und Johann Michael Vogl in Linz kennenlernten und mit ihnen

---

67 Vgl. dazu den Beitrag von Wolfgang Kreuzhuber in diesem Band.
68 Vgl. Haider (Anm. 22), S. 49f.
69 Ebenda, S. 94.
70 Suppan (Anm. 4), S. 256.
71 Altman Kellner: *Beiträge zur Musikgeschichte des Stiftes Kremsmünster. Auszüge aus den Kalendernotizen des P. Beda Plank 1804–1830.* In: *Mitteilungen des Oberösterreichischen Landesarchivs* 11 (1974), S. 281–344: 303.

musizierten. Franz von Hartmann unternahm nach Abschluss seines Jus-Studiums in Wien eine längere Reise über den Schneeberg nach Graz und von dort aus über das Mur- und Ennstal nach Leoben, Admont, Hallstatt und Gmunden bis nach Linz. In tagebuchartigen Aufzeichnungen, die viel über das Musikleben der damaligen Zeit enthalten, berichtete er laufend seiner Schwester. Aus diesen sei auszugsweise zitiert:

> [...] Grätz ist eine recht liebe, hübsche Stadt, in vielen Dingen an Wien erinnernd, in vielen an Linz. [...] Wir blieben in G[raz] 3 Tage lang, die wir mit Spaziergängen in der Umgebung mit den Verwandten, mit Besehung des Johanneums, des neu- und sehr nett gebauten Theaters, mit Visiten etc. zubrachten. Unter anderem besuchten wir auch die andere noch lebende Großtante von uns [...] welche 90 J[ahre] alt ist. Sie soll sehr schlimm und bissig seyn, aber mit uns allen war sie ausnehmend lieb [...]. Am 4ten Tage endlich nahmen wir [...] in Grätz Abschied [...] indem wir nach Feistritz fuhren, wohin uns Thinnfeld recht freundlich eingeladen. Thinnfeld war sehr lieb und gut mit uns, er führte uns in seinen Eisenhämmern herum [...] spielte uns herrliche Steyrische vor, und führte uns auf die Jagd [...][72]

In Admont bewunderte Hartmann noch Bibliothek und Orgel, die er mit jener aus St. Florian verglich. Dann machte er sich über Liezen auf den Weg nach Oberösterreich.

Auch Anton Bruckner war der Orgel wegen in Admont. Schon 1847 traf er hier von Steyr kommend den Stiftsorganisten Franz Traunbauer (1774–1864) und spielte noch auf der großen Orgel von Chrisman, die später ein Raub der Flammen wurde. Weitere Besuche fallen in die Jahre 1864 und 1891. Auch Rottenmann soll er 1891 gestreift haben, um bei einem Bekannten Klavier zu spielen.[73]

Bruckner besuchte aber auch von St. Florian und Linz aus mehrmals Waidhofen, um sich mit seinem Freund Friedrich Schiffner (1824–1886) zu treffen, der Thurnermeister und Regens chori der Stadt war, dort aber auch den Männergesangsverein und die Bürgerkorpskapelle leitete.[74]

Schluss

Der musikalische Transfer an der Eisenstraße war, wie zu zeigen versucht wurde, ein reger, über die Jahrhunderte hinweg andauernder, der eine in sich geschlossene, aber drei Bundesländer umfassende Region, kulturell verband. Etliche Quellen die davon Zeugnis ablegen haben sich erhalten. Mit Sicherheit bergen die Archive von Steyr und Waidhofen, Leoben oder Graz noch weitere Dokumente, die einen solchen Austausch belegen. Möge dieser Beitrag dazu eine erste Anregung für weitere Forschungen bieten.

---

72 Walburga Litschauer: *Neue Dokumente zum Schubert-Kreis* Bd. 2. Wien 1993, S. 67.

73 Vgl. Andreas Lindner: *Anton Bruckner in Admont und Rottenmann* (im Druck).

74 Edmund Frieß: *Anton Bruckner und Friedrich Schiffner.* In: *Heimatgaue* 5 (1924), S. 260.

Musik im Bann der Gegenreformation. Die *Annalen* (1590–1622) des Steyrer Schulmeisters Wolfgang Lindner

Andreas Lindner (Linz/Wien)

Im Mai 1614 hält der Steyrer Schullehrer und Chronist Wolfgang Lindner in seinem Tagebuch fest:

> Am 6. Mai wurde von den [protestantischen] Bläsern und [katholischen] Pfarrmusikern direkt im Pfarrfriedhof eine große Rauferei hervorgerufen, derart, dass es beinahe zu Mord gekommen ist: Von beiden Seiten drosch man grimmig aufeinander und schlug sich Wunden und Blut floss an selbigem Orte. Ob dieses Ereignisses regte sich der Pfarrer heftig auf, er nahm den Richter in Anspruch und drang entschieden darauf, dieser möge für eine Wiederherstellung des Friedhofs Sorge tragen. Die Bläser wurden wohl am anderen Tag zur Bestrafung ins Gefängnis abgeführt. Die Sänger hingegen, mochten sie auch zum Teil unschuldig gewesen sein, machten sich, weil sie nichtsdestoweniger Furcht für ihre Person hatten, heimlich aus dem Staube und so wurden auch die Bläser, da sich nun niemand mehr der Sache annahm, wiederum entlassen.[1]

Glaubensmotivierte Zwischenfälle wie diese stehen in den hier relevanten Jahrzehnten zwischen 1590 und 1620 an der Tagesordnung. Die Stadt Steyr zählt zu den „*unruhigsten Orten des Landes*" ob der Enns, wenngleich einzelne Geschehnisse – etwa die Ermordung des Pfarrers von Laakirchen bei Gmunden im April 1599[2] – auch anderorts die gegenreformatorischen Spannungen dokumentieren.[3] Einen detaillierten Einblick in die Vorgänge in Steyr und entlang der Eisenstraße geben die Annalen des oben erwähnten Schullehrers Wolfgang Lindner. Über seinen Posten als Schulmeister zeichnet er für die Musikpflege an den Stadtpfarrkirchen von Waidhofen und später von Steyr verantwortlich und erlebt die religiösen Spannungen auch aus der Sicht des Musikers. Diese Tatsache evoziert die Frage nach den sozialen und gesellschaftlichen Konsequenzen der Glaubensstreitigkeiten für die Musiker jener Zeit. Der Großteil der Musikschaffenden steht im Dienst kirchlicher Institutionen und ist unweigerlich einem der beiden konfessionellen Lager zugeordnet. Was bedeutet diese Deklarierung für ihren Alltag? Welche Probleme, Repressionen oder Gefahren zieht sie nach sich? Und nicht zuletzt: Wie

---

[1] Josef Moser/Barbara Weber: *Waidhofen an der Ybbs und Steyr im Blick. Die „Annalen" (1590–1622) des Schulmeisters Wolfgang Lindner in deutscher Übersetzung.* (*Forschung zur Landeskunde von Niederösterreich* 25). St. Pölten 2012, S. 474. In der Folge zit. als „L".

[2] Vgl. Karl Eder: *Glaubensspaltung und Landstände in Österreich ob der Enns 1525–1602.* (*Studien zur Reformationsgeschichte Oberösterreichs* 2). Linz 1936, S. 354.

[3] Vgl. ebenda, S. 351.

manifestiert sich die beiderseitige Instrumentalisierung von Musik per se aus dem Blickwinkel des Autors Wolfgang Lindner?

Lindner konserviert das Zeitgeschehen der Jahre 1590 bis 1622 ursprünglich in Form von persönlichen Tagebüchern, die er gegen Ende seines Lebens im Auftrag von Abt Anton Spindler (reg. 1615–1642) von Garsten in die vorliegende, in Berichtstil abgefasste Chronik umarbeitet.[4] Die Darstellung ist über die Konfession des Verfassers und die Person des Auftraggebers naturgemäß von Parteinahme gezeichnet, wobei der Autor im Allgemeinen nicht mit der Feder verbaler Attacken kämpft, sondern seine katholische Position durch die Auswahl der Geschehnisse beziehungsweise subtile Anspielungen attestiert. Diese Tatsache äußert sich etwa an dem Umstand, dass Lindner den an der benachbarten protestantischen Kirche wirkenden, bereists damals weithin bekannten Organisten und Komponisten Paul Peuerl (1570–nach 1625) kein einziges Mal erwähnt beziehungsweise die protestantischen Kirchenmusikaktivitäten in Steyr generell totschweigt. Transparente, diskreditierende Kritik ist eher die Ausnahme, etwa dann, wenn er eine Darbietung der evangelischen Schule als „*heilloses Durcheinander*" verunglimpft, die „[...] *der Geringschätzung der Religion wegen* [...] *stattfand*",[5] oder eine Faschingsaufführung ebendort als „*recht alberne und ungeeignete Komödien und Dialoge*" abtut.[6] Im Gegenzug bedenkt er die katholischen Darbietungen stets mit den Attributen der Erhabenheit und Ergriffenheit.

Anders als die Person des Verfassers vermuten ließe, spielt das Thema Musik insgesamt nur eine untergeordnete Rolle. Kaum einmal steht es im Mittelpunkt eines Ereignisses, meist ist es Beiwerk des eigentlich Berichtenswerten. Dies mag dem Auftraggeber der Chronik geschuldet sein, mag aber auch daran liegen, dass Lindner Musik als selbstverständlichen, persönlichen Teil seines Alltags betrachtet, und sie deshalb als wenig berichtenswert einstuft.

Steyr und das Stift Garsten

Die Stadt Steyr präsentiert sich im 16. Jahrhundert als eines der bedeutendsten Wirtschaftszentren Österreichs, mit mehr als 8.000 Einwohnern ist sie nach Wien die zweitgrößte Stadt des Reiches.[7] In Folge der Konvertierung von Burggraf Hans Hofmann (1532–1564) zum evangelischen Glauben im Jahr 1557 sowie dem Tod des Garstener Abtes Wolfgang Kronfuss (reg. 1537–1559) gewinnen die Protestanten in Steyr die Oberhand, ab dem Jahr 1564 stehen sämtliche Kirchen der Stadt unter der Aufsicht evangelischer Predigern.[8] In der von Lindner ebenfalls thematisierten Stadt Waidhofen voll-

---

[4] Lindner selbst bezeichnet seine Niederschrift als „*Geschichtswerk*", für seine Recherchen zieht er die Aufzeichnungen des Stiftsarchivs Garsten heran. L, S. 667.

[5] L, S. 417

[6] L, S. 583

[7] Vgl. Barbara Weber: *Konfessionelle Differenzen am Beispiel einer Stadtchronik. Die Städte Waidhofen und Steyr im Blick des Schulmeisters Wolfgang Lindner (1590–1622),* in: Moser/Weber (Anm. 1), S. 51.

[8] Vgl. ebenda, S. 53.

zieht sich der Wandel etwas langsamer, noch in den 1590er-Jahren sind die Machtverhältnisse nicht klar entschieden und durchhaltende katholische Geistliche werden während des Gottesdienstes unter Gewaltanwendung aus ihren Kirchen gejagt.[9]

Die von der protestantischen Reformation angeprangerten Missstände innerhalb der katholischen Kirche zeigen sich im Einflussgebiet des Stiftes Garsten unter Prälat Kronfuss und dessen Nachfolger Anton Brundorfer (reg. 1559–1568) besonders eklatant.[10] *„Die Konventualen waren größteneils beweibt, der Gottesdienst wurde nicht mehr gehalten"*,[11] darüber hinaus werden Ablass- und Gebührensysteme ausgereizt. Ein Teil der Pfarrgeistlichen neigt zum evangelischen Glauben oder ist bereits übergetreten,[12] der Konvent des Stiftes Garsten ist auf einige wenige Ordensbrüder geschrumpft.

Eine Wende in der Entwicklung markiert die Wahl des katholischen Landeshauptmanns Hans Jakob Löbl, der die bereits im Jahr 1585 von Kaiser Rudolf II. verfügte Rekatholisierung im Jahr 1598 mit Nachdruck in Angriff nimmt.[13] Er verpflichtet den Steyrer Rat zur Verbannung der protestantischen Prediger und Schulmeister sowie zum Verbot der evangelischen Gottesdienste. Die Bevölkerung ist aufgebracht, am 21. Februar 1599, während des ersten katholischen Gottesdienstes in der Stadtpfarrkirche nach beinahe 50 Jahren, verfehlt den Landeshauptmann nur knapp ein geworfener Ziegelstein. Wenige Tage später werden der Pfarrer und mehrere Garstener Mönche von einer aufgebrachten Bürgerschar attackiert, am Osterdienstag 1599 kommt es vor dem Pfarrhof zu tödlichen Auseinandersetzungen, bei denen u. a. ein Diener des Abtes schwer verletzt wird.[14] Die Tumulte kulminieren in der Martins-Prozession am 11. November 1601, bei der sich die Bürger mit Steinen bewaffnen – *„manche hatten auch Schwerter umgehängt"* – und den Stadtpfarrer lebensgefährlich verletzen.[15] Nach dem Tod Löbls im Jahr 1602 gewinnen die Protestanten in Steyr wieder an Einfluss, 1608 werden die evangelischen Prediger zurückberufen, 1610 gehen das Burggrafenamt und die Magistratssitze erneut an Protestanten.[16] Im Jahr 1616 zählt die Stadt nur mehr 18 katholische Bürger, die Situation ändert sich erst wieder mit der neuerlichen Ausweisung der evangelischen Prediger im Jahr 1624.

Die Berichte Lindners lassen erahnen, mit welcher Vehemenz die konfessionellen Gegensätze das gesamte gesellschaftliche Gefüge der Stadt durchdringen. Im Gegensatz zu späteren Jahren sind es diesmal die in katholischen Diensten stehenden Musiker, die als Teil der Minderheit massiven Anfeindungen und körperlichen Gefahren ausgesetzt sind. In den Straßenkampf während der Martinsprozession des Jahres 1601 ist Lindner mit

9 Vgl. ebenda, S. 50.
10 Vgl. P. Ernest Koch: *Biographien. Äbte und Mönche des Klosters Garsten.* (*Beiträge zur Geschichte des Klosters Garsten und Steyr* 2). Hg. Günter Garstenauer. Neuzeug [2011], S. 184 ff.
11 Eder (Anm. 2), S. 192.
12 Vgl. ebenda, S. 192 f.
13 Vgl. Weber (Anm. 7), S. 56 f.; Eder (Anm. 2), S. 315.
14 Vgl. Eder (Anm. 2), S. 348 f.
15 L, S. 245.
16 Vgl. Caecilia Doppler: *Reformation und Gegenreformation in ihrer Auswirkung auf das Steyrer Bürgertum.* Phil. Diss. Wien 1868, S. 46.

großer Wahrscheinlichkeit direkt verwickelt. Als Lehrer der Chorknaben und ausführender Musiker ist die Mitwirkung Teil seiner Dienstpflicht.[17] Dem geltenden Reglement entsprechend schreiten die Sänger bei Prozessionen, Begräbnissen, Versehgängen oder Krankenkommunion direkt vor dem Priester und stehen im Fall tätlicher Konfrontation unweigerlich im Zentrum des Geschehens.[18] Umso mehr, als den Umzügen in diesen ersten Jahren der Rekatholisierung nur einige wenige Gläubig folgen.[19] Zu Schaden kommt unter anderem ein nicht näher bezeichneter „*Junge*", bei dem es sich möglicherweise um einen der mitwirkenden Chorknaben handelt.[20]

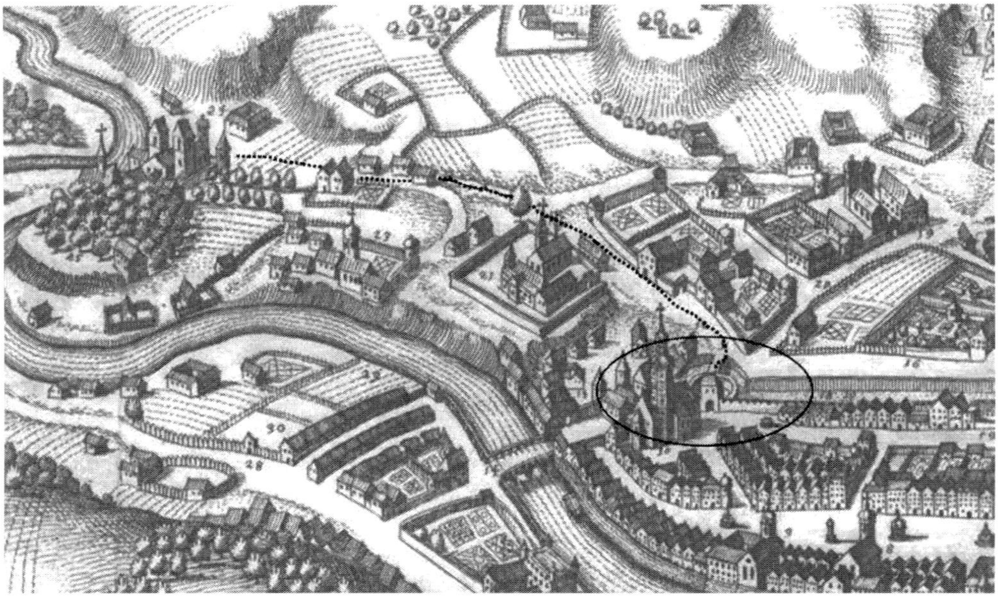

Weg der Martinsprozession vom Stift Garsten zur Stadtpfarrkirche Steyr am 11. November 1601. Ausschnitt aus Matthäus Merian, Steyr. Topographia Provinciarum Austriacarum. Kupferstich, 1649.

Institutionalisierung von Musik

Dass die Feindseligkeiten gerade im Zug einer Prozession eskalieren, ist kein Zufall. Dem lutherischen *Solus deus*-Credo folgend gelten Heiligen- und Reliquienverehrung als abergläubischer Götzendienst, der von den Protestanten abgelehnt, von den Katholiken dagegen als trennendes und identitätsstiftendes Element propagiert und instrumentalisiert wird.[21] Wie die analog bewerteten Begräbnisfeierlichkeiten präsentieren sie sich als gesellschaftliche Ereignisse, bei denen die Teilnehmer ihre konfessionelle Überzeugung ganz bewusst nach außen tragen.[22] Ein zentrales Merkmal ist der gemeinsame Gesang,

17 Vgl. Weber (Anm. 7), S. 24
18 Vgl. Weber (Anm. 7), S. 100.
19 Vgl. u. a. L, S. 151, 276, 282.
20 Vgl. Eder, S. 350.
21 Vgl. Weber (Anm. 7), S. 75.
22 Vgl. Weber (Anm. 7), S. 71.

darunter auch deutsche Lieder.[23] Ein exemplarisches Beispiel für den beiderseitigen Stellenwert der Gesänge gibt die Stürmung eines katholischen Gottesdienstes in Waidhofen am 27. August 1590. Nachdem der Pfarrer gewaltsam aus der Kirche gedrängt worden war, stimmen die Eindringlinge „[...] *in der Kirche zu Deutsch das „Großer Gott, wir loben dich*“ an.[24]

Den Bemerkungen Lindners zufolge dürften die ab dem Jahr 1604 wieder regelmäßig durchgeführten Umzüge auch während der kurzen Dominanz der Katholiken gefährlich sein, ein Grund, die Prozession zu Christi Himmelfahrt 1603 „[...] *nicht durch die Stadt, sondern durch den Gottesacker weiter draußen* [...] zu führen.[25] Noch zu Fronleichnam 1616 bedarf der friedliche Ablauf der Prozession der Bemerkung, sie wäre „*ohne jegliche Aufregung oder störende Ansammlung*“ abgelaufen,[26] desgleichen im Jahr 1618 – wieder mit „*dem Musikchor mit Pauken und Trompeten feierlich abgehalten*“ – „*ohne jede Ansammlung und Belästigung*“.[27]

Trotz allem sind die Gläubigen und Musiker weiterhin Beschimpfungen ausgesetzt, so dokumentiert bei einem Begräbnis im Mai 1613, bei dem sie „*von gewissen Bürgerssöhnen, Studenten* [...] *durch schallendes Gelächter, Schimpfworte und Zeichen ausgerechnet auf dem Stadtplatz auffallend herabwürdigendem Hohn preisgegeben*“ werden.[28] Im August 1615 verrichten „*unmittelbar während der Gottesdienste gerade neben der Kirche ohne jede Rücksichtnahme einige Holzschneider* [...] *ihre Arbeit* [...]. *Durch deren Gehacke wurden sowohl die Sänger wie auch die Prediger selber gestört.*“[29] Trotz Intervention beim Steyrer Richter wiederholen sich die Provokation im kommenden Jahr. Neben den öffentlichen Auftritten werden die Diffamierungen in den überschaubaren Kommunen des frühen 17. Jahrhunderts unweigerlich in die private Sphäre übertragen und Stigmatisierung im persönlichen Umgang weitergepflegt.

Abgesehen von den direkten Attacken gegen die katholischen Musiker spricht Lindner auch von versteckter Repression. Als solche deutet der Chronist eine um das Jahr 1619 erfolgte Amtshandlung gegenüber dem an der Stadtpfarrkirche beschäftigten Musiker Leonhard „*N.*“, der „*vom Steyrer Richter Madlseder – man weiß nicht, ob aus Gehässigkeit oder aus einem anderen Grund – nicht nur mit einem dickmächtigen Knüttel geprügelt* [sondern] *dazu auch noch im Gemeindearrest eingesperrt worden*“ ist. Der Umstand, dass er davor „*seine eigene Frau für ihre Vergehen gezüchtigt hatte*“, scheint das Vorgehen der Ansicht des Autors zufolge nicht in geringster Weise zu rechtfertigen.[30] An Aussagekraft gewinnt der Fall durch

---

[23] Vgl. Weber (Anm. 7), S. 79, 96.
[24] L, S. 153.
[25] L, S. 281.
[26] L, S. 526.
[27] L, S. 567.
[28] L, S. 452.
[29] L, S. 505.
[30] Leonhard N. tritt am 23.5.1619 als nicht näher bezeichneter Musiker in den Dienst der Steyrer Stadtpfarrkirche. „*Er war in der Destillierkunst wohlerfahren, weshalb er auch dem Herrn Dr. Ramäus zu Diensten stand. Der ruhige, brave und mit wenigem zufriedene Mann diente der Kirche in Steyr fast ein volles Jahr zu großer Zufriedenheit, wobei er willens war, noch länger seinen Dienst zu leisten* [...]. *Leonhard aber wollte wegen dieses Unrechts,*

ein Ereignis am 9. Mai 1620, also einige Monate später, bei dem ein ebendort verpflichteter Bassist (erneut ist die Züchtigung seiner Ehefrau der Auslöser, die er „*zur Abenddämmerung [...] wegen ihrer bitterbösen Worte und ihres Geschreis geschlagen hatte*"), „*nachdem er eine Tracht Prügel ausgefasst hatte, die ihm der gleiche Richter mit einem tüchtigen Stecken hatte zumessen lassen, vom Steyrer Richter in das Gemeindegefängnis der Stadt eingewiesen*" wird. Auch dieses Mal interveniert der Abt von Garsten, worauf sich der Richter „*mit Unkenntnis darüber, um was für eine Person es sich gehandelt habe*" entschuldigt. Lindner zufolge ist es „[...] *jedoch glaubhaft, dass er dem Manne die Hiebe ausfassen ließ, weil er wusste, er sei katholisch; einen ähnlichen Beweis hatte der Richter schon vorher auch anderen katholischen Männern gegenüber erbracht.*"[31]

Schulmeister Wolfgang Lindner

Aufgrund seiner Stellung steht Schulmeister Lindner naturgemäß im Fokus protestantischer Anfeindung. Als ihn der Bischof von Freising im Jahr 1590 an die Lateinschule von Waidhofen beruft, erreichen die Turbulenzen hier einen Höhepunkt.[32] In eben diesem Jahr findet nach vielen Jahren erstmals wieder eine Fronleichnams-Prozession statt, an der weniger als zehn Personen teilnehmen. Die Sänger – unter ihnen mit Sicherheit der Schulmeister – „*schritten voran, wobei sie den uralten Hymnus „Pange lingua" in Figuralmelodie vorsangen.*"[33] Nur wenig später kommt es zur oben erwähnten Kirchenstürmung, in Folge derer man Lindner zusammen mit der Geistlichkeit, dem Kantor und einigen Kirchenbediensteten auffordert, „*innerhalb ganz weniger Stunden die Stadt zu verlassen, und nur mit Mühe bekamen sie einen einzigen Tag Aufschub.*"[34] Obwohl von der Ausweisung letztendlich abgesehen wird, bleibt die Angst ständiger Bedrohung.

Lindner scheint sich in Waidhofen zu beweisen, denn im Jahr 1603 verpflichtet ihn Johann Wilhelm Heller (reg. 1601–1613), Prälat von Garsten, an die Lateinschule in Steyr, wo er am 19. Februar 1603 mit seiner Familie im damaligen Schulhaus Wohnung bezieht.[35] Sein Vorgänger Theobald Teuber [Tauber] hatte den Posten nach glaubensbedingten Ressentiments bereits nach wenigen Monaten wieder aufgegeben.[36] Für den Abt ist Musik ein wichtiges Instrument im Glaubenskampf, dementsprechend ist für ihn ein „*Schulmeister notwendig, der an Festtagen mit den ihm beigegebenen Sängern den heiligen Dienst chorgemäß begleiten solle.*"[37]

das ihm angetan worden war, nicht mehr in Steyr bleiben, er begab sich nach Melk, wo er zum größeren Vorteil bis jetzt noch den Schulmeisterposten versieht." L, S. 592.

[31] L, S. 617. Auch diesmal quittiert der Betroffene seinen Dienst und verlässt Steyr.

[32] Nach seinem Studium hält sich Lindner in Wien auf. Die Stadt Steyr untersteht zu diesem Zeitpunkt dem Bistum Freising. Vgl. Weber (Anm. 7), S. 16, 21.

[33] L, S. 151.

[34] L, S. 153.

[35] Vgl. Weber (Anm. 7), S. 16, sowie Koch (Anm. 10), S. 217.

[36] Vgl. Weber (Anm. 7), S. 17.

[37] L, S. 256.

Bereits Teuber hatte zusammen mit seinen Hilfslehrern „*auf dem Chor an Festtagen sich für den Gesang zur Verfügung* [zu] *stellen.*[38] Als dessen Astanten wenig später den Dienst quittieren „[…] *musste Teuber den größten Teil des Jahres hindurch als weder sehr stimmbegabter noch künstlerischer Musiker allein in der Kirche singen: Überdies war auch kein Buch vorhanden, weder fürs Psalmensingen noch für den Messgesang, der Schulmeister war gezwungen, das meiste zu schreiben, bis dann, als er auf den Posten verzichtete, unter einem anderen Schulmeister* [= Lindner] *einige notwendige Bücher angeschafft und alle auch sonst irgendwie in Ordnung gebracht wurden.*"[39] Bei seinem Dienstantritt ist Lindner der einzige Musiker der Stadtpfarre und gezwungen, „*allein an Stelle des Chores zu singen*".[40]

Am 11. April 1603 werden die ersten beiden Sänger verpflichtet, die mit Sicherheit bei der kommenden Markus-Prozession am 25. April des Jahres bereits mitwirken. In Hinblick auf die Ausschreitungen des Vorjahres hatten sich die Katholiken dafür „*mit Waffen, besonders mit Schwertern, versorgt; doch wurde die Prozession in diesem Jahr ohne irgendwelche Gefahr zu Ende geführt.*"[41] Im Juli 1603 ersetzt der Abt von Garsten den bisherigen Mesner durch einen „*tüchtiger, stimmbegabter Musiker*", der beim Chor Aushilfe leistet.[42]

Für eine angemessene Kirchen- und Prozessionsmusik bedarf es der Heranbildung von Chorknaben.[43] In den ersten Jahren finden sich kaum Schüler, worauf Lindner im Jahr 1604 „[…] *der ganzen Gemeinde mitteilte, wenn Bürger den Wunsch haben sollten, ihre Kinder in die Schulen zu schicken, so sei er bereit, allen gewissenhaft Genüge zu tun. Doch man* [sch]*ehrte sich überhaupt nicht bzw. zu wenig daran.*"[44]

In finanzieller Hinsicht ist der Schullehrer vom evangelischen Stadtrat abhängig, indem dieser in der Person des Kirchenmeisters für Zuschüsse verantwortlich zeichnet. Es ist wenig verwunderlich, dass Lindner von dieser Seite kaum Entgegenkommen erwarten darf. Im September 1606 steht einmal mehr die Bezahlung der Stadtpfarrkirchen-Sänger zur Diskussion. Abt und Magistrat einigen sich schriftlich auf ein Salär von 25 Gulden pro Partei, dessen Auszahlung Kirchenmeister Jakob Vischer überantwortet wird. „*Doch die Wahrheit ist, dass Vischer niemals auch nur einen Obulus erhielt, obwohl er die Zahlung öfter gewissenhaft urgierte*".[45] Die Stadtverwaltung hält die Unterstützung bewusst zurück."[46]

Mit der Wiedereinsetzung der protestantischen Prediger im Jahr 1608 verlieren die katholischen Musiker einige wichtige Einnahmequellen. Ab dem Frühjahr 1604 hatten sich „*drei Pfarrsängern* […] *mit einem Knaben der Oberstimme – zunächst nur versuchshalber –*

---

[38] L, S. 257.
[39] L, S. 257; im Stadtarchiv Steyr ist eine Auflistung der Musikalien erhalten. Für diesen Hinweis sei Martin Fiala gedankt.
[40] L, S. 275.
[41] L, S. 277 f.
[42] L, S. 289.
[43] Vgl. Weber (Anm. 7), S. 22.
[44] L, S. 308.
[45] L, S. 338 f.
[46] Vgl. L, S. 338 f.

einige Wochen hindurch bei reicheren und angeseheneren Bürgern und etlichen Herrn ein[gefunden], *die sich in Steyr aufhielten, und sangen ein paar Motetten, auch deutsche Gesänge* […].“[47] Die bemerkenswerterweise „*ebenso gut von Lutheranern wie auch von Katholiken*“[48] begrüßten Aufführungen brachten ein Zusatzeinkommen von 2 Gulden pro Woche, „*gute Sänger fehlten somit gar nie mehr oder nur ganz selten.*“[49] Mit den Prädikanten beruft der Stadtrat im Herbst 1608 den evangelischen Schulmeister Ägidius Weixelberger zurück, zusammen mit Gehilfen, einen Kantor und Organisten,[50] wenig später übernehmen diese die lukrativen Zusatzeinkünfte der katholischen Gegenseite.[51] Im Interesse des Umschwungs stellt die evangelische Stadtverwaltung zusätzliche Mittel für die Kirchenmusik bereit. Verbittert schreibt Lindner:

> Wenn ein Minimum für die katholische Pfarrkirche […] jährlich aufgewendet werden musste, Du guter Gott, was gab es da für Klagen, was für Entschuldigungen. Was für Widerspruch![52]

Ähnlich empört zeigt er sich im Jahr 1610 über die Bereitstellung finanzieller Mittel zur Errichtung einer neuen Orgel in der evangelischen Kirche, den Anstoß zum Bau gibt vermutlich die Ernennung des Organisten Paul Peuerl im Herbst 1609.[53] Überdies hatte die Prozession der Stadtpfarre im Juni 1609 erstmals wieder ohne den in städtischem, nunmehr wieder protestantischem Dienst stehenden Thurnern stattgefunden. Noch die Jahre davor hatte „[…] *die Gepflogenheit bestanden, dass zu guter Letzt, wenn der Gottesdienst in der Pfarrkirche beendet und abgeschlossen war, die Stadttrompeter an Festtagen auf dem Steyrer Turm ihre Instrumente dem Brauch gemäß vom Turm erklingen ließen. Da ihnen jetzt mehr Freiheit geworden war, warteten sie das Ende des Gottesdienstes in der Pfarrkirche selbst nicht mehr ab, sondern machten die Turmmusik auf Befehlt des Bürgermeisters, wie sie sagten, gleich nach Beendigung „dessen, was in der „Synagoge“* [= Evangelischen Kirche] *stattfand.*“[54] Als Konsequenz droht Abt Heller den Stadttrompetern mit der Sperrung des Turms.[55]

Musik als probates Mittel des Glaubenskampfes

Die Bedeutung der Musik für die Durchsetzung der eigenen Überzeugung lässt sich auch anhand der Kirchenumbauten festmachen. Um die Kraft der *ars divina* bestmöglich zu vermitteln, lässt der Pfarrer von Waidhofen im April 1599 „[…] *für die Sänger in der Pfarrkirche bei der Orgel seitlich in der Kirche, auf eigene Kosten einen neuen Chor aus Stein errichten, auf dem späterhin die Musiker viel leichter singen konnten*“.[56] Bereits 1594 bestimmt

[47] L, S. 299.
[48] L, S. 340.
[49] L, S. 299.
[50] Vgl. L, S. 373.
[51] Vgl. L, S. 340.
[52] L, S. 373.
[53] Vgl. L, S. 414.
[54] L, S. 389 f.
[55] Vgl. L, 389 f.
[56] L, S. 213.

der Prälat bei der Renovierung der Pfarrkirche von Garsten „[…] *mitten in der Kirche einen Chor mit einer Orgel* [zu] *bauen, damit dort die Musiker zu den Gottesdiensten ganz bequem singen konnten.*“[57]

In dieselbe Richtung stößt die Anschaffung neuer Musikinstrumente. Im Jahr 1605 gibt Prälat Heller die Restaurierung der Orgel in der Stadtpfarrkirche in Auftrag. Im März desselben Jahres macht sich Georg Hacker, „*ein Steyrer Bürger, der in diesem Gewerbe in jeder Hinischt ausgebildet war*“, an die Arbeit.[58] Die Kollaudierung führt „*der hervorragende Organist von St. Florian Andreas Otto*“ durch. „*Am 24. Juli wurde nun in der Pfarrkirche zum ersten Mal wieder gespielt und ob der Neuheit war es den Sängern umso lieber, je klangvoller es war.*“[59] Das Instrument muss bereits im Jahr 1616 durch ein Regal ersetzt werden, im darauffolgenden Jahr wird es unter Aufwendung erheblicher Mittel erneuert.[60] Gleichzeitig schafft man um die Orgel herum einen freien Platz, damit […] *mehrere Musiker gerade bequem genug daselbst ihren Standort haben können.*“[61] Im Jahr 1616 kommt es zu einem umfassenden Orgelumbau in der Stiftskirche von Garsten.[62]

Lindner zufolge sind der Kirchenmusik „*verschiedene Instrumente, insbesondere langgezogene Trompeten beigegeben* […], *Musikinstrumente, in deren Gebrauch sich damals sehr viele von den Herren Mönchen als sehr ausgebildet erwiesen.*“[63] Im Frühjahr 1617 erwähnt er, dass „[…] *über Vorsorge des Herrn F. Sebastian Ertel zwei kupferne Pauken, die dem Kloster gehörten, wieder instand gesetzt oder vielmehr neu mit Häuten überzogen* […]“ wurden und fügt hinzu: „*Die Benützung von Pauken an hohen Festen, wie vor allem zum Fronleichnamsfest, ist sehr häufig.*“[64] Auch eine Harfe wird angeschafft, wofür der spätere Abt Anton Spindler am 21. April 1614 einen seiner Mitbrüder „*zu einem feinen Kenner der betreffenden Kunst nach Neuhofen*“ sendet. In der Folge nimmt man „[…] *das Instrument gar häufig in Gebrauch, wenn es feierlichere Musik geben soll.*“[65]

Den musikalischen Aufschwung hatte Prälat Martin Alopitius (reg. 1591–1600) eingeleitet. Ein besonderes Augenmerk legt er auf die Ausbildung der Chorknaben. Er verpflichtet „[…] *einen eigenen Chormeister, der sie auch in der Sangeskunst, die er sehr liebte, gleicherweise täglich zu bestimmten Stunden ausbilden sollte, wiewohl der Abt für seine Person in der Musik völlig ohne Kenntnisse war. Er schaffte sogar auch Musikinstrumente aller Art an und nach seinem Willen wurden sowohl seine Mitbrüder wie auch die Knaben und Jünglinge in der Freizeit darin ausgebildet. Darob wurde das Kloster allüberall gut bekannt* […].[66] Dank der Musikpflege

[57] L, S. 184.
[58] L, S. 314.
[59] L, S. 324.
[60] Vgl. L, S. 534.
[61] L, S. 552.
[62] Vgl. L. S. 516 f.
[63] L, S. 292 f.
[64] L, S. 540.
[65] L, S. 472; vgl. auch S. 168.
[66] L, S. 161.

„[…] *kam es zustande, dass der Abt innerhalb weniger Jahre einen ganz hervorragenden Konvent hatte, wie man einen solchen damals in Österreich* […] *nicht fand.*“[67]

In der Kulturpolitik von Abt Alopitius spielt der Organist und Komponist Sebastian Ertel (gest. 1618) – von Lindner auch als „*stimmbegabter*“ Sänger beschrieben –[68] eine besondere Rolle. Ertel legt im Jahr 1596 in Garsten die Profess ab,[69] auf Wunsch von Abt Alopitius begleitet er diesen mit der Stiftsmusik im Jahr 1599 zur Wallfahrt nach Mariazell.[70] Als Alopitius im Jahr 1600 zum Abt von St. Lambrecht und damit auch zum Hirten von Mariazell gewählt wird, nimmt er Ertel mit. Die Ernennung Alopitius folgt dem Wunsch, künftig „[…] *in der Kirche von Mariazell alles mit viel größerer Frömmigkeit und festlicher Pracht als bisher*“[71] zu feiern. Lindner schreibt:

> Zuvürderst trug er somit mit allem Einsatz dafür Sorge, dass alles, was mit der Musik im Zusammenhang stand, feierlich gestaltet wurde. In dieser Hinsicht nahm er die Hilfe, die Arbeit, die Kunst und Kenntnis des Herrn Ertl in Anspruch, der gleich neue Gesänge für die Kirche von Mariazell komponierte. Inzwischen zogen auch andere Mönche und Angestellte weitere Instrumente für die Musik heran. Aber der Abt war damit noch nicht zufrieden, er ließ vielmehr darüber hinaus unter hohen Kosten eine ganz neue Orgel bauen […].[72]

Abt Alopitius „[…] *behielt ihn einige Jahre sowohl in diesem Kloster bei sich wie auch in Mairazell und förderte in diesen Orten die Musik in hervorragender Weise.*“[73] Erst im Oktober 1605 kehrt Ertel nach Garsten zurück, wo er seine musikalischen Aktivitäten und sein kompositorisches Schaffen weiterführt.[74]

Ein zentrales Augenmerk der Rekatholisierung gilt der Widerbelebung alter Riten, in denen Musik traditionell eine tragende Rolle spielt. Bereits zu Ostern 1603 gestaltet Lindner die von einigen wenigen Gläubigen besuchte Matutin, „*damit auf diese Weise die alten Gewohnheiten in ihrer alten Form wieder aufleben sollten.*“[75] Dabei wurde „*zum ersten Mal das Amt mehrstimmig gesungen, nachdem man von da und dort einige Sänger zusammengeholt hatte; ein Flötist half mit* […].“ Mit Nachdruck unterstreicht er die Intention: „*Diese ersten Samen katholischer Zeremonien sind für künftige Zeiten gesät worden.*“[76]

Im Fokus der Öffentlichkeit stehen einmal mehr die Prozessionen. Die Symbolkraft verstärkt sich im bewussten Einsatz von Trompetern und Paukern, den Insignien höfischen Machtanspruchs, so bei der ersten Fronleichnams-Prozession in Steyr im Jahr 1603:

---

67 L, S. 161. Vgl. dazu Fiala.
68 L, S. 553.
69 Vgl. Koch (Anm. 10), S. 208.
70 Vgl. Koch (Anm. 10), S. 205.
71 L, S. 167.
72 L, S. 168.
73 L, 176
74 Vgl. L, S. 329, 397, 488, 494, 551.
75 L, S. 276.
76 L, S. 277.

„*Die Sänger schritten voraus und die Trompeter bliesen.*“[77] Die feierliche Inszenierung verfehlt nicht ihre Wirkung, denn laut Autor „[…] *waren auch viele unter den Bürgern und Einwohnern, denen diese Festlichkeit gar sehr gefiel* […].[78] Zur Förderung der Volksfrömmigkeit singt man die Lieder auch in deutscher Sprache, bewusst auch während des Bittgangs durch das Stadtgebiet.[79] Die Durchsetzung des Glaubens trotzt aller wetterbedingter Widrigkeit, eine Beharrlichkeit, die die Pfarrmusiker am eigenen Leib zu spüren bekommen: Bei der Markus-Prozession des Jahres 1611 „*gab es so kalten, schweren und reichlichen Regen*, [dass sie] *weder mit Kreuz noch Fahnen abgehalten werden konnte*; *nichtsdestoweniger machte sich der Herr Pfarrer dennoch mit seinem Kooperator und den Sängern, den Regen nicht achtend* […]“, auf den Weg von Garsten nach Steyr.[80]

Unterschiede im Begräbniszeremoniell weiß die katholische Geistlichkeit zum Vorteil zu nutzen. Zwar sind auch die protestantischen Kondukte häufig von einem Knabenchor unter Leitung des Schullehrers begleitet, das Zeremoniell als solches fällt hier aber deutlich schlichter aus.[81] Vor allem höher gestellte Familien setzten sich über die evangelischen Glaubensgrundsätze hinweg und wünschen sich eine feierliche Verabschiedung, wobei das gesellschaftliche Prestige nicht zuletzt in der Aufwertung der musikalischen Umrahmung Ausdruck findet. Eben hier schöpft die katholische Seite aus einer reichen Tradition, die sie gezielt in den Vordergrund zu stellen weiß. Mit versteckter Genugtuung berichtet Lindner von zwei kurz aufeinanderfolgenden Begräbnissen im Herbst 1603. Während beim Tod des wohlhabenden protestantischen Bürgers Johannes Strasser auf dem Friedhof lediglich „*einige deutsche Lieder*“ erklingen, gesungen obendrein von den Messerschmieden, glänzt die Bestattung des katholischen Herbergsbesitzers Andreas Strauss auf ausdrücklichen Wunsch von Abt Heller mit reicher musikalischer Begleitung. Lindner beschreibt:

> Daher nahm er [Abt Heller] aus dem ehrw. Konvent alle seine Mitbrüder samt den Sängern mit, damit sie gleichfalls am Begräbnis teilnähmen […]. Dies war die erste Leichenfeier, die in der Stadt Steyr nach Ausweisung der Häretiker gemäß feierlichem katholischem Ritus stattfand. Als über eine Angelegenheit, die bei ihnen völlig neu war, haben sich über sie allerdings viele Steyrer groß verwundert und niemals hätten sie geglaubt, dass Begräbnisse von Katholiken mit solcher Feierlichkeit abgehalten würden.[82]

Aufgrund der Vorbildwirkung sollen laut Steyrer Stadtpfarrer künftig alle katholischen Begräbnisse von Sängern begleitet sein, unabhängig „*wer oder was immer er auch gewesen war*“.[83] Dieser Grundsatz hat sich in kurzer Zeit etabliert.[84]

---

77 L, S. 284.
78 L, S. 285.
79 Vgl. L, S. 334 f.
80 L, S. 297.
81 Vgl. Weber (Anm. 7), S. 109 ff.
82 L, S. 292 f.
83 L, S. 313.
84 Vgl. L, S. 297.

Neben dem eigentlichen, spirituellen Element suggeriert das katholische Zeremoniell einen klaren Pracht- und Machtanspruch. In besonderer Weise gefeiert werden die staatstragenden Ereignisse des katholischen Kaiserhauses. Dem Huldigungseid an König Matthias am 31. Mai 1606 gedenkt die Stadtpfarre mit einem Te Deum *„in feinstem musikalische[m] Zusammenklang von Pauken und Trompeten zu Orgel"*,[85] desgleichen der Krönungen Erzherzog Ferdinands am 29. Juli 1618 und September 1619 beziehungsweise dem Besuch von Erzherzog Karl am 13. Februar 1621 im Stift Garsten.[86]

Ein probates Mittel zur Verbreitung katholischer Überzeugung ist das in der protestantischen Reformation ausgebaute Schultheater. Abgesehen von der inhaltlichen Intention gewährt es dem Schulmeister ein höchstwillkommenes Zusatzsalär. Noch in Waidhofen bringt Lindner am 17. Februar 1602 im Rathaussaal die Tragödie *Kain, der erste Brudermörder* zur Aufführung, als Entlohnung werden ihm 6 Taler zugesprochen. Das Stück wird vor dem dortigen Pfleger wiederholt und vor den Bürgern der Stadt erneut zum Besten gegeben. *„Das Stück hatte gut fünf Hauptrollen und über 39 Engel, die „Gott dem Herrn" bei der Einleitungsszene dienten und zwischendurch ganz herrliche Dialoge hielten."*[87] Der zeitgenössischen Tradition entsprechend beinhaltet die Darbietung sicher einige musikalischen Einlagen, gestaltet von den Schülern Lindners.[88] Da die Aufführungen vor einem überwiegend protestantischen Publikum erfolgen, ist davon auszugehen, dass etwaige konfessionelle Anspielungen – wenn überhaupt – sehr subtil unterlegt oder ob ihrer Zweideutigkeit in beide Lager interpretierbar sind.

Für die Faschingszeit des Jahrs 1604 studiert Lindner mit seinen Schülern den Dialog *Die Opferung Isaaks* ein, der diesmal mit Zustimmung des Stadtrates in Steyr und kurz danach im Stift Garsten gegeben wird. Auch diesmal erhält der Schulmeister *„ein großzügiges Honorar"*.[89] Im Frühjahr des Jahres 1607 berichtet Lindner von der Aufführung des Dialogs *Der Samariter und der Mann, der unter die Räuber fiel.* Neben dem Stift Garsten ermöglicht Abt Heller einen Auftritt im Rathaus, *„damals schienen nämlich sehr viele gegenüber den Katholiken und ihrer Religion recht gut gesinnt zu sein. Doch ein böser Dämon neidete diesen Fortschritt, weshalb infolge seiner heimlichen Umtriebe im folgenden Jahr durch die Einsetzung der evangelischen Prädikanten alles wieder rückläufig wurde."*[90] Der Gegenbewegung dürften auch Lindners Theaterambitionen zum Opfer fallen.

Über konfessionelle Grenzen hinweg

Trotz aller konfessioneller Gegensätze scheint die Toleranzgrenze gegenüber Musikern aber auch zwischen den Musikschaffenden beider Parteien untereinander pragmatisch gesetzt. Im Bereich der Unterhaltungsmusik sind kaum Ressentiments ausmachbar, in

[85] L, S. 388.
[86] Vgl. L, S. 569, 603, 639.
[87] L, S. 259.
[88] Vgl. L, S. 259.
[89] L, S. 296.
[90] L, S. 344 f.

ihrer kirchlichen Funktion sind die Musiker mehr kollaterales Opfer der Feindseligkeiten gegenüber der Geistlichkeit als bewusstes Ziel von Übergriffen. Beispiele geben die bereits erwähnten Theateraufführungen Lindners, die angesprochene Gassenmusik der katholischen Pfarrsänger, die den Steyrer Bürgern gewidmeten Kompositionen Ertels,[91] aber auch die Bestellung von städtischen respektive protestantischen Instrumentalisten für die katholische Kirchenmusik. So gab es in Weyer im Jahr 1598 „[…] *noch einen Schulmeister, Vitus N., ein bekannter Stock-Lutheraner aus Meißen, der nichtsdestoweniger an Festtagen für den Chor singen musste.*"[92] „*Zu noch weiterer Erhöhung der Feierlichkeit*" anlässlich der Verbannung der protestantischen Prediger engagiert der Abt für den Gottesdienst in der Stadtpfarrkirche am 15. Dezember 1603 „*einige Steyrer Flötisten.*"[93] Lindner berichtet mehrfach von diesen Flötisten, die seiner Aussage zufolge „*hohe Wertschätzung*" genießen.[94] Im Juli 1603 werden sie zum Besuch von Erzherzog Matthias nach Kremsmünster gerufen, wo sie zusammen mit Sängern aus Garsten und Lambach während des Festgottesdienstes und anschließend bei der Tafel wirken und „[…] *einige Motetten sangen, besonders solche, die er* [der Erzherzog] *persönlich gerne hörte.*"[95]

Bei den Flötisten handelt es sich vermutlich um die in städtischem Dienst stehenden Thurner, die in der Regel mehrere Instrumente beherrschen. Über ihr Wirken in der Karwoche 1608 berichtet der Chronist:

> Auch in diesem Jahr wurden die ganze Karwoche hindurch alle Gottesdienste in der Pfarrkirche Steyr in Ordnung abgehalten. Da die Musikanten der Stadt keine Beschäftigung hatten (denn die Ausübung der Religion Luthers war noch nicht eingeführt), leisteten sie mit ihren Instrumenten nicht ungern Aushilfe. Sie boten diese Hilfe auch sonst gern für eine geringfügige Vergütung, so dass man sie anforderte.[96]

Die Musiker sind im Turm der Stadtpfarrkirche untergebracht, wo sie ihren genau festgelegten Aufgaben nachkommen: Die Ausschau nach Gefahren innerhalb und außerhalb der Stadtmauern oder das feierliche Geleit für hohe Gäste, etwa am 3. Oktober 1622, als sie mit Trompeten „*vom Turm* […] *ein Ständchen*" zum Besten geben.[97] Wie bereits beschrieben, sollte sich die Situation im Zug der protestantischen Gegenbewegung um das Jahren 1608 eintrüben. In dieser Zeit verlassen sie Ihren Dienstsitz im Stadtkirchen-Turm und sie stehen „[…] *das ganze Jahr hindurch der Kirche nicht ein einziges Mal – außer gegen besondere Entschädigung – mit ihren Musikinstrumenten zu Diensten* […]."[98]

[91] Vgl. L, S. 488.
[92] L, S. 199.
[93] L, S. 292 f.
[94] L, S. 274, vgl. auch S. 635.
[95] L, S. 288.
[96] L, S. 362.
[97] L, S. 670.
[98] L, S. 409.

Kultureller Austausch entlang der Eisenstraße

Abschließend sei darauf hingewiesen, dass die Konfessionsstreitigkeiten nicht auf die Stadt Steyr beschränkt sind, sondern sich entlang der gesamten Eisenstraße in vergleichbarer Weise fortsetzen. Die Berichte Lindners verdeutlichen einen erstaunlich intensiven regionalen und überregionalen Personen-, Ideen- und Kulturtransfer, angetrieben durch den intensiven Handels- und Reiseaustausch dieser Region. In den Jahren 1605 und 1606 weilt Erzherzog Ferdinand von Graz kommend in Garsten beziehungsweise Steyr und unterstreicht die katholischen Ansprüche durch den Besuch von Gottesdiensten.[99] Die katholische Gegenbewegung gewinnt vor allem über das Netzwerk der Stifte und Ordenshäuser. Enge Verbindungen besteht zu den Jesuiten nach Graz, wo ein Teil der Garstener Konventualen und Äbte ihre Studien absolvieren sowie zum Kloster St. Lambrecht, nicht zuletzt über die Bestellung von Alopitius zum dortigen Abt.[100] Kulturellen Austausch dokumentiert Lindner mit den Klöstern Kremsmünster oder Seitenstetten.[101] Durch das Patronat über den Wallfahrtsort Mariazell öffnet sich eine Drehscheibe internationaler Bedeutung.[102] Über Waidhofen, das unter dem Patronat des Bischofs von Freising steht, ist die Region an den Bayerischen Raum angebunden, aus dem im Jahr 1606 drei Novizen des Stiftes Gleink kommen.[103]

Das protestantische Gedankengut hält sich besonders in den abgelegenen Dörfern, etwa Sierning, Losensteinleiten oder Großraming.[104] Über die evangelischen Prädikanten besteht ein enger kultureller Austausch mit dem protestantischen Deutschland.

---

99 Vgl. L, S. 317, 352.
100 Vgl. L, S. 174, vgl. auch S. 321, 592
101 Vgl. L, S. 159, 214, 324.
102 Vgl. S. L, 222, 258, 268, 288.
103 Vgl. L, S. 337.
104 Vgl. Eder (Anm. 2), S. 384 f.

Officium sacrum Musicum (*Ein gantzes Musicalisches Amt*) – Anmerkungen zu Adam Lebaldt von Lebenwaldts einziger bekannter Komposition

Christian Neuhuber (Graz)

Vier Jahre nach dem Tod seines berühmten Kollegen Adam Lebaldt von Lebenwaldt veröffentlichte der Nürnberger Physikus Paul Wurffbain, Herausgeber der *Miscellanea curiosa,* des damals wichtigsten naturwissenschaftlichen Jahrbuchs im deutschen Sprachraum, seine *Memoria Lebenwaldiana*, eine offensichtlich auf Angaben des Gewürdigten selbst basierende lateinische Lebensbeschreibung. Lebaldt – so heißt es darin – habe während seiner Studienzeit, also gegen Ende des Dreißigjährigen Krieges, unermüdlich gearbeitet, in seinen raren Mußestunden aber zur Entspannung seiner Seele die Musik gepflegt („*in animi relaxationem Musicam coluit*").[1] Es folgt ein Lob der wirkungsästhetischen Vorteile von Musik, die den Menschen gleichsam als Milch der Seele gegeben wurde und als höchst willkommene Linderung der Sorgen, ein Trost für die Mühen und das beste Heilmittel, um menschliche Katastrophen vergessen zu machen. Und in dieser Musik zeichnete sich Lebaldt nicht nur „*tam vocali quam instrumentali*" aus, sondern er verstand es auch, die elegantesten und klangvollsten Töne an die Worte der Texte anzupassen. Weshalb er, als nach der Eroberung und Verwüstung so vieler der berühmtesten Städte in Deutschland, nach blutigen Schlachten, schrecklichen Niederlagen, beklagenswerten Katastrophen, als also der so lange ersehnte, erwünschte, geliebte Münsterer Frieden ratifiziert und veröffentlicht war, anno 1649 ein „*Officium sacrum Musicum*", ein – vermutlich im O-Ton Lebaldts – „*gantzes Musicalisches Amt*" mit so viel Beifall erarbeitet habe, dass die illustren Steirischen Landstände „*Centum Imperialium*" als Geschenk ausgaben.

---

[1] Vgl. [Johann Paul Wurffbain]: *Memoria Lebenwaldiana piis ejus manibus dicata per Ephemeridum Directorem.* In: *Appendix ad annum V. &VI. Decuriæ III. Ephemeridum medico-physicarum Academiæ Cæsareo-Leopoldinæ naturæ curiosorum in Germania.* Nürnberg 1700, Appendix, S. 207–218. Die betreffende Stelle (S. 213) im Wortlaut: „*Horas subcisivas, non otio transegit, quamvis probè noverit nihil esse durabile, quod alterna careat requie, nihil quod assiduum perferre possit laborem, quin potius cum Chilone è septem Græciæ sapientum Classe, Lacedæmonio, semper damnandam esse putavit quietem, quoties honestum supersit otium, hinc in animi relaxationem Musicam coluit. Musicam, quæ data est hominibus tanquam lac animæ, & gratissimum solicitudinis lenimentum, laborum solatium, & ad inducendam humanarum calamitatum oblivionem, optimum remedium, in qua tam vocali quam instrumentali non modo magno, pere excelluit, sed & verbis Textuum, elegantissimos maximèque sonoros adaptare Tonos optimè calluit, unde post tot tantasque Celeberrimarum urbium in Germania nostra expugnationes, devastationes, cruenta prælia, horrendas clades, deplorandas calamitates, rata & publicata Monasteriensi Pace tam longè desiderata, exoptata, amata, A. 1649. Officium sacrum Musicum (Ein gantzes Musicalisches Amt) tanto cum applausu elaboravit, ut Illust. Styrii status, Centum Imperialium dono exceperint.*"

100 Reichstaler oder damals umgerechnet 150 Gulden, das war nicht wenig Geld; ein Kollege Lebaldts, Johann Michael Lihn, erhielt zur selben Zeit als neu bestellter Arzt in Graz genau diese 150 Gulden als Jahreslohn.[2] Lebaldts *Officium* musste also beeindruckt haben und wird auch dementsprechend protokolliert und archiviert worden sein, sollte man meinen. Und da beginnen die Probleme. Denn weder ist von Lebaldts „einziger bekannter Komposition" bekannt, ob sie sich erhalten hat, noch, ob es sie überhaupt gegeben hat. Da aber die Hoffnung besteht, die Existenz des ominösen Werks dereinst doch noch belegen zu können, soll im Folgenden die bisherige Suche rekonstruiert werden. Immerhin zeigt sie instruktiv, wie viele leere Meter man in der quellenbezogenen Musikgeschichtsforschung zuweilen zu gehen hat, um zu einer Nullmeldung zu gelangen.

Wer aber war dieser gesanglich, instrumental, literarisch und naturwissenschaftlich hochbegabte Mann, dessen Ruhm, so wähnte das Fazit des Nachrufs, „*semper erit*", also ewig sein würde? Lebaldt war Sohn des Marktschreibers Egidius Lebaldt und dessen zweiter Ehefrau Christina (geb. Hezendorfer) und wurde am 25. November 1624 im oberösterreichischen Sarleinsbach aus der Taufe gehoben.[3] Die *studia humaniora* absolvierte Lebaldt wohl bei den Jesuiten in Linz, ab 1645 studierte er in Graz Philosophie und schloss 1648 das Magisterium ab. Da er sich jedoch von den naturwissenschaftlichen Fächern stärker angezogen fühlte, ging er bereits im Herbst 1647 mit einem Stipendium des Stifts St. Lambrecht an die berühmte Universität Padua, um Medizin zu studieren, wo wohl auch das gesuchte *Musikalische Amt* entstand. Trotz schwerwiegender gesundheitlicher Probleme, die er selbst zu kurieren verstand, promovierte er 1652 und begann in Graz zu ordinieren. Rasch machte er sich dabei einen Namen, so dass ihn der Admonter Abt Urban Textor 1655 zum Leibmedicus und Stiftsarzt ernannte. Im Jahr darauf übertrug man ihm auf sein Gesuch hin auch das vakante Amt als Landschafts-Physikus für das Enns- und Paltental. Seine ärztliche Praxis war so erfolgreich, dass dem jungen Mediziner per Dekret vom 30. Oktober 1659 ob seiner Verdienste der Titel eines

[2] Vgl. Steiermärkisches Landesarchiv, Laa. A. Antiquum, Gr. VI, Ausgabenbuch 1649, f. 93v-94r, Nr. 28 (vierteljährige Auszahlung zu je 37f 4ß).

[3] Zur Vita vgl. v.a. Richard Peinlich: *Doctor Adam von Lebenwald, ein steirischer Arzt und Schriftsteller des 17. Jh.s. Biographische und culturhistorische Skizze.* In: *Mittheilungen des Historischen Vereines für Steiermark* 28 (1880), S. 42–105. – Viktor Fossel: *Adam von Lebenwaldt, ein steirischer Arzt des 17. Jh.s.* In: *Mitteilungen des Vereines der Ärzte in Steiermark* 31 (1894), S. 37–45. – Anton Sommer: *Studien zu Lebaldt von Lebenwaldts Dichtungen.* Wien 1949 [Phil. Diss.]. – Anton Sommer: *Lebald von Lebenwald. Gestalt und Werk.* In: *Zeitschrift des Historischen Vereines für Steiermark* 49 (1958), S. 118–136. – Elfriede Grabner: *Adam von Lebenwaldt und die Volksmedizin. Ein steirischer Arzt des 17. Jh.s zwischen Volksheilkunde und Schulmedizin.* In: *Zeitschrift des Historischen Vereines für Steiermark* 11 (1966), Sonderband, S. 1–18. – Elfriede Grabner: *Ein steirischer Arzt im Barock. Heilkunde und Volksglauben des 17. Jh.s bei Adam von Lebenwaldt.* In: *Zeitschrift des Historischen Vereines für Steiermark* 83 (1992), S. 355–370. – Franz Steinmaßl: *Der hochbarocke Johann Christoph Adam Lebald von und zu Lebenwaldt aus Sarleinsbach war ein angesehener Arzt, Naturforscher und Dichter.* In: Harry Slapnicka und Franz Steinmaßl: *Berühmte Persönlichkeiten aus dem Mühlviertel und dem Böhmerwald.* Bd. II. Grünbach 2004, S. 30–34. – Christian Neuhuber: *Lebaldt (Leobold, Lebwald) von Lebenwaldt (a Lebenwaldt, Löwenwaldt), Adam.* In: *Frühe Neuzeit in Deutschland 1620–1720. Literaturwissenschaftliches Verfasserlexikon.* Bd. 4: Hellwig, Christoph von – Lebaldt von Lebenwaldt, Adam. Hg. Stefanie Arend u.a. Berlin – Boston 2023, Sp. 808–818.

Pfalz- und Hofgrafen sowie das Prädikat „von und zu Lebenwaldt“[4] verliehen wurde. Dieses kleine Palatinat, das ihm verschiedene Erteilungs-, Ernennungs- und Bestätigungsrechte sicherte, war mit einträglichen Taxen (und Pönaleinnahmen) verbunden. Wohl gleichfalls auf eigene Initiative wurde er 1665 in Anerkennung seiner Kirchentreue und Verlässlichkeit zum „*Notarius Apostolicus Publicus*“[5] ernannt, der bei kirchenrechtlichen Belangen im Urkundenwesen betraut werden konnte. 1671 musste Stift Admont dann den – wie es hieß – „*sehr erfahrenen hochverdienten Arzt*“[6] ziehen lassen. Lebaldt ließ sich von der Landschaft abfertigen, erhielt aber weiterhin als Distriktarzt ein Salär.

Derart finanziell abgesichert und der Beschwerlichkeiten seines Berufs bzw. der damit verbundenen Infektionsgefahr müde, wollte sich der korpulente, häufig unpässliche Mediziner auf Konsultationstätigkeiten und Privatpatienten beschränken und die gewonnene Zeit anderen Tätigkeitsfeldern widmen: chemischen Experimenten, dem Sammeln von Petrefakten und Gastrolithen (Magensteinen), v. a. aber der Schriftstellerei. Lebaldt ließ sich zunächst in Rottenmann nieder, wo sein Lebensfreund Johann Georg Schlecht als Maut-Obereinnehmer arbeitete. Als Schlecht dann Wirtschafter des Frauenstifts Göss wurde, übersiedelte Lebaldt, der zeitlebens unverheiratet blieb, auf das nahe gelegene Schloss Stibichhofen (bei Trofaiach), das er 1674 erworben hatte. Hier in ländlicher Abgeschiedenheit entstanden in rascher Folge etliche undatiert veröffentlichte Werke, v. a. epigrammatische Dichtungen, für die ihn die Universität Wien 1679 als „Poeta Laureatus Caesareus“, als gekrönten Dichter auszeichnete.[7] Als die Pest noch im selben Jahr über das Habsburgerreich hereinbrach, diente er den steirischen Landständen als Berater und machte sich in dieser Krisenzeit mit durchaus fortschrittlichen epidemiologischen Instruktionen verdient.[8]

Breiter bekannt wurde Lebaldt mit seinen acht Traktaten *Von deß Teuffels List vnd Betrug*, mit denen er beeindruckend belesen, doch selbst noch recht superstitiös den sündhaft „unvernünftigen“ Aberglauben zu bekämpfen suchte.[9] Die Traktate verbinden gelehrte Überlieferungskritik, quasi-ethnologische Anekdotik und homiletisch geschulte Moralsatire zum kurzweiligen Zeitvertreib. Lebaldts kenntnisreiche Attacken gegen Bizarrerien des Volksglaubens und der Afterwissenschaften sind eine erst ansatzweise ausgewertete kulturhistorische Fundgrube, verblüffen aber mit ihrer Leichtgläubigkeit, sobald es um katholisch approbierte Praktiken und Rituale geht. Zutiefst teufelsgläubig, verstellte

[4] Österreichisches Staatsarchiv, Hofadelsakten, AVA Adel HAA AR 511.42.

[5] Österreichisches Staatsarchiv, Hofadelsakten, AVA Adel HAA AR 511.47.

[6] Zitiert nach Peinlich (Anm. 3), S. 54.

[7] Vgl. John L. Flood: *Poets Laureate in the Holy Roman Empire*. Vol. 1. Berlin – Boston 2006, S. 1106.

[8] Vgl. Viola Hach-Wunderle/Wolfgang Hach: *‚De cura Therapeutica‘ der Ärzte und Chirurgen bei der großen Pest in Wien anno 1679*. In: *Gefäßchirurgie* 20 (2015), S. 389–394.

[9] Vgl. Elfriede Grabner: *„Von des Teufels List und Betrug“. Die ‚Tractätel‘ des steirischen Arztes Adam v. Lebenwaldt als Quelle zum Volksglauben seiner Zeit*. In: *Zeitschrift des Historischen Vereines für Steiermark* 76 (1985), S. 173–191. – Elfriede Grabner: *Von des Teufels List und Betrug. Die Tractätel des steirischen Arztes Adam v. Lebenwaldt als Quelle zum Volksglauben seiner Zeit*. In: *Kulturtechnik und Aberglaube. Zwischen Aufklärung und Spiritualität. Strategien zur Rationalisierung des Zufalls*. Hg. Eva Kreissl. Bielefeld 2013, S. 193–208.

die Angst vor dem Bösen auch Lebaldt nicht selten den analytischen Blick, wie etwa sein unerschütterlicher Glaube an die Existenz von Hexen belegt.[10]

1683 wurde er mit dem Ehrentitel „Aesculapius II." in die Leopoldina aufgenommen, eine bis heute aktive naturwissenschaftliche Akademie. Für diese älteste Gelehrtengesellschaft im deutschsprachigen Raum verfasste er in den folgenden Jahren 35 lateinische *Observationes*, wissenschaftliche Studien, die in den von Wurffbain herausgegebenen Jahrbüchern der Leopoldina veröffentlicht wurden und sich nur an Fachleute richteten.[11] Sie zeugen von Lebaldts breitem Interessenspektrum ebenso wie von der Schwierigkeit, evidenzbasiertes Faktenwissen von fragwürdigen Präsumtionen zu trennen. 1683 verleideten ihm einerseits die türkische Offensive gegen Wien mit Stoßtrupps bis in die Steiermark und kurz darauf gewalttätige Unruhen der Eisenerzer Bergknappen, Vordernberger Eisenarbeiter und Landler Holzknechte das geliebte Leben auf dem Lande, dem er u. a. das Lobgedicht *Von dem Lobwürdigen Stand deß lustigen Mayrschaffts-Leben* gewidmet hatte. 1684 verkaufte er deshalb seinen Gutshof und zog in die Stadt Leoben, wo er schriftstellerisch vielfältig tätig blieb, so etwa mit seiner Sprichwortsammlung *Adagia Selecta*, die einen repräsentativen Schlusspunkt zu seiner jahrzehntelangen Beschäftigung mit dieser Art der Dichtkunst setzte und heute wohl sein bekanntestes literarisches Werk darstellt. Die Sangbarkeit vieler der über 300 deutschen und lateinischen Sprichwörter mit gereimten Erläuterungen lassen Lebaldts mehrfach bezeugte Musikalität erkennen.

Im letzten Lebensjahrzehnt war Lebaldt v. a. als Wissenschaftsautor tätig. 1693 veröffentlichte er seine *Damographia Oder Gemsen-Beschreibung*, eine populärwissenschaftliche Abhandlung, die in den zoologischen und botanischen Erläuterungen aus eigener Beobachtung bzw. verbürgten Berichten schöpft. Ähnlich wie in seinen *Tractäteln* widerlegt und verwirft er in diesem bibliophilen Kuriosum gängige Mystifikationen, um aber dann selbst die *Gemsen-Kugel* (Bezoar) als ein „*universal Officin in allen Zuständen / ein Antidotarium und Panacaea, absonderlich in der Pest*"[12] anzupreisen. Der Pest ist auch sein medizinisches Hauptwerk gewidmet, das *Land- Stadt- Und Hauß-Artzney-Buch*, das umfassendste Kompendium des 17. Jahrhunderts für einschlägige Erkrankungen im deutschen Sprachraum, 1695 mit einem Widmungsblatt an Kaiser Leopold I. im Druck erschienen. Lebaldts polyhistorischer Ansatz steht dem Anspruch eines praxistauglichen Handbuchs zwar entgegen; die auf eigener Erfahrung beruhenden Beurteilungen gängiger Präventionsmaßnahmen, Behandlungsformen und anderer Bewältigungspraktiken zeichnen aber ein beredtes Bild der sozialen Ausnahmesituation und therapeutischen Möglichkeiten der damaligen Zeit. Im Jahr darauf, 1696, starb Lebaldt nach längerem Leiden 71-jährig an der Wassersucht und wurde bei der Leobener Dominikanerkirche

[10] Vgl. Verena Perlhefter: *Die Gestalt des ‚Hexenjägers' des 17. Jahrhunderts und sein gesellschaftliches und politisches Umfeld. Adam Lebaldt von Lebenwald, Matthew Hopkins und Cotton Mather – Leben, Werke, Werdegänge*. Frankfurt/Main 2003, S. 40–86.

[11] Zu den einzelnen Titeln bzw. Themen vgl. Neuhuber (Anm. 3), Sp. 815f.

[12] Adam Lebwald von und zu Lebenwald: *Damographia Oder Gemsen-Beschreibung / In Zwey Theil abgetheilet: Der Erste handlet Von dem Edlen Gemsen / Der Andere / Von der Crafft / und Tugent-vollen Gemsen-Kugel*. Salzburg [1693], S. 46.

bestattet; spätestens mit deren Profanierung 1811 ging auch das Grabmal verloren; heute befindet sich dort ein Shopping-Center.

Lebaldt war ein barocker Autor *par excellence*: ein vielseitig talentierter *poeta doctus* mit dem humanistischen Anspruch, zur Tugend und Weisheit zu erziehen, ohne sich von den Autoritäten lösen zu können; ein kritisch-pragmatischer Geist, der bei aller Empirie der normativen Vorstellungswelt der katholischen Lehre verhaftet bleibt und deren Beitrag zu abergläubischen Denkweisen und Praktiken verkennt; ein Sprachkünstler, dessen literarische Anschaulichkeit und Alltagsnähe einhergehen mit verknöcherten rhetorischen Formalismen und Konventionen. Gingen Zeitgenossen noch von seinem unsterblichen Ruhm aus, ist sein Name heute weitgehend vergessen, ein Teil seines Werks verloren.

Als Musiker wird er seine Ausbildung wohl als Sängerknabe oder Museaner in einem der oberösterreichischen Klöster oder an der Linzer Stadtpfarrkirche genossen haben. In den wenigen erhaltenden Schulmatrikeln lässt sich das allerdings bislang nicht belegen. In seiner späteren Laufbahn trat er kaum mehr musikalisch in Erscheinung, zumindest finden sich nur wenige Hinweise darauf, so etwa ein *Trost=Lied „von mir. 1680. Da die Pest grassirete/ componirt/ und in der wunderthätigen Kirchen der Heiligen Dreyfaltigkeit/* [gemeint ist in Trofaiach] *zu dreyfach musicirt worden*“[13]. Auch hier hat sich nur der Text (kurioserweise in seinem *Land- Stadt- Und Hauß-Artzney-Buch*) erhalten. Umso aufschlussreicher wäre es, Lebaldts musikalisches *Officium* in die Hände zu bekommen, das sich bislang allerdings allen Recherchezugriffen entzogen hat.

Die hohe Belohnung von 100 Reichstalern und die anzunehmende Abwesenheit des in Padua studierenden Künstlers lassen – geht man von der Richtigkeit der posthum überlieferten Angaben aus – vermuten, dass das Werk den Ständen in einem aufwändigen handschriftlichen Dedikationsexemplar zugestellt wurde. Der logische erste Schritt zur Verifizierung dieser Annahme ist der Blick in die landschaftlichen Ausgabebücher, wo derartige Zahlungen unter der Rubrik „*Extra Ordinary Ausgaben*“ verzeichnet wurden. Im Jahrgang 1649, der über die Ausgaben von März 1649 – Februar 1650 Auskunft gibt, findet sich aber nichts; auch das Ausgabebuch 1648 schweigt.[14] Bekam Lebaldt das „Donum“ eventuell erst im Jahr 1650 ausbezahlt? Oder hat er sich im Rückblick aus mehreren Jahrzehnten schlicht im Jahr der Entstehung geirrt? Immerhin gab es Anfang August 1650 in Anwesenheit des Erzherzogs Ferdinand ein großes Friedensfest im landesfürstlichen Sommerschloss Karlau, zu dem auch Künstler wie Johann Faßheyer und seine hochdeutschen Comœdianten anreisten und wo Musiker wie Johann Christoph Stadler die Herrschaften bei den Banketten unterhielten.[15] Unglücklicherweise fehlen in

---

[13] [Adam Lebaldt von Lebenwaldt]: *Land- Stadt- Und Hauß-Artzney-Buch / In welchem angezeigt und erwiesen wird / wie man denjenigen Kranckheiten / welche ein gantzes Land oder mehr Oerther anstecken / so dann durch Contagion und Anklebung anderweitig fortgepflantzt und ausgebreitet werden* [...]. Nürnberg 1695, S. 321.

[14] Vgl. Steiermärkisches Landesarchiv, Laa. A. Antiquum, Gr. VI, Ausgabenbücher für 1648 und 1649.

[15] Vgl. Steiermärkisches Landesarchiv, Laa. A. Antiquum, Gr. II, K8, H. 38 (Siege und Friedensschlüsse: Mitteilungen, Feierlichkeiten etc. 1538-1739) sowie Christian Neuhuber: *Graz und das Berufstheater im 17. Jahrhundert.* Graz 2024, S. 68–70.

der Reihe die Ausgabenbücher für 1650 und 1651 als Kriegsverluste.[16] Allerdings hat schon 1880 der sehr gewissenhaft recherchierende erste Biograph Lebaldts, Richard Peinlich, nichts Entsprechendes gefunden; auch in den zeitgleichen Arbeiten Emil Kümmels zu den Ausgaben für Kunst und Künstler in den Rechnungsbüchern aus derselben Zeit taucht der Name Lebaldt nicht auf (allerdings auch nicht der Name Faßheyer).[17]

Dass Extra-Ausgaben für Musikalien selten, aber doch in den Ausgabenbüchern vermerkt wurden, zeigt ein Beispiel von 1648, als eine dedizierte Komposition des „*Churfürst. Bayrischen hoff- und Camer-Musicanten*“[18] Johann Adam Obermayr mit 10 Talern bzw. 15 Gulden honoriert wurde – also nur einem Zehntel der Gnadengabe, die Lebaldt angeblich erhalten hat. Obermayr war 1640 bis 1643 Schulmeister und Regens chori an der Linzer Stadtpfarrkirche, könnte also durchaus mit Lebaldt bekannt gewesen sein.[19] Wie ungewöhnlich hoch so eine Recompens von 150 Gulden – gerade auch für einen zuvor nicht öffentlich hervorgetretenen Komponisten – war, zeigt sich an weiteren Beispielen aus dem Rechnungsbuch von 1649, etwa die insgesamt 42 Gulden, die vier Trompeter dafür bezahlt bekamen, dass sie sieben Tage lang eine Prozession nach Mariazell begleiteten, oder die 9 Gulden für den „*nothleidenden Organisten*“[20] Hans Jakob Stadtlinger.

Die Repertorien zu den Akten der Innerösterreichischen Regierung für diese Jahre schweigen sich gleichfalls aus, die „Gutachten“ ebenso wie die „Expedita“, „Copeyen“ und das „Expeditum“. Fände sich der Name Lebaldt in diesen Indexbüchern, bestünde immerhin die – zugegeben unrealistische – Chance, dass sich das Notenmaterial in einem Aktenbündel verborgen bis heute erhalten hat. Ein verschollener Theaterzettel des Pulcinella-Spielers Stefano Landolfi von 1669 konnte immerhin auf diese Weise wiederentdeckt werden.[21] Doch der früheste Akt, der sich zu Lebaldt bislang finden ließ, betrifft sein erfolgreiches Gesuch an die Landstände von 1656, die Nachfolge seines verstorbenen Kollegen Pföttler als „*bestölter ordinari Medicus*“[22] im Enns- und Paltental antreten zu dürfen. Auch in den Hofkammerbüchern, die vorwiegend finanzielle Transaktionen betreffen, findet sich im fraglichen Zeitraum kein Eintrag; ebenso wenig in den Einnehmeramtsrechnungen, wo sich zahlreiche Anträge und Quittungen für „Extraordinari“-Ausgaben (etwa für Lihns alljährliche Kalenderaktionen) erhalten haben.[23] In

---

[16] Freundliche Auskunft des Leiters des Steirischen Landesarchivs, HR Dr. Gernot Obersteiner.

[17] Vgl. Peinlich (Anm. 3). – Emil Kümmel: *Kunst und Künstler in ihrer Förderung durch die steir. Landschaft vom 16. bis 18. Jahrhundert.* In: *Beiträge zur Kunde steiermärkischer Geschichtsquellen* 16 (1879), S. 84–125.

[18] Steiermärkisches Landesarchiv, Laa. A. Antiquum, Gr. VI, Ausgabenbuch 1648, f. 161v, Nr. 47.

[19] Vgl. Alexander Rausch: *Obermayr, Johann Adam.* In: *Oesterreichisches Musiklexikon online.* Begr. Rudolf Flotzinger, hg. Barbara Boisits. https://dx.doi.org/10.1553/0x0001db94 (12.6.2024).

[20] Steiermärkisches Landesarchiv, Laa. A. Antiquum, Gr. VI, Ausgabenbuch 1649, f. 112r, Nr. 99 sowie 118v-119r, Nr. 154.

[21] Vgl. Christian Neuhuber: *„daß Hertz und Augen ihren grösten Contento werden darob haben“ – Der Pulcinella-Spieler Stefano Landolfi und Graz.* In: *HLK-Blog (Blog der Historischen Landeskommission für Steiermark)* https://www.hlk.steiermark.at/cms/beitrag/12950011/155982178/ (12.06.2024).

[22] Steiermärkisches Landesarchiv, Laa. A. Antiquum, Gr. IX, K-3-H-14.

[23] Vgl. Steiermärkisches Landesarchiv, Laa. A. Antiquum, Gr. VI, Einnehmeramtsrechnungen, Schuber 20–22.

vergleichbaren anderen Städten gäbe es noch die Möglichkeit, über die Ratsprotokolle oder Säckelwartbücher des Stadtmagistrats fündig zu werden. Das Grazer Stadtarchiv allerdings, das vielleicht indirekt Lebaldts Kontakt mit den Steirischen Landständen bestätigen könnte, weist für die gesamte Zeit eine unheilvolle Lücke auf, weil die betreffenden Akten während des Rathausneubaus 1803 in Kellerräumen der Färberkaserne ausgelagert und 1820 – schimmelbedingt oder aus Platznot – in der Mur entsorgt wurden.[24]

Eine amtliche Bestätigung für die Existenz des gesuchten Musikstücks steht also noch aus; eventuell könnte sich noch etwas in den Innerösterreichischen Akten im Staatsarchiv finden, aber das ist die sprichwörtliche Nadel im Heuhaufen. Nehmen wir an, das „musicalische Amt" wurde tatsächlich den Landständen dediziert; wo könnte sich das Notenmaterial erhalten haben? Die Musikaliensammlung des Landesarchivs setzt erst eineinhalb Jahrhunderte später ein. Ein Nachlass Lebaldts hat sich nicht erhalten; das nicht unbeträchtliche Erbe ging an die drei Töchter seines jüngsten Bruders Tobias, dann verliert sich die Spur.[25] Könnte das Notenmaterial als Geschenk im Stift Admont verblieben sein, wo Lebaldt immerhin eineinhalb Jahrzehnte tätig war? Jakob Wichner erwähnt in seinem nach wie vor grundlegenden Beitrag *Zur Musikgeschichte Admonts* von 1892 nichts Entsprechendes, obwohl die Musik unter Lebaldts Förderern, den Äbten Urban Weber und Raimund von Rehling, einen deutlichen Aufschwung erlebte.[26] Vieles aber wurde beim unheilvollen Klosterbrand von 1865 vernichtet und die Chance, dass sich etwas bislang Unidentifiziertes des Musikarchivs Lebaldt zuordnen ließe, ist eher gering – zumal nicht mit Sicherheit zu sagen ist, was ein „Musikalisches Amt", ein „Officium sacrum Musicum" konkret sein soll. Ist darunter eine Vertonung bekannter liturgischer Texte zu verstehen, ein Hochamt, wie das Epitheton „sacer" in Wurffbains Nachruf andeuten könnte? Anton Sommer vermutet eher ein Festoratorium, das *„zwischen Oratorium und ‚Drama musicum' einzuordnen"*[27] sei. Dafür spräche auch das Selbstverständnis Lebaldts als Mann des Wortes, der Text und Musik hervorragend zu verbinden verstand *(„& verbis Textuum, elegantissimos maximèque sonoros adaptare Tonos optimè calluit")*.

Das führt schließlich zur Frage, ob er überhaupt als „Komponist" im heutigen Sinn in Frage kommt. „Composuit" bedeutet im 17. Jahrhundert nicht bloß „komponierte" im engeren, musikalischen Sinn, sondern konnte sich auf die allgemeine künstlerische Gestaltung ebenso beziehen wie auf das Arrangement oder die Textvorlage, die Lebaldt eventuell für einen befreundeten Komponisten verfasst haben könnte. Die Formulierung Wurffbains schließt diese Deutung zumindest nicht aus. Denkbar wäre etwa eine Kooperation mit dem erwähnten Obermayr oder etwa auch mit Johann Jakob Prinner, der ja vermutlich ein Jahrgangskollege Lebaldts war und – so Rudolf Flotzinger – wie Lebaldt

---

[24] Vgl. Gerhard Marauschek: *Das Stadtarchiv Graz, seine Aufgaben und Bestände.* In: *Mitteilungen des Steiermärkischen Landesarchivs* 44/45 (1995), S. 213–224: 215f.

[25] Vgl. Peinlich (Anm. 3), S. 64.

[26] Vgl. Jacob Wichner: *Zur Musikgeschichte Admonts.* In: *Mittheilungen des Historischen Vereines für Steiermark* 40 (1892), S. 3–57.

[27] Sommer (Anm. 3), S. 120.

aus dem oberösterreichischen Mühlviertel stammte.[28] Es wäre ein Zufall, doch nicht ausgeschlossen, dass sich beide schon in ihrer Schulzeit kennengelernt hatten und nach Graz gingen, dann weiter nach Italien. Prinner ist, als Lebaldt in Padua war, in Siena belegt; dann finden wir ihn als Organisten in Kremsmünster, später in Graz bei Johann Seyfried von Eggenberg, ab 1680 am Wiener Hof.[29] Solange aber keine weiteren Quellen gefunden werden, müssen derartige Beziehungen Spekulation bleiben.

[28] Vgl. Rudolf Flotzinger: *Ein Zufallsfund zu Johann Jakob Prinner*. In: *Mitteilungen der Österreichischen Gesellschaft für Musikwissenschaft* 4 (1975), S. 6.

[29] Vgl. Dagmar Glüxam: *Prinner, Johann Jacob*. In: *MGG Online*. Hg. Laurenz Lütteken. New York – Kassel – Stuttgart 2016ff., zuerst veröffentlicht 2005, online veröffentlicht 2016, https://www.mgg-online.com/mgg/stable/27728 (12.6.2024).

Franz Sparry (1715–1767), Kompositionen für frühe Klarinetten

Ernst Schlader (Graz/Wien)

Man geht heute aufgrund historischer Quellen – etwa von Johann Gabriel Doppelmayr und Johann Gottfried Walther – davon aus, dass die Klarinette im Jahr 1700 vom Nürnberger Instrumentenbauer Johann Christoph Denner (1655–1707) erfunden wurde. Die frühsten Klarinetten hatten nur zwei Klappen und wurden von vielen Komponisten wie Naturtoninstrumente eingesetzt. Der Name „Clarinetto" nimmt als Diminutiv des italienischen Terminus „Clarino" direkt auf die klangliche Nähe zur Trompete Bezug. Auch große Barockkomponisten wie Antonio Vivaldi (1678–1741), Georg Friedrich Händel (1685–1759), Christoph Graupner (1683–1760) oder Georg Philipp Telemann (1681–1767) verwendeten sowohl Klarinetten als auch die organologisch verwandten Chalumeaux. Wurden Chalumeaux eher für leisere und sanftere Kompositionen eingesetzt, so waren Klarinetten für strahlende und kräftige Klänge beliebt. In den ersten Dekaden nach der Erfindung dominierten Klarinettenstimmungen in C und D, ähnlich wie bei der Trompete. Diese Stimmungen klingen im Vergleich zu den heutigen Hauptstimmungen der Klarinetten, nämlich B und A, heller und lauter. Historische Quellen aus der ersten Hälfte des 18. Jahrhunderts erwähnen häufig die klangliche Nähe zur Trompete.

> „*Wann der Trompeten-Schall will allzulaut erthönen, so dient das Clarinet auf angenehme weiß …*"
>
> (Johann Chr. Weigel: *Musicalisches Theatrum*. Nürnberg 1722)
>
> „*Clarinetto, ist ein zu Anfang dieses Seculi von einem Nürnberger erfundenes/und einer langen Hautbois nicht ungleiches hölzernes Blasinstrument.* [...] *Es klingt dieses Instrument von ferne einer Trompete zimlich ähnlich...*"
>
> (Joseph F. Majer: *Museum Musicum*. Schwäbisch Hall 1732, § 16)

Erwähnenswert ist in diesem Zusammenhang auch, dass das früheste gedruckte Klarinettenkonzert entweder für ein Horn oder für eine Klarinette geschrieben ist. Der Benediktinermönch Valentin Rathgeber (1682–1750) bezeichnet die Solostimme seiner Konzerte Nr. 19 & 20 aus der bei Lotter in Augsburg 1728 gedruckten Sammlung von 24 Kirchenkonzerten (*Chelys Sonora / exitans / spiritum musicorum / digitis, auribus, ac animis* bzw. *Concertationes Sex prolixiores B Clarinis vel Lituis ex diversis Clavibus obligates*) als „*Clarineto vel Lituo*".

Es ist also unbestritten, dass Klarinettenkompositionen aus der ersten Hälfte des 18. Jahrhunderts eine große Nähe zur Schreibweise für Naturtoninstrumente attestiert werden kann bzw. dass barocke Klarinetten auch als Substitut für originäre Trompetenparts verwendet wurden. Nachfolgend soll nun erörtert werden, ob die um die Jahrhundertmitte entstandenen Werke mit Klarinetten von Franz Sparry diese Tradition fortsetzen oder aus ihr ausbrechen.

Das Benediktinerstift Kremsmünster besaß bereits wenige Jahrzehnte nach der Erfindung der Klarinette diese damals noch sehr modernen Instrumente. Ein Inventareintrag (*Catalogus Instrumentorum musicalium*) des Regens Chori Pater Nonnosus Stadler (1696–1783) aus dem Jahr 1747 bestätigt, dass 1739 folgende Klarinetten vorhanden waren.[1]

3 unbrauchbare Clarinett und *2 Buchsbaumerne seind vor ungefähr einem Viertljahr verlohren, und findet sich von dem einen nur das Mundstück und Hauptschedl.*	*2 Buchsbaumerne Clarinett seindt widerumben in Vorschein gekommen und befindten sich zum Gebrauch in dem Geigenzimmer. Die von Zwespenbaumernen Holz nicht ganze und unbrauchbare Clarinett wird der Calcant mit anderem Mist ohne einigen Schaden zusambgekerret haben.*

Weitere Inventarlisten aus dieser Zeit oder unmittelbar danach sind derzeit nicht bekannt. Die von Nonnosus Stadler beschriebenen Klarinetten sind heute im Stift Kremsmünster nicht mehr auffindbar und befanden sich auch nicht in dem Konvolut von alten Instrumenten, die 1836 vom Stift Kremsmünster in das oberösterreichische Landesmuseum überstellt wurden. Da in dieser Schenkung u. a. Blasinstrumente der angesehenen Instrumentenbauer Jakob Denner aus Nürnberg, Johann Christoph Gehring aus Leipzig und Martin Lempp aus Wien[2] enthalten waren, kann angenommen werden, dass die Klarinetten auch aus einer renommierten Werkstätte, vielleicht aus dem Umfeld Denner, stammten. Denkbar wären auch Klarinetten von Georg Walch aus Berchtesgaden, wie sie in Sammlungen in Salzburg und Linz nachweisbar sind.[3] Die einzigen erhaltenen Klarinetten aus dem 18. Jahrhundert, die sich heute noch im Stift Kremsmünster befinden, sind zwei organologisch besonders interessante, nach heutiger Definition als Bassetthörner zu bezeichnende Instrumente, auf die in weiterer Folge noch genauer eingegangen wird.

Die ältesten im Stift Kremsmünster erhaltenen Kompositionen mit Klarinetten stammen von P. Franz Sparry (1715–1767) und seinem Nachfolger als Regens chori P. Georg Pasterwiz (1730–1803). Der in Graz gebürtige Franz Sparry wurde laut Marian Pachmayr (1777) von seinen Zeitgenossen als ideenreicher Musiker und Komponist geschätzt, der in allen musikalischen Gattungen sattelfest war und für alle Instrumente komponieren konnte.[4] Er studierte u. a. Philosophie an der Universität Salzburg und trat 1735 in das Kloster Kremsmünster ein. In den Jahren 1740 bis 1742 soll er während einer musi-

[1] Altman Kellner: *Musikgeschichte des Stiftes Kremsmünster*. Kassel etc. 1956, S. 358.
[2] Philip Young: *Die Holzblasinstrumente im oberösterreichischen Landesmuseum*. Linz, o. J., S. 196, 206, 214.
[3] William Waterhouse: *The New Langwill Index: A dictionary of Musical Wind-Instrument Makers & Inventors*. London 1993, S. 419.
[4] Marian Pachmayr: *Historico Cronologica Monasterii Cremifanensis*,.Steyr 1777, S. 770–771.

kalischen Studienreise nach Italien in Neapel Unterricht bei Leonardo Leo (1694–1744) und in Rom bei Girolamo Chiti (1679–1759) genossen, den italienischen Stil erlernt und Musikalien für das Stift gesammelt haben.[5] Leider ist von seinem Oeuvre nur sehr wenig erhalten. Sparry war von 1743 bis 1747 Adjunkt des Regens chori und 1747 bis 1767 Regens chori. Für weitere Informationen zu seinem Leben sei zudem auf Altman Kellners *Musikgeschichte* verwiesen.

Georg Pasterwiz, der 1767 die Stelle als Regens chori im Stift Kremsmünster antrat und mit über 500 Kompositionen zu den einflussreichsten und heute noch geschätzten Stiftskomponisten Kremsmünsters zählt, verwendet im Jahr 1756 in der Motette *Sancta Maria* (PW 8.42) zwei Klarinetten in A.[6] Es handelt sich hierbei um die erstmalige, aktuell bekannte explizite Verwendung von A-Klarinetten in der Musikgeschichte. Die Klarinetten werden in einer Arie und in einem Schluss-Chor paarig als harmonieunterstützende Instrumente eingesetzt. Im gleichen Jahr setzt er in der Musik zum Schauspiel *Floridus* (PW 10.18) erneut Klarinetten in A und C ein. Diese Parts sind in die Horn-Stimmen eingefügt. Sämtliche Klarinetten-Parts dieser Werke beschränken sich auf die Naturtöne und sind mit barocken Klarinetten mit zwei Klappen ausführbar.

Abb. 1: Klarinettenstimme der Motette *Sancta Maria* von Pasterwiz, 1756. Foto: Ernst Schlader

Erst 14 Jahre später komponiert Pasterwiz wieder für eine Klarinette. Das ca. 1770 entstandene Offertorium *Alleluja amavit* in C (PW 2.5) für Streicher, zwei Trompeten, Pauken und Chor sieht mit der Oboe und der Klarinette zwei konzertierende Holzblasinstrumente vor. Zu dieser Zeit hatte sich der Wandel vom ehemaligen Trompeten-Substitut zum klanglich flexiblen Holzblasinstrument bereits vollzogen. Gelegentlich verwendete Pasterwiz gegen Ende des 18. Jahrhunderts zwei

[5] Ingrid Schubert,:Art. „Sparry", in: *MGG*2, Personenteil, Bd. 15. Kassel etc. 2006, Sp. 1146.

[6] Zu Pasterwiz vgl. u.a. Ernst Schlader: *Georg Pasterwiz (1730–1803). Leben – Wirken – Werk*. Saarbrücken 2011.

Klarinetten im Orchester (PW 9.4, 10.3, 12.6). Um 1800 setzt er die Klarinette in einigen Werken nochmals solistisch ein: im Offertorium *Ave Maria* (PW 4.13) eine Klarinette in B (trotz der Tonart C-Dur mit alternativer Stimme für Klarinette in A), im Graduale *Dolorosa* (PW 2.39) die bereits erprobte Besetzung für Klarinette in B und Oboe und im groß orchestrierten Graduale *Ecce Sacerdos* (PW 2.44) eine Klarinette in B.

Es soll nachfolgend eine nähere Betrachtung der Klarinettenkompositionen Franz Sparrys erfolgen. Im Faszikel F 9 der Regenterei des Stifts Kremsmünster befinden sich 27 deutschsprachige Arien von Franz Sparry, die teilweise als autographe Stimmen, teilweise in Georg Pasterwiz' Handschrift erhalten sind.[7] Es handelt sich um achtzehn Marienarien, sieben Adventarien, eine als „Aria de Patientia" bezeichnete Komposition und eine Hochzeitsarie. An Bläsern werden häufig Hörner und Trompeten, zweimal Klarinetten sowie einmal Oboen und einmal Flöten verwendet. Nur eine Arie (*Fahre fort o Christenschar*) dieses Faszikels weist mit 1763 ein Kompositionsjahr auf und gehört vermutlich zu den letzten Werken Sparrys. Aufgrund von gesundheitlichen Problemen soll er ab 1763 seine Klosterzelle nicht mehr verlassen und kaum noch komponiert haben[8]. Zur zeitlichen Einordnung der anderen Arien kann man lediglich Mutmaßungen anstellen, da nur wenige Kompositionen ein eindeutiges Entstehungsdatum aufweisen. In einem anderen Faszikel ist eine stilistisch den eben erwähnten Arien sehr ähnliche *Cantilena germanica* mit dem Titel *Betrübtes Herz dich kränkest* in Es-Dur mit 1748 datiert.[9]

Adventarien

F9/34, *Gemahltes Wolkhen Feld* in F-Dur: S, Vl 1, Vl 2, Vla, Cor (2), Org

F9/35, *Könnt Ihr Himmel unser Klagen* in B-Dur: S (2), Vl 1, Vl 2, Tr (2), Org

F9/36, *Nur still! ihr unberuffne Dichter* in D-Dur: S (2), Vl 1, Vl 2, Cor (2), Org

F9/37, *Höret ihr Himmel* in C-Dur: S (2), B, Vl 1, Vl 2, Vla, Cor (2), Tr (2), Timp, Org

F9/38, *Sions Töchter! Saget mir* in G-Dur: S, Vl 1, Vl 2, Vla, B, Cor oder Tr (2), Org

F9/39, *Erfreut euch ihr Väter* in F-Dur: S, A, T, B, Vl 1, Vl 2, Vla, B, Ob (2), Cor (2), Org

Marienarien

F9/40, *Nein: ich nochmal wiederhole* in A-Dur: S, Vl 1, Vl 2, Vla, Tr (2), Org

F9/41, *Flieht ihr Laster* in D-Dur: S, Vl 1, Vl 2, Vla, Cor (2), Org

F9/42, *Fort du schnöder Dunst* in A-Dur: S, Vl 1, Vl 2, Vla, Tr con sordini (2), Org

F9/43, *Prange nur o Judenland* in F-Dur: S, Vl 1, Vl 2, B, Cor (2), Org

F9/44, *Soll dein Verlangen etwas empfangen* in C-Dur: B, Vl 1, Vl 2, Vla, Tr (2), Org

F9/45, *Kommet her Mariae Kinder* in G-Dur: S, Vl 1, Vl 2, B, Cl (2), Org

F9/46, *Nur Geduld in deinem (bittren) Leiden* in F-Dur: S, Vl 1, Vl 2, B, Fl (2), Cor (2), Org

[7] A-Kr: F 9/34–60
[8] Kellner (Anm. 1), S. 410.
[9] A-Kr: G 44/789

F9/47, *Auf Auf bedrängte (betrankte) Seelen* in B-Dur: S, Vl 1, Vl 2, Cl (2), Org

F9/48, *Ihr Menschen* in A-Dur: S, Vl 1, Vl 2, Vla, B, Tr (2), Org

F9/49, *Fahre fort o Christenschar* in F-Dur: A, Coro S, Coro A, Coro T, Coro B, Vl 1, Vl 2, B, Cor (2), Tr (2), Timp, org, 1763

Adventarien

F9/50, *Erfreut euch ihr Väter* in F-Dur: S, A, Vl 1, Vl 2, Org

Marienarien

F9/51, *Holder Liebe reinste Triebe* in C-Dur: S, A, Coro S, Coro A, Coro T, Coro B, Vl 1, Vl 2, Vla, B, Tr (2), Timp, Org

F9/52, *O was Freude* in D-Dur: S, Vl 1, Vl 2, B, Cor (2), Org

F9/53, *Fort unbeständigs Glück* in F-Dur: S, T, Vl 1, Vl 2, Vla, B, Cor (2), Org

Aria de Patientia

F9/54, *Betrübtes Herz dich kränkest* in Es-Dur: S, Vl 1, Vl 2, Org

Marienarien

F9/55, *Eilet ihr Christen* in G-Dur: S, Vl 1, Vl 2, Vla, Org

F9/56, *Himmel Erde* in B-Dur: S, Vl 1, Vl 2, Vla, Tr (2), Org

F9/57, *Sei gegrüßet von uns allen* in C-Dur: A, Vl 1, Vl 2, Org

F9/58, *Es soll beschlossen sein* in A-Dur: S, Vl 1, Vl 2, B, Org

F9/59, *Was suchest du* in C-Dur: S, Coro S, Coro A, Coro T, Coro B, Vl 1, Vl 2, B, Cor (2), Org

Aria Nuptialis (Hochzeitsarie)

F9/60, *Zarte Liebe reine Triebe* in C-Dur: S, A, Coro S, Coro A, Coro T, Coro B, Vl 1, Vl 2, Vla, B, Tr (2), Timp, Org

In zwei Arien (*Könnt Ihr Himmel unser Klagen* und *Himmel Erde*) verwendet Sparry Trompeten in B, in drei Arien (*Nein: ich nochmal wiederhole, Fort du schnöder Dunst* und *Ihr Menschen*) sogar Trompeten in A. Diese tiefen Stimmungen sind für Naturtrompeten zwar möglich, jedoch vor und um 1750 eher selten anzutreffen. In diesen Lagen verlieren Trompeten ihren strahlenden Klang und nähern sich einer posaunenartigen Klangfarbe. Werden Naturtrompeten in A auch noch gedämpft, wie für die Arie *Fort du schnöder Dunst* gefordert ist, entsteht eine als nahezu unheimlich zu beschreibende Atmosphäre.

Die Arien *Kommet her Mariae Kinder* in G-Dur und *Auf Auf bedrängte (betrankte) Seelen* in B-Dur enthalten Stimmen für je zwei Klarinetten. Beide Werke können dem galanten

Stil zugeordnet werden. Die Klarinettenstimmungen entsprechen jeweils der Tonart der Arie.

Sparry bezeichnet die Stimmen der Blasinstrumente in der Arie *Kommet her Mariae Kinder* als „*Clarinetta 1ma ex g*“ bzw. „*Clarinetta 2da ex g*“. Diese eher tiefe Stimmung wurde etwa von Valentin Roeser (1735–1782) in seinem 1764 in Paris gedrucktem Lehrwerk *Essai d'instruction à l'usage de ceux qui composent pour la clarinette et le cor* noch den Klarinetten zugeordnet.[10] Gegen Ende des 18. Jahrhunderts galten klarinettenartige Instrumente in G allerdings bereits als Bassetthörner. Johann Georg Albrechtsberger (1736–1809) verwendet 1790 in seiner Kompositionsanweisung den Begriff „*Corno di Bassetto in G*“[11] und Komponisten wie Wolfgang Amadé Mozart (1756–1791) und Georg Druschetzky (1745–1819) setzten Bassetthörner in G in ihren Werken ein.

Abb. 2: Klarinettenstimme der Arie *Kommet her Mariae Kinder* von Sparry. Foto: Ernst Schlader

Die Arie besteht aus vier Strophen für Sopran-Solo und ist für zwei Violinen, die beiden bereits erwähnten tiefen Klarinetten, Violone und Orgel orchestriert. Nach heutiger Definition kann man die Bläserstimmen als Bassetthörner in G klassifizieren, obwohl Sparry die für diese Instrumente typischen Bassett-Töne nicht verwendet. Der Tonumfang der ersten Stimme erstreckt sich von e^1 bis g^2, jener der zweiten von c^1 bis e^2. Es handelt sich um einfache Naturtonstimmen, die als klangliche Auffüllung dienen. Die Komposition ist im Dreivierteltakt notiert und mit „Andante“ überschrieben. Im Takt 27 findet ein Wechsel in den Zweivierteltakt statt, wodurch dieses achttaktige Intermezzo den Andante-Charakter verlässt und deutlich frischer klingt, ehe ab Takt 35 wieder der ursprüngliche Dreivierteltakt erreicht wird.

Im Stift Kremsmünster sind zwei nach heutiger Klassifizierung als Bassetthörner zu bezeichnende Instrumente erhalten, welche für diese Arie verwendet worden sein könnten.

[10] Valentin Roeser: *Essai d'instruction à l'usage de ceux qui composent pour la clarinette et le cor*. Paris 1764, S. 2.

[11] Johann Georg Albrechtsberger: *Gründliche Anweisung zur Composition mit deutlichen und ausführlichen Exempeln, zum Selbstunterrichte, erläutert; und mit einem Anhange: Von der Beschaffenheit und Anwendung aller jetzt üblichen musikalischen Instrumente*. Leipzig 1790, S. 426.

In einem Beitrag für einen Michaelsteiner Konferenzbericht zu Geschichte, Bauweise und Repertoire der Klarinetteninstrumente hat der Autor zusammen mit dem Innsbrucker Instrumentenbaumeister Rudolf Tutz (1940–2017) im Jahr 2006 versucht, auf diese anonymen, meisterhaft gebauten Instrumente und ihre mögliche Datierung in der ersten Hälfte des 18. Jahrhunderts näher einzugehen.[12] An dieser Stelle soll daher nur eine kurze Zusammenfassung erfolgen.

Es handelt sich um zwei baugleiche, vierteilig konstruierte Bassetthörner, von denen eines mit „SS", das andere mit „AA" gekennzeichnet ist. Hinweise auf einen Ort und den Erbauer fehlen. Die sichelartige Bauform ist ein Kennzeichen früher Bassetthörner und erinnert an die Konstruktion einer Oboe da caccia. Rechnungen oder Inventaraufzeichnungen zu diesen beiden Instrumenten wurden bisher nicht aufgefunden. Beschaffenheit und klappentechnische Ausstattung der Bassetthörner weisen eindeutig eine barocke Gestaltung auf.

Neben den beiden Kopftonklappen am Oberteil sind zwei weitere Klappen für die Töne gis/dis2 montiert. Die paarige Anlage erlaubt die Betätigung der Klappen entweder mit dem kleinen Finger der rechten oder der linken Hand. Ferner sind eine Klappe für die Töne f/c2 und eine Langstielklappe für den Bassett-Ton C vorhanden. Die Klappenformen sind typisch barock. Die beinahe halbkreisartig-gebogenen Griffstücke sind mit Leder überzogen und sechseckig, ähnlich wie bei Zinken. Beide Bassetthörner haben einen relativ großen, runden Schalltrichter aus Messing. Vorsichtige Anspielversuche mit einem der beiden Bassetthörner sowie dem originalen Mundstück ergaben eine Grundstimmung in G bei a1 = 410 Hz. Es ist somit möglich, mit diesen beiden Instrumenten die betreffende Arie von Franz Sparry zu spielen.

Geht man davon aus, dass die Arie *Kommet her Mariae Kinder* unmittelbar vor der Mitte des 18. Jahrhunderts entstanden ist, handelt es sich um die früheste erhaltene Komposition für Bassetthörner in G. Der böhmische Komponist Jan Zach (1713–1773) setzte Klarinetten in G in einem *Requiem* in g-Moll (GotZ B12) im *Recordare* sowie in einem Flötenkonzert in G-Dur (GotZ C19) ein. Auch für diese Werke gibt es keine exakten Kompositionsdaten sondern lediglich die Vermutung, dass sie um 1750 entstanden sein könnten.[13]

In der Arie *Auf Auf bedrängte (betrankte) Seelen* in B-Dur verwendet Sparry zwei als *„Clarinetta Prima ex Ex hb"* bzw. *„Clarinetta Seconda Ex hb"* bezeichnete Instrumente – also Klarinetten in B. Die vierstrophige Komposition ist für Sopran-Solo, zwei Violinen, zwei Klarinetten, Violone und Orgel im Zweivierteltakt gesetzt und mit *„Spirituosò"* überschrieben. Die einzelnen autographen Stimmen sind auffallend dicht mit dynamischen Angaben versehen, außerdem ist die Orgelstimme sehr ausführlich mit Generalbassziffern beschriftet. Virtuose Zweiunddreißigstel-Läufe und filigrane Punktierungen

[12] Ernst Schlader: *Zwei sichelförmige Bassetthörner aus dem Stift Kremsmünster*. In: *Konferenzbericht 29. Musikinstrumentenbau-Symposium Kloster Michaelstein 2008*. Hg. Ute Omonsky, Monika Lustig. Augsburg 2014, S. 69–82.

[13] Albert R. Rice: *The baroque clarinet and chalumeau*, Second Edition. Oxford 2020, S. 171f.

in den technisch anspruchsvollen Violinstimmen deuten auf ein gemächlich schreitendes Tempo hin. Der Tonvorrat der Klarinettenstimmen beschränkt sich wieder auf wenige Naturtöne und bewegt sich zwischen (notiert) e^1–f^2 in der zweiten bzw. g^1–a^2 in der ersten Stimme. Den beiden Blasinstrumenten kommen neben einer rein harmonieunterstützenden auch kurze obligate Aufgaben zu, etwa in den Takten 32, 44, 59 und 88. Hier pausieren die Violinen und die solistisch, aber immer noch in Hornquinten geführten Klarinetten werden nur vom Basso continuo begleitet. Der Länge der Arie – immerhin 97 Takte bis zum Beginn des Dacapo – lassen bereits eine Strophe mehr als fünf Minuten dauern. Eine zwanzigminütige Aufführung aller vier Strophen verleiht der Komposition vermutlich einen sehr kontemplativen Charakter.

Leider ist auch diese Arie von Franz Sparry nicht datiert. Als terminus ante quem gilt 1763, danach hat Sparry nicht mehr komponiert. Frühere, stilistisch ähnliche und gelegentlich datierte Arien im Faszikel G 44, entstanden ab der Mitte der 1740er-Jahre.

Ab den 1760er-Jahren nimmt die Anzahl an Kompositionen für B-Klarinette(n) *überall* exponentiell zu. Davor wurden diese Instrumententypen jedoch äußerst selten eingesetzt. Das früheste, undatierte Konzert für eine B-Klarinette stammt von Johann Stamitz (1717–1757) und muss aus stilistischen Gründen gegen Ende seines Lebens entstanden sein.[14] Die Komposition Stamitz' weist noch einige spätbarocke Elemente auf, ist jedoch in der Gesamtschau als frühklassisches Werk für eine vier- bis fünfklappige Klarinette einzuordnen. Die im galanten Stil komponierten und ebenfalls Johann Stamitz zugeschriebenen Quartettsätze für zwei Klarinetten in B und zwei Hörner in Es, die in Valentin Roeser's *Essai d'instruction* (Paris, 1764) veröffentlich wurden, sind zwischen 1755 und 1756 zu datieren.[15] Im Stift Kremsmünster werden Quartett-Sätze für zwei Klarinetten und zwei Hörner von „*Sig Starck*" aufbewahrt, die auch in der Kombination für Klarinetten in B und Hörner in Es gespielt werden können. Diese Stücke werden unter Vorbehalt Wenzel Stark (1670–1757) zugeschrieben.[16] Die Klarinettenstimmen sind in diesen galanten Kompositionen aber bereits für fünfklappige Instrumente gedacht und weisen kompositorisch in die musikalische Klassik. In Johann Wendelin Glasers Kantate *Ihr müsset gehasset werden von jedermann* (GIWV 303), die zwischen 1750 und 1760 entstanden ist, finden sich einfache Stimmen für Klarinetten in B. François-Joseph Gossec setzte B-Klarinetten 1760 in der *Messe des morts* ein.[17] In diese Auflistung früher Komposition mit B-Klarinetten reiht sich die Arie *Auf Auf bedrängte (betrankte) Seelen* ein.

Franz Sparry hatte für seine Klarinettenstimmen offensichtlich nicht an modernere Instrumente, wie sie aus spieltechnischen Gründen für die Werke Johann Stamitz' oder Wenzel Starks notwendig sind, gedacht. Er verwendet in beiden vorgestellten Arien die Klarinetten so, dass sie theoretisch mit Klarinetten um 1700 aus der Werkstatt Denners

---

14 D-Rtt: Stamitz 9

15 Roeser (Anm. 10), S. 20–21.

16 A-Kr: H 21/99, RISM: 600178602

17 Herr Dr. Albert R. Rice, Claremont, übermittelte dankenswerterweise die Informationen zu Glaser und Gossec per E-Mail am 2. November 2023.

gespielt werden könnten. Die Definitionen Weigels (1722) und Majers (1732), die den trompetenartigen Charakter der barocken Klarinetten unterstreichen, treffen auf die Instrumentierung Sparrys zu. Dies ist aber keine Wertung, sondern zeigt lediglich auf, dass die Klarinette um die Mitte des 18. Jahrhunderts nicht sprunghaft ihren barocken und einem Naturtoninstrument gleichenden Charakter abgelegt hat, sondern dass die Transformation zum klassischen, gesanglichen Instrument ein längerer, orts- und instrumentenabhängiger Prozess war.

Franz Sparrys Arie *Kommet her Mariae Kinder* ist nach aktuellem Kenntnisstand möglicherweise die früheste bekannte Komposition der Musikgeschichte für Klarinetten (Bassetthörner) in G. Im Fall der Arie *Auf Auf bedrängte (betrankte) Seelen* gilt dies für die B-Klarinetten zumindest für das Gebiet des heutigen Österreichs. Sollte diese Arie vor 1750 entstanden sein, was derzeit nicht geklärt werden kann aber durchaus plausibel ist, wäre sie tatsächlich die früheste bekannte Komposition für Klarinetten in B.

Wie gezeigt werden konnte, verstand es Sparry, die traditionelle Schreibweise für barocke Klarinetten in seine galanten Kompositionen zu integrieren. Dass im Stift Kremsmünster mit Klarinetten in G und B damals ungewöhnliche Klarinettenstimmungen zur Verfügung standen und von Sparry verwendet wurden, ist bemerkenswert. Auch der dokumentierte Einsatz von gedämpften Trompeten in A erlaubt es, Franz Sparry als experimentierfreudigen Komponisten zu bezeichnen.

Editionsanhang:

Auf auf betrangte Seelen!

A-Kr: F 9/47
Autograph zwischen 1748 und spätestens 1763
RISM: 600178515

Franz Sparry 1715–1767

Ernst Schlader, 28. August 2023

2

3

35
S.
Vl. I
Vl. II
Cl. I
Cl. II.
Org.
Finale
Auf auf be - tran - gte - Se - e - len! fort mit dem bit - tren
forte
piano
43
Schmerz!
49
auf auf be - tran - gte Se - e - len! fort

4

56
S.
Vl. I
Vl. II
Cl. I
Cl. II.
Org.
mit dem bit - tren Schmerz:
Last nicht mehr Zä - cher quel - len, auf
forte
piano
62
auf be - tri - btes Herz: auf auf auf auf be - tri - btes Herz:
forte
69
piano
forte
piano
forte
piano

5

76
S.
Vl. I
Vl. II
Cl. I
Cl. II.
Org.
wan schon das Wet-ter bli-zet, wan schon der Don-ner knallt, wan schon der Don-ner
forte
piano
forte
piano
83
bli-zet, wan schon der Don-ner knallt, wan nur Ma-ri-a schüz-et, wan
forte
90
D.C.
nur Ma-ri-a schü-zet, der Feind zu Bo-den fahlt, fahlt, fahlt, der Feind zu Bo-den fahlt, zu Bo-den fahlt.
piano
forte

Kommet her Mariae Kinder

A-Kr: F 9/45
Autograph zwischen 1748 und spätestens 1763.

Franz Sparry 1715–1767

2 Kommt her Maria Kinder

29
C
süs - sen Nam - men habt ihr al - len Tro - st bey - sam - men, in Ma - ri - ae
Vl. I
Vl. II
Cl. in G
Cl. in G
V
37
C
süs - sen Nam - men habt ihr al - len Trost - bey - sam - men, die - ser - Namm in - al - len
Vl. I
Vl. II
Cl. in G
Cl. in G
V

4 Kommt her Maria Kinder

„... einem der wärmsten Freunde und Schätzer des großen Mozart.“ Ein Beitrag zur Geschichte der frühen Mozart-Rezeption in der Steiermark.

Klaus Hubmann

Eine Trauerfeier für Kaiser Leopold II. in Graz

Am 5. März 1792 meldete die *Grätzer Zeitung*, dass „*Se. Majestät* [...] *Donnerstags den 1. d. M. um 1 Viertel nach 3 Uhr nachmittags den Geist aufgaben.*“[1] Der Grazer Magistrat und die Bürgerschaft beschlossen bald darauf, Kaiser Leopold II., „*dem sie ausgezeichnete Wohlthaten zu danken*“ hatten, eine „*besondere Trauerfeyerlichkeit zu widmen.*“[2] Diese fand fast eineinhalb Monate später, am Dienstag, dem 17. April, in der Stadtpfarrkirche zum Hl. Blut statt. In der Mitte der Kirche war ein Trauergerüst, „*mit einigen hundert Wachskerzen beleuchtet,*“ errichtet worden. „*Auf den drey untersten Stufen des Kastrums waren verschiedene Armaturen und Kronen angebracht, auf der obersten Stufe stand der* [leere] *Sarg.*“

Um neun Uhr begann die Feier mit einer Trauerrede von Raymund Müller, dem Kaplan zu St. Anna im Münzgraben, anschließend folgte das von Stadtpfarrer Joseph Kuntschak (1753–1822), dem späteren 45. Abt des Zisterzienserstiftes Rein, abgehaltene Requiem. In der Beilage zur *Grätzer Zeitung* wird hervorgehoben, „dass *sich die dabei exequirte Trauermusik besonders durch ihre Schönheit, Genauigkeit, und gute Harmonie in der Ausführung auszeichnete und* [...], *dass sie einen Steyermärker, Namens Franz Hyssel, zum Verfasser hat.*“ Der Fußnote ist zu entnehmen, dass Franz Xaver Hysel „*dieses Requiem im verflossenen Monat Dezemb.*“ komponierte. Er „*schickte diesen Erstling seiner glücklichen Musiktalente an einen der wärmsten Freunde, und Schätzer des grossen Mozarts, als einen Beweis der Verehrung, so er für diesen unnachahmlichen Meister hegte.*“[3] Diese bemerkenswerte Formulierung wurde 1810 von Johann Baptist Winklern (1768–1841) wortwörtlich übernommen.[4] Von dort aus fand sie u. a. Eingang in Erika Krempels Dissertation von 1950[5] ehe sie 1958, quasi im Nachhall des Mozart-Jahres 1956, von Hellmut Federhofer einem internationalen Fachpublikum zugänglich gemacht wurde.[6]

[1] *Grätzer Zeitung* Nr. 55 vom 5. März 1792, S. 1.
[2] *Beilage zu Nro. 92 der Grätzer Zeitung 1792* vom 17. April.
[3] Ebenda.
[4] Johann Baptist von Winklern: *Biographische und literarische Nachrichten von den Schriftstellern und Künstlern, welche in dem Herzogthume Steyermark geboren sind.* Graz 1810, S. 90.
[5] Erika Krempel [= Kaufmann]: *Anfänge der Grazer Konzertgeschichte.* Diss. Graz 1950, S. 76.
[6] Hellmut Federhofer: *Frühe Mozartpflege und Mozartiana in Steiermark.* In: *Mozart-Jahrbuch* 1957. Salzburg 1958, S. 140–151.

Wer war Franz Xaver (Eduard) Hysel?

Der am 11. Februar 1770 in Hengsberg bei Wildon als Sohn des dortigen Schullehrers geborene Franciscus Xaverius Hiesel[7] kam sehr früh, wahrscheinlich bereits im elterlichen Hause, mit Musik in Berührung. In Gräfin Aloisia Lanthieri, geb. Wagensperg fand er eine großzügige Unterstützerin, die ihm ein Violin-Studium in Graz finanzierte. Dort gab er seit 1796 jährlich, meist in der Karwoche, eine musikalische Akademie. Seine Programme enthielten neben den beliebten Modestücken auch immer wieder Novitäten, so 1802 die Chor-Orchesterfassung von Joseph Haydns *7 Worte des Erlösers am Kreuze* (Hob. XX:2) und im April 1806, nur ein halbes Jahr nach der Wiener Uraufführung, eine Sopranarie aus Beethovens *Fidelio*. Hysel galt damals als der bedeutendste Geiger in Graz. 1801 wurde er k. k. Bancal-Administrationsbeamter und übernahm 1813 die Leitung des Grazer Theaters, die er bis 1818 innehatte. Er blieb weiterhin bis zu seinem Tod im Jahre 1841 als Musikdirektor am Grazer Theater tätig und unterrichtete an der Schule des Musikvereins Violine und Gesang. Am 19. November 1814 wurde er zum Ehrenbürger der Stadt Graz ernannt.[8]

Sehr wahrscheinlich war der junge Hysel maßgeblich an einer im Februar 1793 stattgefundenen Akademie beteiligt, die „*durchgehend Meisterstücke des unsterblichen Mozarts* brachte,“[9] in Hinblick auf die sonstige Buntheit der damaligen Konzertprogramme ein außergewöhnliches Ereignis und auf Jahrzehnte hinaus der einzige Fall, dass ein ganzes Konzert ausschließlich einem einzigen Komponisten gewidmet wurde.[10] „*Was ihn aber als Tonsetzer charakterisirt, ist, daß er* […] *ein Talent, einen Fleiß, die für die Schöpfung von zwanzig Opern hingereicht hätten, streng gewissenhaft nur dem Arrangiren fremder, seinem Geschmacke zusagender Tonwerke widmete.*“[11] Tatsächlich sind nur wenige Originalwerke erhalten geblieben bzw. nachweisbar. Zu dem bei Federhofer[12] mitgeteilten Werkbestand können dennoch einige Ergänzungen bzw. Korrekturen angebracht werden, die im Anhang zu diesem Artikel aufgelistet sind.[13]

---

7 Pfarre Hengsberg, Taufbuch VI 1731–1770|2449, S. 257.

8 Siehe: Peter A. Walner: *Der Grazer Theaterdirektor Franz Hysel und sein Sohn Eduard. Ein Beitrag zu einigen chronologischen Fragen und zur Namenskunde beider Künstler*. In: *Blätter für Heimatkunde* 35 (1961), S. 15–18 und Gudrun Rottensteiner: *Franz Xaver Hysel (1770–1841). Von Hengsberg in die Welt der Musik*. In: *Hengist Magazin. Zeitschrift für Archäologie, Geschichte und Kultur der Mittelsteiermark*, Heft 2 (2008), S. 18–25.

9 *Grätzer Zeitung* vom 19. Februar 1793.

10 Siehe Krempel (Anm. 8), S. 58.

11 Aus dem Nachruf für Franz Eduard Hysel. In: *Steiermärkisches Intelligenzblatt zur Grätzer Zeitung* Nr. 151 vom 21. September 1841.

12 Hellmut Federhofer: Art. Hysel. In: *MGG* 6 (1957), Sp. 1030ff; in der Neuauflage der MGG fehlt ein Artikel über Hysel.

13 Siehe S. 71–74.

Wer war nun *„einer der wärmsten Freunde und Schätzer des großen Mozart“*?

Konstanze Mozart, die 1796 eine zu ihren und ihrer Kinder Gunsten veranstaltete Aufführung des *Idomeneo* (KV 366) und Teilen aus *La Clemenza di Tito* (KV 621) in Graz besuchte, schrieb 1799 an Breitkopf & Härtel in Leipzig:

> In dem Lusthause des Kaufmanns Deyerkauf zu Graz ist der Platfond zum Andenken Mozarts gemalt, und der Sahl heist Mozarts Tempel. [...] Dieses habe ich mit eignen Augen gesehen. - Mozarts Todstag ist wenigstens in den ersten Jahre jährlich von der Baronin und Generalinn Herding, gebohrnen S. Martin zu München mit Musik, nur von seyner Composition gefeyert worden, welches Deyerkauf auch noch thut.[14]

Der angesehene Handelsmann und geheime Freimaurer Franz Deyrkauf sen. (1750–1826) ließ im Mai 1792 das erste Mozart-Denkmal der Welt, einen Gartentempel mit (heute leider verschwundenen) Fresken des Grazer Malers Mathias Schiffer (1744–1827) in der Seufzerallee (heute Schubertstraße 35) errichten. Seine Begeisterung für Mozart fand auch Eingang in Ernst Ludwig Gerbers Lexikon der Tonkünstler:

> Auch einzelne Liebhaber haben sich hin und wieder in Deutschland bestrebt, sein [Mozarts] Andenken zu ehren, indem sie, jährlich an seinem Todestage seine Kompositionen auf eine feyerliche Weise aufführen lassen. Dies geschieht z.B. 1) in dem Erlanger Konzerte, 2) zu München von der Baronin von Heeding, 3) zu Grätz, vom Kaufmann Deyerkauf.[15]

Der Historiker und Schriftsteller Julius Franz Schneller (1777–1833) berichtete, dass im Hause Deyrkauf *„die Mozartischen Arbeiten immer gegeben, wiederholt, und mit größerer Vollendung wieder gegeben werden.“*[16] Noch detaillierter äußerte sich der Schriftsteller, Redakteur und Maler Ignaz Kollmann (1775–1837): *„Das achtungswürdige Haus des Deyrkauf* [...] *war die erste Niederlassung der Mozart'schen Muse. Hier trafen, lang vor aller Verbreitung durch die merkantilische Kunstwelt, Mozarts Arbeiten in Manuskript ein, und von hier aus ging durch das Spiel wahrhaft gebildeter Kunstfreunde, Surtmann, Beckert, Mohr, Kammerer, Ganster von Wagersbach, und unsers in dieser freundlichen Schule zu seiner entschiedenen Meisterschaft gebildeten Hysel die Erwärmung der Herzen für den damals noch so wenig gekannten und empfundenen Mozart aus.“*[17]

Dass Franz Deyrkauf stets danach trachtete, Mozarts neueste Komposition so rasch wie möglich zu bekommen, belegt ein Brief, den der Meister wenige Monate vor seinem Tod an Johann Michael Puchberg (1741–1822) richtete:

---

[14] Brief Konstanze Mozarts vom 27. November 1799 an Breitkopf und Härtel in Leipzig; in: Mozart: *Briefe und Aufzeichnungen, Gesamtausgabe.* Hrsg. Internationalen Stiftung Mozarteum Salzburg, Kassel-Basel 1963, Bd. 4, S. 300; Kommentar Bd. 6, S. 509.

[15] Ernst Ludwig Gerber: *Neues Historisch-Biographisches Lexikon der Tonkünstler.* Leipzig 1813, Reprint Graz 1964–67, Teil 3, Sp. 481f.

[16] Zitiert nach: Otfried Hafner: *Franz Deyrkauf [sen.], Initiator des ältesten Mozart-Denkmals der Welt.* In: *Mitteilungen der Internationalen Stiftung Mozarteum* 24/1–2 (1976), S. 13.

[17] Ignaz Kollmann: *Die Winter=Reise nach Vorau.* In: *Der Aufmerksame* Nr. 23 vom 22. Februar 1823.

Weil Sie verlangen, dass ich aufrichtig seyn soll, so will ich es seyn, jedoch mit der Bedingnüsse, dass Sie Herrn Deyerkauf keine Meldung davon machen, wenn Sie glauben, dass ihn meine Aufrichtigkeit beleidigen könnte; hierinnen müssen Sie Ihren Freund besser kennen als ich. – Die Hauptsumme von den Musicalien macht ... 540 fl, – ich glaube, wenn ich 2 Drittheile herablasse, so ist es doch aller Ehren wert – da würde ich also in allem 180 fl. bekommen. Ich bin aufrichtig, weil Sie es wollen, und bitte Sie noch einmal von meiner Äußerung keinen Gebrauch zu machen, wenn Sie vermuthen sollten, dass dieser mein Antrag Hr. Deyerkauf beleidigen könnte. – Ich bin ewig ganz der Ihrige Mozart.[18]

Franz Xaver Hysels Requiem vom Dezember 1791

Im *Steirischen Musiklexikon* ist unter dem Stichwort „Hysel“ u. a. als Handschrift Nr. 41648 in der Bibliothek des Steiermärkischen Landeskonservatoriums (heute: Johann Joseph Fux-Konservatorium)[19] eine *Missa pro defunctis* mit dem Vermerk „*vermutlich mit dem Requiem 1792 identisch, das Hysel „einem der wärmsten Freunde und Schätzer des großen Mozart sandte,*“ verzeichnet.[20] Allerdings stellte sich heraus, dass es sich bei diesem Werk um das am 21. April 1813 in Paris komponierte *c-Moll-Requiem*,[21] NV 111 von Sigismund Ritter von Neukomm (1778–1858) handelt.[22] Es wurde am 21. Jänner 1815 beim Wiener Kongress von mehr als 300 SängerInnen, die in zwei Chöre geteilt waren, aufgeführt. „*Diese Aufführung fand in Gegenwart von Kaisern, Königen, Prinzen und Großen aller beim Kongreß anwesenden Nationen statt. Ursache dieser Feierlichkeit war der Jahrestag des Todes Ludwig XVI.*[23] *Seine Majestät Ludwig XVIII. ließ mir die Ehre widerfahren, mich zum Ritter der Ehrenlegion zu schlagen.*“[24] Hysel kann das Neukommsche *Requiem* dem verwendeten Papier und der Handschrift nach zu schließen – als Vergleich dienten mehrere um 1835 datierte Autographe Hysels aus dem Musikalienbestand des Stiftes Rein – kaum vor 1820/30 „*instrumentirt und mit zweckmäßiger Abkürzung zur Aufführung eingerichtet*“ haben.

Im Musikalienarchiv der Hauptpfarrkirche Bruck an der Mur befindet sich hingegen das Stimmenmaterial zu einem „*Requiem von Herrn Hüßl*“, mit großer Wahrscheinlichkeit jenes Werk, das bei der Trauerfeier für Kaiser Leopold II. am 17. April 1792 in der Grazer Stadtpfarrkirche aufgeführt wurde. Mehrere Indizien deuten darauf hin. Es handelt sich um ein eher seltenes Originalwerk Hysels, der ja, wie bereits erwähnt, sich eher dem

18 Mozart, *Briefe* (Anm. 14), Bd. 4, S. 140f, Bd. 6, S. 415f.

19 Befindet sich jetzt Im Steiermärkischen Landesarchiv.

20 *Steirisches Musiklexikon*, hrsg. Wolfgang Suppan. Graz 1962–66, S. 254 und 2. Auflage, Graz 2009, S. 313.

21 *Missa pro defunctis manibus parentum praeceptorumque meorum Josephi et Michaelis Haydn nec non F. X. Weissauer.*

22 *Missa / pro defunctis / für Singstim[m]en, in 2 Chöre abgetheilt, / komponirt von Sigism. Neukomm. / Instrumentirt / und mit zweckmäßiger Abkürzung / zur Aufführung eingerichtet / von / Eduard Hysel.*

23 Ludwig XVI., seit 1774 König von Frankreich und Navarra, wurde im September 1792 vom Nationalkonvent abgesetzt und am 20. Jänner 1793 wegen „*Verschwörung gegen die öffentliche Freiheit und Anschlägen gegen die nationale Sicherheit*“ zum Tode verurteilt. Am darauffolgenden Tag wurde er durch die Guillotine öffentlich hingerichtet.

24 *BIOGRAPHISCHE SKIZZE / von / SIGISMUND NEUKOMM / ... / 1859*; zitiert nach Rudolph Angermüller: *Sigismund Neukomm. Werkverzeichnis, Autobiographie, Beziehung zu seinen Zeitgenossen*. München-Salzburg 1977, S. 37f.

Arrangieren fremder Kompositionen widmete. Das Stimmenmaterial aus Bruck an der Mur erhielt vermutlich relativ kurze Zeit nach seiner Niederschrift einen neuen Umschlag mit dem Titel: *„Requiem / von / Herrn Hüßl / Organo. / Canto. / Alto. / Tenore. / Basso. / Violino primo. / secundo. / Viola prima. / secunda. / Clarinetto primo. / secundo. / Corno primo. in D. / secundo in D. / Baß Bosaun [sic] / Timpano. in D.“*

Dass es sich wohl nicht um das originale Titelblatt handelt, zeigt ein Vergleich der Wasserzeichen. Während das Papier des Stimmenmaterials ein sehr schwach sichtbares Zeichen enthält, das einen segnenden Bischof darstellt, stammt das Papier des Umschlags mit seinem Wasserzeichen *„J A K“* aus der Papiermühle Graz-Sacktor des Johann Andreas Kienreich[25] und ist vermutlich um 1800 zu datieren. Die Besitz- bzw. Herkunftsvermerke *„für die Stadtpfarrkirche Bruck. / Von Herrn Weissenbök.“* sind möglicherweise etwas spätere handschriftliche Ergänzungen. Die mit blauem Stift groß geschriebene Signatur *„68.“* sowie der Stempel *„Probstei Haupt u. Stadtpfarre / BRUCK a. M.“* auf dem Titelblatt stammen sehr wahrscheinlich aus dem späten 19. oder dem frühen 20. Jahrhundert.

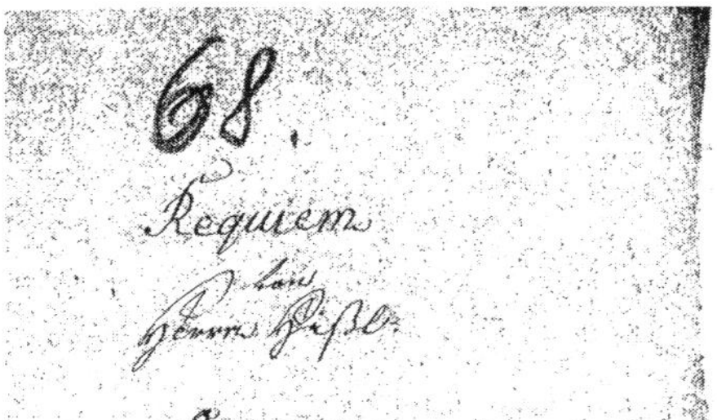

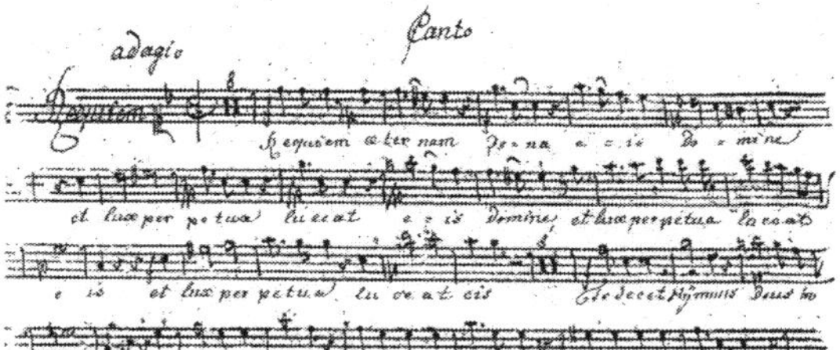

Abb. 1: Titelblatt und erste Seite der *Canto*-Stimme

---

[25] Vgl. Othmar Pickl: *Geschichte der Papiererzeugung in der Steiermark*. Graz o.J. bzw. Georg Eineder: *The Ancient Paper-Mills of the Former Austro-Hungarian Empire and their Watermarks*. Hilversum 1960.

Wer der Vorbesitzer oder vielleicht Schreiber des Umschlages, ein gewisser Herr Weissenböck, war, ließ sich bis dato leider nicht eruieren. Freilich stellt sich auch die Frage, wie und wann Hysels *Requiem* nach Bruck an der Mur gelangen konnte. Vielleicht über Franz Adam Mitscha (Miča) (1746–1811), der am 14. Februar 1794 zum Kreishauptmann von Bruck an der Mur ernannt wurde. Der aus Jaroměřice in Mähren stammende Mitscha war mit Mozart befreundet und hinterließ etwa 60 Kompositionen, galt als guter Pianist, Geiger und Violoncellist, entschied sich aber für eine Beamtenlaufbahn. Am 5. Dezember 1785 wurde er Gubernialsekretär in Graz und kam in den kommenden Jahren mit Sicherheit mit Deyrkauf und Hysel in Kontakt.

Das Stimmen-Material könnte unter Umständen ein Autograph Hysels sein. Genauere Untersuchungen sind allerdings kaum möglich, weil entsprechende Vergleichsmaterialien aus der früheren Zeit fehlen. Alle bislang bekannt gewordenen Eigenschriften Hysels, die sich im Musikalienbestand des Stiftes Rein befinden, stammen vermutlich aus den 1830er-Jahren. Manche Übereinstimmungen bzw. Ähnlichkeiten im Schriftbild sind dennoch festzustellen.

Auffällig ist die Wahl der Tonart d-Moll, die wir bei Requiem-Kompositionen aus dem späten 18. Jahrhundert sonst nur von Mozart kennen. Christian Friedrich Daniel Schubart postuliert in seinen *Ideen zu einer Aesthetik der Tonkunst*:

> Ein Requiem oder eine Sterbemusik muß ganz in die Farbe der Schwermut getaucht sein. [...]. Jeder Tonkünstler muß mithin zu diesem Thema Es-Dur oder c-Moll, As-Dur oder f-Moll, höchstens B-Dur oder h-Moll wählen.[26]

Tatsächlich überwiegen in diesem Bereich eindeutig die Tonarten c-Moll und Es-Dur.[27]

In textlicher Hinsicht fällt auf, dass *Kyrie* und *Communio* nicht vertont sowie *Sequenz* und *Offertorium* stark gekürzt sind. Die *Sequenz* enthält nur das *Dies irae* – bis *cuncta stricte discussurus* –, also nur die ersten sechs Verszeilen, aber kein *Tuba mirum* mehr. Das Offertorium *Domine Jesu Christe* bricht bei *ne cadant in obscurum* ab. Die Textzeilen *sed signifer Sanctus Michael* und *quam olim Abrahae* sind nicht mehr vertont. Auch nach dem *Hostias* fehlt das *quam olim Abrahae*. Das *Libera me Domine* begegnet uns allerdings in einer verballhornten Textfassung: „*Libera me, Domine, de morte aeterna*, [in die] *illa tremenda*: *Quando caeli movendit aeterna* [recte: movendi sunt et terra]: [Dum veneris judicare] *Care saeculum per ignem.*" Dann werden zwei Verse ausgelassen und es endet mit „*Requiem aeternam, dona eis Domine: et Luce ad eis* [recte: et lux perpetua luceat eis]."

Wir haben es hier also mit einem in den 1790er-Jahren nicht seltenen Fall eines *Requiem brevis* zu tun. Dass Hysels d-Moll-Requiem dennoch ein *Libera* enthält, deutet auf eine besondere Bestimmung hin. Bei *Requiem*-Vertonungen aus den Jahrzehnten vor und um

---

[26] Christian Friedrich Daniel Schubart: *Ideen zu einer Aesthetik der Tonkunst*. Hrsg. Ludwig Schubart. Wien 1806 [entstanden in Hohenasperg/Württemberg 1784/85]; Neuausgabe, hrsg. Jürgen Mainka. Leipzig 1977, S. 283f.

[27] Christian Wurzwallner: *Requiem-Vertonungen in Wien zwischen 1750 und 1820*. Diplomarbeit Wien 1990, S. 22–25.

1800 wurde ja nur äußerst selten das *Libera me Domine* mitkomponiert, Ausnahmen bilden lediglich die Kompositionen von Joseph Eybler (1803) und Antonio Salieri (1804).

Dazu müssen wir uns zunächst die liturgische Sonderstellung des *Libera* vor Augen führen: Dieses zählt eigentlich nicht mehr zur Totenmesse, – obwohl die rituellen Handlungen, die *Absolutio super tumulum*, die es begleitet, oft noch im Kirchenraum stattfinden –, sondern bildet bereits den ersten Teil des Begräbnis-Ritus. Aus diesem Grund wurde das Libera bei Gedächtnis-Requien – und die meisten sind solche, denken wir nur an Mozarts Requiem, welches ja am ersten Todestag der früh verstorbenen Gräfin Anna Walsegg-Stuppach am 14. Februar 1792 hätte aufgeführt werden sollen – so gut wie immer ausgelassen.[28] Dies kann wohl als weiterer Hinweis auf die „Echtheit" des Hysel-Requiems gelten, stand ja das *Castrum doloris* mit dem leeren Sarg für Kaiser Leopold II. im Mittelpunkt der Grazer Trauerfeier vom 17. April 1792.

Die größte Überraschung jedoch verbirgt sich im *Dies irae*-Satz. Dort ist der gesamte Vokalsatz, nicht aber die Generalbass-Stimme, vollkommen identisch mit Mozart, allerdings wird Takt 9 ausgelassen.

Abb. 2: Beginn (Takte 1 bis 8) des *Dies irae* des Requiems von Franz Xaver Hysel

[28] Vgl. Wurzwallner (Anm. 27), S. 102 und 103.

Wie kam Hysel so früh zu Mozarts *Dies irae*?

Die Grazer Mozart-Verehrer aus dem Umfeld Franz Deyrkaufs waren mit Johann Michael Puchberg, der im Haus des Grafen Franz von Walsegg-Stuppach, dem Auftragsgeber für Mozarts Requiem, wohnte, aber auch mit Emanuel Schikaneder, den sie als Pächter des Grazer Theaters in der Hofgasse aus den Jahren 1781 und 1782 kannten, in Kontakt. Es wäre möglich, dass sie per Eilpost vom Tod ihres Idols unterrichtet wurden und somit die traurige Nachricht nicht erst am 10. Dezember 1791 aus der kurzen Notiz der Grätzer Zeitung – *„In der Nacht vom 4. zum 5. d. M. verstarb* [...] *der k.k. Hofkammerkompositor Wolfgang Mozart*"[29] – erfahren mussten.

Die Anwesenheit einer kleinen Grazer Abordnung bei den von Schikaneder veranlassten Exequien in der Wiener Michaelerkirche für den Verstorbenen am 10. Dezember 1791,[30] *„wobey das Requiem welches er in seiner letzten Krankheit komponirt hatte, exequirt wurde,"*[31] erscheint demnach durchaus realistisch. Vielleicht besorgte sich der damals 21jährige Franz Xaver Hysel bei dieser Gelegenheit eine Abschrift des *Dies irae* aus dem Mozart-Requiem-Fragment. Jedenfalls kann der ausdrückliche Hinweis in der Beilage zu Nr. 92 der *Grätzer Zeitung* 1792 *„Franz Hysel* [...] *verfertigte dieses Requiem im verflossenen Monat Decemb., und schickte diesen Erstling seiner glücklichen Musiktalente an einen der wärmsten Freunde, und Schätzer des grossen Mozarts, als einen Beweis der Verehrung, so er für diesen unnachahmlichen Meister hegte*" durchaus als Insider-Information von bzw. für die Grazer Mozart-Verehrer verstanden werden. Es wäre sozusagen der letzte Akt.

Ausklang

Am 18. Juli 1798 starb in Graz der *k. k. Bancal-Administrationsofficier* Franz Mohr, ein enger Vertrauter Franz Deyrkaufs und *„geschickter Violinist, der auch jährlich Academien im Landhause*"[32] gab. Neun Tage nach seinem Tod wurde beim Seelenamt in der Grazer Barmherzigenkirche die *„Musik von Mozart's berühmtem Requiem, das dieser nicht ganz vollendet bey seinem Tode hinterließ, durch eine Versammlung der vorzüglichsten Musiker von Grätz erschütternd ausgeführt.*"[33] Dies ist insofern äußerst bemerkenswert, weil ja erst zwei Jahre später bei Breitkopf & Härtel die Erstausgabe der Partitur erschien. Möglicherweise wurde ein handschriftliches Stimmenmaterial des Mozart-Requiems mit dem Stempel *„Deyrkauf 127*" aus dem Musikalienarchiv des Grazer Franziskanerklosters verwendet.

---

29 *Grätzer Zeitung Nro. 99 Samstags den 10ten Dezember 1791.*

30 Walther Brauneis: *Unveröffentlichte Nachrichten zum Dezember 1791 aus einer Wiener Lokalzeitung.* In: *Mitteilungen der Internationalen Stiftung Mozarteum* 39 (1991), S. 165–168 und ders.: *Exequien für Mozart.* In: *Singende Kirche* 37 (1991), S. 8–11.

31 Franz Staudinger: *Der heimliche Botschafter.* In: *Wiener Zeitung*, Eintrag vom 16. Dezember 1791 (fol. 80v); siehe: *Requiem. Wolfgang Amadeus Mozart 1791/1991. Ausstellung der Musiksammlung der Österreichischen Nationalbibliothek. Katalog.* Hrsg. Günter Brosche, Josef Gmeiner und Thomas Leibnitz. Graz 1991, S. 87.

32 Franz Ilwof: *Kleine Beiträge zur Geschichte der Steiermark in der zweiten Hälfte des 18. Jahrhunderts.* In: *Mitteilungen des Historischen Vereins für Steiermark* 17 (1869), S. 20.

33 *Sonnabendsanhang der Grätzer Zeitung* vom 27.7.1798; vgl. Otfried Hafner: *Unbekannte Berichte über frühe Mozartpflege in der Steiermark.* In: *Mitteilungen des Steirischen Tonkünstlerbundes* 63 (1975), S. 6.

Knapp weniger als fünfzig Jahre nach Mozart, am 15. September 1841, starb Franz Xaver Hysel in Graz. Am 23. September wurde *„für den um die Tonkunst in der Hauptstadt und der gesammten Steiermark hochverdienten [...] ältesten Ehrenbürger der Hauptstadt Grätz, von allen kunstliebenden Freunden des verewigten Mozart's Requiem um 11 Uhr in der Pfarrkirche Maria=Hülf zur Ausführung gebracht."*[34]

Anhang:
Wiederaufgefundene Originalwerke von Franz Xaver Hysel

30 / Singeübungen / für den Sopran / mit unterlegtem Baß / und zwar für Lehrlinge / des Kirchengesanges, / zusammengetragen / von / Eduard Hysel m[anu propri]a / 1834.
Autograph
Stift Rein; Sign. H 2063
Bei Federhofer (siehe Anm. 12) und Suppan (siehe Anm. 20) unter „verschollene Werke" verzeichnet.

Dank und Bitte zu Gott am Schluße des Jahres 1835 [*„Laßt uns Dank dem Schöpfer spenden"*] / *für / Sopran Solo, Tenor und Baß / mit Begleitung der Orgel / Seiner Wohlgeborn / Herrn Anton von Bonstingl / Magistratsrath / als Zeichen inniger Hochachtung / gewidmet / von / Eduard Hysel / Ehrenbürger in Grätz.*[35]
Autograph
Stift Rein; Sign. H 2997

Libera [*„Herr erbarme dich unser"*] / *für / Canto, Alto, Tenore, Basso / Viola I^{mo} II^{do} III^{tio} / Violonzello et Violon / Auth: Eduard Hysel*
Stift Rein; Sign. R 89

Requiem in E^{b} / a / 4 Voci / 2 Violini / 2 Corni / e / Organo / Del Sig: Francesco Hyssl / [...]
Stift Kremsmünster, Sign. E 4/109 (RISM A/II: 600.176.613)
Stift Schlierbach, Musikarchiv, Sign. 1159.

Aria in Es [*„Domine Deus"*] / *pour / Soprano vel Tenore, Violino Primo / Violino 2.do / Alto Viola Rippo et Alto Viola Solo /2 Clarinetto in B / 2 Corno in Es / 2 Fagotti / et Violon con Organo /Del Signore Hysel / Chor St. Lambrecht*
Stift St. Lambrecht; ohne Signatur (RISM A/II: 600.049.053)

Marsch in Es für Klavier
Stift Rein; ohne Sign.

Coda und Walzer für die Grätzer Redoute 1818
Stift Rein; Sign. H 2151

[34] *Steiermärkisches Amtsblatt zur Grätzer Zeitung* Nr. 150 vom 20. September 1841.
[35] Anton Bonstingl (um 1776–1858).

I. Der Traum von Hölty – II. Rundgesang. Zwey Arien in Musik gesetzt für das Klavier, Grätz: Alois Tusch [vor 1810]
Salzburg, Musikalienbestand des Salzburg Museums (ehemals Museum Carolino Augusteum), Sign. 20545.[36]
Bei Federhofer (siehe Anm. 12) und Suppan (siehe Anm. 20) unter „verschollene Werke" verzeichnet.

Grätzer Redoute-Deutsche / für den Carneval 1822 / Componirt und / für das PIANO–FORTE eingerichtet / von / EDUARD HYSEL / Grätz / In der Ferstl'schen Musikhandlung
ehemals Bibliothek Johann-Joseph-Fux-Konservatorium, Graz; Sign. 4928; jetzt: Steiermärkisches Landesarchiv, Musikaliensammlung.

Grätzer Redoute-Deutsche für den Carneval des Jahres 1823. Erste Abtheilung [...] *Graz, Ferstl'sche Musikhandlung*
Bibl. d. G.d.Mf, Wien; Sign. XV 47174

OTELLO=DEUTSCHE / Für das Piano=Forte / (: Nach Rossinis Melodien :) / von / Eduard Hysel / Grätz / in der Millerschen Kunsthandlung.
Stift Rein; Sign. D 181

IX Valses pour le Pianoforte composées et dediées á Mademoiselle la Comtesse Antoniette D'Attems par Eduard Hysel. / Lithographiert bei Joseph Franz Kaiser in Gratz.
Zisterzienserstift Stams; Bibliothek und Musikarchiv Mus.pr.413.

Motette (Graduale) zu Beethovens Missa in D [...] *für Sopran-, Tenor- und Baß-Solo, 3 st. Männerchor, 2 Violinen, Viola, Cello und Baß, 2 Flöten, 2 Oboen, 2 Fagotte, 2 Hörner*
Stift Heiligenkreuz, Musikarchiv, Sign. V f 4

Wiederaufgefundene Arrangements fremder Werke:

Terzetto di Mozart
Bearbeitung von Franz Xaver Hysel (Kontrafaktur des zur Gänze erhaltenen Terzettes aus „*Lo sposo deluso*" (unvollendete Oper Mozarts), KV Anh.B zu 424a (430)
um 1830/40.
Stift Rein; Sign. H 1040

Anm.: Die Bearbeitung stammt aus einer Zeit, als die Quellenlage solcher Seltenheiten noch in tiefem Dunkel steckte; Julius André in Offenbach hatte ja erst im März 1855 aus dem 1799 erworbenen Nachlass Mozarts einen Klavierauszug des ganzen Fragments herausgegeben.[37]

[36] Josef Gassner: *Die Musikaliensammlung im Salzburger Museum Carolino Augusteum.* Salzburg 1962, S. 107
[37] Siehe: Alexander Weinmann: Ein Beispiel zur Mozartpflege in der Steiermark. In: *Mitteilungen der Internationalen Stiftung Mozarteum* 23 (1975), S. 8–12.

Allmächtiger Gott! Für 2 Chöre, arrangirt von E. Hysel den 16. Xbr. 1832 [Kopftitel]
Autographe Partitur
Stift Rein; Sign. H 2083

Missa in D von Ludwig van Beethoven [...] *mit zweckmäßiger Abkürzung zur Aufführung für seinen Freund Franz Deyerkauf eingerichtet von E. Hysel*
Stift Heiligenkreuz, Musikarchiv; Sign. Ic 2[38]

Missa in C / für / 8 Singstim[m]en mit Chor / Violin Princip. 2 Violin in duplo, / 2 Violen, Cello et Violon duplo, / 2 Fagott, 2 Oboe, 2 Flauten, / 2 Clarinetten, 4 Corno, 2 Clarin, 3 Trombonen, Tympano / von [sic!]
Stift Rein; Sign. H 2455

Im handschriftlichen „*Catalog*“ Vermerk: „*Arrangirt von Hysel*“ (Nr. 130)

Graduale [„*Heiliger Andreas! großer Himmelsfürst*“] */ für Sopran-Solo mit Chor / und / Instrumental-Begleitung / arrangirt / Von Eduard Hysel. / 1839.*
Autograph
Stift Rein; Sign. H 2998

Offertorium [„*Sey hoch mir gefeyert*“] */ für / Canto I^{mo} et 2do Tenor, Basso I^{mo} et 2do / 2 Violin duplo, Viola, Cello, Violon, / 2 Flauten, 2 Oboi, 2 Clarinetten / 2 Fagotti, 2 Corni, 2 Trombe Tympano / Arrangirt / von / E Hysel*
Autograph; um 1830/35
Stift Rein; Sign. H 2999

Offertorium [„*O Geist der Liebe, gütiger Vater*“]. */ Canto, Alto, 2 Tenore, 2 Basso / 2 Violin, Viola, Cello, Violon / Flauto, 2 Clarinett, 2 Fagott / 2 Corn, 2 Clarin, Tympano. / Arrangirt / von / E. Hysel.*
teilweise Autograph (1 S-Solo, 2 S, 1 A-Solo, 2 A, 1 T 1-Solo, 1 T 2-Solo, 2 T, 2 B, 1 vl 1, 1 vl 2, 1 b); um 1830/40
Stift Rein; Sign. H 3000

Offertorium [„*Wir loben dich o Herr und Gott*“] */ Tenor Solo.2 Violin, Viola / Basso, Flauto, 2 Clarinetten, / 2 Corno, 2 Clarin. / Baß Solo, Sopran, Alto, Tenore, / Violin Solo, 2 Violin, Viola, Basso / Flöte, Clarinette due, Fagott, 2 Corno, / 2 Clarin, Baß Posaune, Tympano. / Arrangirt / von / Eduard Hysel.*
Autograph, um 1830/40
Stift Rein; Sign. H 3001

38 Alexander Weinmann: *Neues über Josef Haydn und das Grazer Musikleben.* In: *Mitteilungen des Steirischen Tonkünstlerbundes* 57 (1973), S. 10.

Hymne / [„Geist der Liebe, großer Gott"] / Vocal-Quartett / mit obligater Violoncell und Baßbegleitung / Arrangirt und seinem verehrten Freund dem eifrigen / und thätigen Beförderer klassischer Kirchenmusik / Franz Deyrkauf / dargebracht / von / Eduard Hysel
Autograph; um 1830/40
Stift Rein; Sign. H 3120

Hymne [„O Geist der Liebe gütiger Vater"] / a / Soprano Sol. Alto Sol: Alto Ripi. / Tenore Sol: Basso I^mo^ Basso 2do / Violino I^mo^ Violino 2do Viola / 2. Oboen 2: Clarinetti in C. / 2: Fagotti 2: Corni in F: / Flauto. Violon, et Violonzello. / Tympani Solo. / arrangirt / von / E:H:
Ms.; um 1830/40
Stift Rein; Sign. H 3121

Hymne [„O gütiger Gott"] / für / Canto, Alto, Tenore, Basso mit Chor. / 2 Violin, Viola, Cello, Violon, Flöte, / 2 Oboi, 2 Clarinetten, 2 Fagott / 2 Corno, 2 Clarin. / Arrangirt / von / E. Hysel.
Autograph, um 1835/40
Stift Rein; Sign. H 3122

Hymne [„Anbethend Herr, sieh hier im Staube"] / für / 2 Sopran, Alto, Tenore, Basso a rip. / 2 Violin, Viola, Cello, Violon. / 2 Flauten, 2 Clarinett, 2 Fagott, / 2 Corno / Arrangirt / von / E. Hysel.
Autograph; um 1830/40
Stift Rein; Sign. H 3123

Vocal-Quartett [„Alma redemptoris mater"] mit obligater Violin und Instrumental Begleitung arrangiert [...] von [...]
Stift Heiligenkreuz, Sign. IV e 3; RISM A/II: 600.091.676

Wer war Eugen Eisenstein? Die Grazer Pianistin Marie Tunner (1844–1870) und ihre Versuche Konzertleben und Klaviervortrag zu erneuern

Ingeborg Harer (Graz)

Leoben 20. Oktober 1870: Während eines fröhlichen Beisammenseins bei der Familie Sprung kam es zu einem tragischen Zwischenfall. Die junge aufstrebende Grazer Pianistin und Nichte der Hausleute, Franz und Johanna Sprung, verstarb am Abend des 20. Oktobers an den Folgen eines plötzlichen Schlaganfalles. Es handelte sich um Marie Tunner. Sie war 26 Jahre alt. Fünf Tage später, am 25. Oktober 1870, konnte man in der Tageszeitung *Grazer Volksblatt* lesen *„Der Fall erregte Sensation und allgemeines Mitleid mit der edlen Familie“*.[1]

Wer war diese edle Familie? Wer war die junge Frau, die sich selbst als *„Tonkünstlerin“* bezeichnete und den Namen Eugen Eisenstein als Pseudonym wählte?[2] Welche Verbindungen bestanden zwischen der Grazerin und den Leobner Verwandten?

Familienbande und Eugen Eisenstein

Beide Familien, Tunner und Sprung, waren zunächst durch äußerst engverzweigte verwandtschaftliche Verhältnisse verbunden. Darüber hinaus waren alle männlichen Familienmitglieder beruflich mit dem Eisenwesen befasst. Nur Marie Tunners Vater, Joseph Ernst Tunner (1792–1877), war eine Ausnahme – er widmete sich ausschließlich der Kunst und wurde Maler. Ab 1840 war er in Graz Direktor der *„steiermärkischen ständischen Zeichnungsakademie und Bildergalerie in Graz“*.[3] Vier Jahre später, am 15. April 1844,

[1] Todesmeldung im *Grazer Volksblatt*, 3. Jg. Nr. 243, 25. Oktober 1870. Siehe auch: Leoben-Waasen, Sterbebuch 5, 1863–1877, S. 134 und Parte in: *Tagespost. Morgenblatt*, 15. Jg. Nr. 285, Graz, 25. Oktober 1870.

[2] Dieser Beitrag schließt an meine bisherigen Forschungen zu Marie Tunner an, wobei jedoch hier neue Quellen die bisherigen Forschungsergebnisse ergänzen. Vgl. auch: Ingeborg Harer: *Frauen im Grazer Kulturleben.* In: Karin Marsoner/Ingeborg Harer: *Künstlerinnen auf ihren Wegen. Ein „Nachtrag“. Zur Geschichte des Grazer Musiklebens im 19. Jahrhundert* (*Grazer Gender Studies* 9). Graz 2003, S. 54–119: 91–110; Ingeborg Harer: *„[...] aus einem frauenhaft feinen und warmen Empfinden [...]“. Marie Tunner (1844–1870) oder warum Frauenforschung immer noch aktuell ist.* In: Sarah Chaker/Ann-Kathrin Erdélyi (Hg.): *Frauen hör- und sichtbar machen ... 20 Jahre „Frau und Musik“ an der Universität für Musik und darstellende Kunst Wien.* Wien 2010, S. 25–36; Ingeborg Harer: *Tunner, Marie (Pseudonym: Eugen Eisenstein).* In: *Instrumentalistinnen-Lexikon des Sophie Drinker Instituts*, 2012. https://www.sophie-drinker-institut.de/tunner-marie 17. Februar 2025. Siehe auch: Rainhard Wiesinger: *Tunner, Marie; Ps. Eugen Eisenstein (1844–1870), Pianistin, Musiklehrerin und Fachschriftstellerin.* In: ÖBL *1815–1950*, Bd. 15 (Lfg. 67, 2016), S. 4f. DOI:10.1553/0x00341ce5

[3] Fritz Klabinus: *Der steirische Nazarener. Joseph Tunner. Sein Leben und seine Kunst.* In: *Zeitschrift des Historischen Vereines für Steiermark* 28 (1934), S. 30.

wurde Marie Tunner dort geboren, in der heutigen Hans-Sachsgasse 1. Ihre Mutter Maria sowie die schon genannte Tante aus Leoben, Johanna Sprung, waren Schwestern, beide geborene „Tunner". Die eine heiratete ihren Onkel, die andere ihren Cousin.[4] Ab hier werden die Familienverhältnisse kompliziert! Bleiben wir trotzdem beim Namen Tunner und blicken wir in die Familiengeschichte unserer Pianistin Marie Tunner: Bereits ihr Großvater widmete sich als Pionier dem Bergbau und sowohl Maries Onkel Peter Tunner (1786–1844) als auch dessen Sohn Peter (1809–1897), setzten diese berufliche Tradition im Berg- und Hüttenwesen der damaligen Zeit fort. Besondere Verdienste und die größte Bekanntheit unter den männlichen Mitgliedern der Familie erlangte Peter Tunner der Jüngere, der später zum Ritter erhoben wurde. Als erster Inhaber einer Lehrkanzel für Hüttenkunde war er Mitbegründer der heutigen Montanuniversität Leoben.[5] Die von ihm entwickelten Methoden der Eisen- und Stahlgewinnung waren damals international anerkannte, weitreichende Leistungen und als solche sind sie auch heute noch einzustufen. Man muss sich vor Augen halten, dass die Gewinnung von Eisen und Stahl, die Weiterentwicklung der Eisenbahn sowie der Ausbau des Eisenbahnnetzes revolutionäre Entwicklungsschübe bedeuteten, die das Leben der Menschen nachhaltig, um nicht zu sagen, radikal veränderten. Holz, Kohle, Eisen und andere Rohstoffe, die in der Steiermark ausreichend vorkamen, waren die Voraussetzung, um diese modernen Entwicklungen voranzutreiben. Hinzu kam der allmähliche Einsatz von Elektrizität, die im 19. Jahrhundert zunächst noch nicht flächendeckend genützt werden konnte – in der Steiermark entstanden die ersten Elektrizitätswerke ab 1889 (Bad Aussee).[6]

Als Joseph Tunner, Maries Vater, sich entschloss nicht den Fußstapfen seiner Verwandten und Vorfahren zu folgen, entsprach er ganz und gar nicht den familiären Erwartungen. Er konnte jedoch mit seinem Beruf als Maler seiner Familie ein angemessenes Leben ermöglichen. Die beiden Töchter Joseph Tunners erhielten daher eine umfangreiche Erziehung und wurden von klein auf mit einem künstlerischen Umfeld vertraut, in dem neben der Malerei auch die Musik eine wichtige Rolle spielte. Während sich Marie schon früh dem Klavierspiel widmete, ließ sich ihre jüngere Schwester Sylvia (1851–1907) in der väterlichen Akademie zur Malerin ausbilden.[7]

Außer der engen familiären Bindung an das Thema Eisen gibt es im Falle von Marie Tunner noch weitere Bezüge zur Eisenstraße. Der auffälligste Konnex ist das von Marie Tunner gewählte Pseudonym, mit dem sie die Autorschaft ihres Buches über den Klaviervortrag markiert. Aufgrund der familiären Affinität zum Eisen erscheint der gewählte

---

[4] Siehe Familiengeschichte und Stammbaum der Familien Tunner: Klabinus (Anm. 3), S. 49.

[5] Website Montanuniversität Leoben: *Geschichtlicher Überblick* https://www.unileoben.ac.at/universitaet/geschichte/ 17. Februar 2025. Vgl. auch die Website von Leoben: *Straßennamen mit Geschichte. Peter Tunner:* https://www.leoben.at/daten-geschichte/strassennamen/peter-tunner/ 17. Februar 2025.

[6] Stefan Karner: *Die Steiermark. Ein Pionier der Elektrizitätswirtschaft.* In: Stefan Karner: *Im Strom der Zeit. 100 Jahre Energie der Steiermark.* Graz 2021, S. 16–27: 16.

[7] Siehe z.B.: *Kundmachung.* In: *Grazer Zeitung, Morgenblatt,* Nr. 190, 21. August 1864, Beilage S. 471.

Name Eugen Eisenstein mehr oder weniger selbsterklärend.[8] Dass schreibende Frauen, die in der Gesellschaft eher eine Ausnahme waren, ein Pseudonym, vor allem ein männlich konnotiertes, verwendeten, war zudem nichts Ungewöhnliches. Marie Tunner verrät uns jedoch selbst den Grund, warum sie ihre wahre Identität hinter einem Pseudonym verschleiern wollte. Sie berichtete nämlich 1869 in einem Brief, dass sie sich in Graz mit Gegnern auseinandersetzen müsse und sie daher auf die Nennung ihres Namens als Autorin ihres Buches verzichten wolle.[9] Dieses Buch sollte ein Jahr später, also 1870, in Graz erscheinen, was auch der Fall war. Die Autorin befürchtete also von vorneherein einen Verriss ihres Buches über den Klaviervortrag:

> So wünschte ich mein armes Werklein nicht durch meinen Namen um den Credit zu bringen, und wählte einen fingierten. Noch viel weniger aber wünsche ich dasselbe von Recensenten behandelt zu wissen, welche in nichts, als im Fabrizieren anmaßender Frasen gebildet meinem Buche beim besten Willen keinen anderen Dienst zu erweisen vermöchten, als es schmählich zu zerpflücken.[10]

Warum diese Bedenken? Was war im Vorfeld des Erscheinungsdatums geschehen? Die Antwort findet man im selben Brief, in dem Tunner nicht nur ihre Beweggründe für das Schreiben des Buches nennt, sondern zugleich auch ein hartes Urteil über das Musikleben in Graz fällt:

> Der entsetzliche Verfall unserer Tonkunst im Concertsaale einerseits, der Umstand aber, daß nur solche das öffentliche Wort über Kunstrichtungen führen, welche selbst nicht das Geringste auf idealem Gebiete schaffen können, andererseits bewog mich die Erfahrungen meines eigenen Studiums, so wie meines Unterrichtes aufzuschreiben, und eine musikalisch ästhetische Anschauung dem empfänglichen Theile des Publikums zu vermitteln, welche an einigen Schülern mittelmäßiger Begabung erschöpfend verwerthen zu wollen unmöglich wäre. [...].[11]

Noch aufschlussreicher ist die folgende Passage aus demselben Brief von 1869, in dem Tunner, die unverheiratet bleiben sollte, verrät, dass das Klavierspielen eine für sie nicht lebensnotwendige Berufsausübung wäre, gleichzeitig nennt sie Details zu der, ihrer persönlichen Vorstellung entsprechenden, besseren musikalischen Gestaltung des Konzertlebens:

> Aus dem Öffentlichspielen Handwerk zu machen bin ich finanziell nicht veranlaßt, auch passt meine Kunstrichtung durchaus nicht in den Strudel des heutigen Concertgeschäftes. Ich stelle mich vielmehr dem Conzertgebrauche in dem einzigen Conzert, welches ich jährlich in Graz gebe, geradezu entgegen, indem ich allein spiele, statt den

[8] Auch von Zeitgenossen wurde dieser Zusammenhang gesehen: Vgl. Karl Gottfried Leitner: *Briefe und Auszüge aus Grazer Zeitungen an Constantin von Wurzbach, Brief vom 16. April 1883,* Wienbibliothek im Rathaus. H.I.N.-52804 https://resolver.obvsg.at/urn:nbn:at:AT-WBR-1052783 17. Februar 2025.

[9] Brief von Marie Tunner an Edward von Steinle, Graz 2. Dezember1869, Bayrische Staatsbibliothek, Signatur Steinleana HS008738871, 4 Seiten.

[10] Ebenda, S. 3.

[11] Ebenda, S. 1–2.

bunten Zwischennummern aber meine Auffassung jedes Tonstückes möglichst charaktertreu geschildert auf das Handprogramm setze. In der großen Welt bin ich daher als Spielerin ganz unbekannt, in der kleinen Welt meiner Vaterstadt habe ich mit meiner Weise lauter Gegner.[12]

Zwei Hinweise am Ende des Zitats erwecken unsere besondere Aufmerksamkeit: Erstens, dass Tunner nur einmal im Jahr in Graz mit einem Soloprogramm auftrat und sich damit bewusst vom üblichen Konzertleben abhob, und zweitens, dass sie ihre musikalischen Ideen auf einem „*Handprogramm*" zu Papier brachte, d. h. sie verfasste für ihre Konzerte offensichtlich Programmeinführungen, die damals im Konzertleben noch nicht üblich waren. Recherchen zu diesen beiden Aspekten bestätigen einerseits Tunners angekündigtes selbständiges Handeln und andererseits ihre Äußerungen, über die von ihr in der Öffentlichkeit erlebte Ablehnung – wie im Folgenden gezeigt wird.

Historisch-chronologische Konzertprogramme

Marie Tunner dürfte wesentliche musikalische Impulse für ihr Klavierspiel und die Erneuerungsversuche des Konzertlebens von ihrem Klavierlehrer erhalten haben. Es handelte sich dabei um den seit 1850 in Graz ansässigen Pianisten, Komponisten und Musikalienhändler Carl Evers (1819–1875), der auch als Konzertveranstalter mit seinen *Matinées musicales* das Grazer Konzertleben maßgeblich gestaltete.[13] Tunners öffentliche und von ihr selbst initiierten Auftritte als Solistin am Klavier erfolgten ab 1865 rund fünf Jahre hintereinander, jeweils am 8. Dezember – dem Tag von Maria Empfängnis. Die Anordnung der Klavierstücke war dabei chronologisch. Dieses bei Marie Tunner erkennbare historische Bewusstsein wurzelte vermutlich im familiären Hintergrund und wurde durch den gesellschaftlichen Umgang im Elternhaus gefestigt. In der Familie Tunner herrschte streng konservatives, katholisches Denken. In seiner Kunstauffassung war Maries Vater als Maler Mitglied der Nazarener. Er war damit einer historisch rückwärtsgewandten Richtung und einem an der Antike orientierten Denken verpflichtet, Prinzipien, an denen er Zeit seines Lebens mit großer Verbissenheit festhielt. Marie Tunner fühlte sich offensichtlich veranlasst, ähnliche Ansätze wie sie ihr Vater für die Malerei propagierte und wie sie sicherlich auch in der Familie diskutiert wurden, auf die Musik zu übertragen.[14]

Das Veranstalten von historisch-chronologischen Solo-Abenden gehörte tatsächlich zu den Ausnahmen im Konzertbetrieb. Tunner zeigte mit ihrer Initiative als Künstlerin ein für die damalige Zeit und besonders für eine junge Frau ungewöhnliches Autonomie-Bestreben. Und sie bekam den Widerstand, den sie in Kauf nahm, auch zu spüren. Das Thema bzw. die Frage, ob Frauen den von der Gesellschaft vorgesehenen und dem Mann untergeordneten Platz in der Ehe bzw. Familie verlassen, Selbständigkeit und ei-

12 Ebenda, S. 2–3.

13 Zeitgenössischer Nachruf mit Lebenslauf: *Carl Evers*. In: *Grazer Zeitung* Nr. 3, 5. Jänner 1876. Vgl. auch Harer: *Frauen im Grazer Kulturleben* (Anm. 2), S. 94–99.

14 Leitner (Anm. 8).

genständiges Denken entwickeln sollten/dürften, um letztlich (im Notfall) finanziell unabhängig zu sein, wurde jedenfalls auch auf breiterer Basis in Graz in der Tagespresse erörtert.[15] Tunner ließ sich von Negativkritiken in ihrem Umfeld nicht davon aufhalten, ihre Vorstellungen zur Programmgestaltung ihrer Klavierabende im Grazer Konzertleben umzusetzen.

Das Konzertprogramm vom 8. Dezember 1866[16] ist nur ein Beispiel für Tunners Versuche chronologische Konzertprogramme zu präsentieren.[17] Die Zeitungskritik nach dem Konzert enthält einen bemerkenswerten Kommentar zum Solo-Klavier-Programm im Allgemeinen. Hier wird der damalige Zeitgeist – und der Gegenwind, der Tunner entgegenschlug, sehr deutlich spürbar:

> Zum Besten des katholischen Gesellenvereines ließ sich die Pianistin Frl. Maria Tunner hören und die Selbstaufopferung, mit welcher dieselbe ihre Kräfte ohne Zuhilfenahme von Zwischennummern dem wohlthätigen Zwecke widmete, fordert vom humanen Standpunkte aus die vollste Anerkennung, ja Bewunderung. Rein musikalisch betrachtet bleibt ein Concert ohne instrumentale Abwechslung immer ein gewagtes Unternehmen, dem sich kaum eine Größe ersten Ranges unterziehen darf. Es gab eine Tortur, welche darin bestand, daß Wassertropfen beständig auf eine und dieselbe Stelle des Körpers fielen; sie soll zu den schrecklichsten gezählt haben. Aehnlich wirkt das Einerlei des gleichen Klanges auf das Ohr; zumeist gilt dies vom Tone des farbenarmen Klaviers. [...] Kein Zweifel, daß ein so vielseitiges Programm der Ausführung auch von technischer Seite eine vielfältige Aufgabe stellt. Näheres darüber lese man in einem in der Beilage zu Nr. 289 der „Tagespost" vom 28. November d. J. enthaltenen „Eingesendet", dessen Inhalt auch in anderen Blättern veröffentlich wurde.[18]

Wie Marie Tunner es in ihrem Brief von 1869 erwähnte, war es ihr Ziel Konzerteinführungen drucken zu lassen und so heißt es in den angekündigten Worten unter *„Eingesendet"*:

> Dieses Programm ist für Liebhaber des Klavierspieles vorzüglich anziehend, da es ganz geeignet ist, die verschiedenen Seiten der Technik und die Wichtigkeit dieser Verschiedenheit gründlich und klar darzustellen.[19]

---

[15] Vgl. Diskussion im Artikel von Louise Otto: *Selbständigkeit der Frauen*. In: *Iris* 16. Jg. Literarische Beilage Nr. 51, 17. Dezember 1864, S. 405–407, die Selbständigkeit der Frauen wird in diesem Artikel gefordert. Auch in den folgenden Jahren wurde in Graz öffentlich über Gleichberechtigung gesprochen: *Ueber Frauenrechte* [Bericht über einen Vortrag von Prof. Dr. Tewes am 11. Dezember 1866]. In: *Tagespost, Abendblatt*, Nr. 300, Graz, 12. Dezember 1866. 1868 werden die Frauenrechte im Rahmen eines Theaterstückes bearbeitet, mit dem Ergebnis, dass Gleichberechtigung nicht möglich wäre, weil – wie es durchaus der damals gängigen Meinung entsprach – das Wesen der Frau dieser entgegenstehe. Vgl. *Theater*. In: *Tagespost* Nr. 283, Graz, 8. Dezember 1868.

[16] *Tagespost* Nr. 294, Graz, 4. Dezember 1866, Beilage. Vgl. auch: *Tagespost* Nr. 296, Beilage, Graz, 6. Dezember 1866.

[17] Es wurde mit Angaben zum Konzertprogramm beschrieben bzw. angekündigt: *Tagespost* Nr. 288, Graz, 27. November 1866.

[18] F. H. [Friedrich Hausegger]: *Musik. Concert des Frls. Maria Tunner* [...]. In: *Tagespost* Nr. 299, Graz, 11. Dezember 1866.

[19] R. D.: *Eingesendet*. In: *Tagespost* 28. November 1866, Beilage Nr. 289.

Weiters konnte man im selben Artikel über *„das wahre Kunsttalent“* lesen, dass es die Fähigkeit besitzen müsse, die Technik dem Vortrag unterzuordnen:

> [...] So vielseitig sind die Forderungen, die die Auffassung von Kunstwerken an die technische Ausbildung stellt. In welch' bewunderungswürdiger Vollendung auch immer diese es bringen kann, sie bleibt immer nur die niedere Dienerin des Aufschwunges, der Begeisterung, kurz des wahren Kunsttalentes, dessen sicherstes Kennzeichen in der Fähigkeit besteht den Geist jedes Componisten mit seiner Eigenthümlichkeit neu zu schaffen und mit überzeugender Lebendigkeit darzustellen.[20]

Ein Jahr später erscheinen wieder einführende Worte zu Marie Tunners Konzert am 8. Dezember 1867 und zwar drei Tage vor dem Konzert:

> Da es einigen der Concertbesucher zweckmäßig erscheinen dürfte, die genannten Tondichtungen vorher im Geiste durchzugehen, so mag hier eine Betrachtung derselben mit Rücksicht auf den Claviervortrag folgen. [...] Verschieden, wie die Talente der Componisten, sind in ihrem Charakter die einzelnen Nummern des Programmes, und das Hervorheben der charakteristischen Eigenthümlichkeiten der angeführten Tonwerke ist das Ideal für den Vortrag derselben. Gleichwie der Schauspieler, um Künstler zu sein, jede Rolle als lebendige Gestalt von unverkennbarer Eigenthümlichkeit hinstellen muß, so ist Charakteristik für den vortragenden Musiker das allein wahre Ziel, und das dramatische Element in seinem Spiele der richtige Maßstab für seinen Kunstberuf.[21]

Es liegt die Vermutung nahe, dass diese anonym abgedruckten Worte eventuell von Marie Tunner stammen könnten. Die von ihr und auch in diversen Konzertannoncen angekündigten sogenannten *„Handprogramme“* sind bis heute jedoch unauffindbar.

Zeitgenössische Kritik

Auch noch nach Marie Tunners Tod im Jahre 1870 wurde von den Anfeindungen gesprochen, die Tunner schon 1869 nannte, als sie schrieb: *„In der großen Welt bin ich* [...] *ganz unbekannt, in der kleinen Welt meiner Vaterstadt habe ich* [...] *lauter Gegner.“*[22]

Vier Jahre nach Tunners Tod fasste der in Graz lebende Schriftsteller Robert Hamerling (1830–1889), ein enger Freund Peter Roseggers (1843–1918), die unrechtmäßige Behandlung Tunners in Worte:

> Man erzählte mir von ihrer etwas ungewöhnlichen Art, Concerte zu veranstalten, wie sie nämlich sämmtliche Nummern allein zu spielen pflegte, auch wol ihren Zuhörern ein gedrucktes Programm in die Hände gab, worin sie denselben ausführlich zu Gemüth führte, was sie bei jedem Stücke **künstlerisch zu empfinden und wie sie es aufzufassen** hätten. [...] Man fand ihr Thun und Trachten wunderlich, sie wurde bespöt-

[20] Ebenda.
[21] *(Eingesendet) Musikalisches.* In: *Tagespost* Nr. 280, Beilage, Graz, 5. Dezember 1867.
[22] Brief von Marie Tunner an Edward von Steinle, Graz 2. Dezember 1869 Graz (Anm. 9), S. 2–3.

> telt, angegriffen. Das kümmerte sie nicht; sie war nicht ehrgeizig. Sie war es so wenig, daß sie auch verschmähte, durch geheuchelte Bescheidenheit und Unterordnung unter fremde Meinungen die Gemüther zu bestechen. Sie sprach überall ihre Ueberzeugung mit jener Entschiedenheit aus, mit welcher dieselben nun einmal in ihrer Seele feststanden.[23]

Hier ist noch anzumerken, dass Marie Tunner nicht die einzige war, die Musikstücke in historischer Abfolge im Konzertsaal präsentierte. Es gab nämlich in Graz in der zweiten Hälfte des 19. Jahrhunderts wiederholt Versuche, dem Publikum Konzertprogramme mit chronologisch angeordneten Stücken durch einführende Worte näherzubringen. Der später bekannte Ästhetiker und Musikwissenschaftler, Friedrich von Hausegger (1837–1899), der als 28jähriger, konkret ab 1865, in Graz lebte und zahlreiche Kritiken, Kommentare, Aufsätze in der *Grazer Tagespresse* verfasste, zählte in diesen Jahren zu jenem Personenkreis, der die historische Herangehensweise an die Musikgeschichte favorisierte. Ist es ein Zufall, dass ausgerechnet Hausegger Marie Tunners Konzerte in der Tageszeitung besprach[24] und ihr später auch einen Nachruf widmete?[25] In diesem bemerkte auch er, warum Tunner mit ihrem künstlerischen Credo nicht die ihr gebührende Anerkennung erhielt:

> Wir hatten vor Kurzem den plötzlichen Tod einer begabten und strebsamen Pianistin, Marie Tunner, zu beklagen. Für die Echtheit ihres Talentes sprach ihre edle Kunstauffassung, welche ausschließlich ideale Ziele in's Auge fassend, mit Beharrlichkeit Alles mied, was nur im entferntesten einem Zugeständnisse an mehr oder weniger berechtigte Bedürfnisse des Publikums geglichen hätte. Ihre mit manchem Gewohnten im Gegensatz stehende selbständige Denkweise war nicht geeignet, ihr die dornenvollen Pfade des Künstlerthums zu ebnen; nur der Kraft ihres Talentes wollte sie Erfolge verdanken. Dieß die Ursache, daß ihrem Streben nicht allseitig die Beachtung und Aufmunterung zu Teil wurde, welche dasselbe verdiente. [...] Fräulein Tunner ist dem Grazer Publikum als feinsinnige und gewandte Pianistin im Andenken.[26]

Hausegger verabsäumte es im selben Artikel nicht, auch noch Marie Tunners Buch über den Klaviervortrag positiv hervorzuheben, denn

> [es] legt nicht nur Zeugniß von der ernsten Denkungsart der Autorin ab, sondern überrascht auch durch gewandte männliche Behandlung des Styles, durch Reichthum des darin niedergelegten Bildungsmateriales und durch Klarheit und Entschiedenheit der Anschauung.[27]

---

[23] Robert Hamerling: *Eine Idealistin der Tonkunst*. In: *Neue Freie Presse* Nr. 3443, 27. März 1874, Abendblatt, S. 4. Hervorhebungen nicht im Original.

[24] F. H. [Friedrich Hausegger]: *Musik. Concert des Frls. Maria Tunner* [...]. In: *Tagespost* Nr. 299, Graz, 11. Dezember 1866.

[25] F. H. [Friedrich Hausegger]: *Marie Tunner*. In: *Tagespost* 15. Jg. Nr. 300, Morgenblatt, Graz, 10. November 1870.

[26] Ebenda.

[27] Ebenda.

Marie Tunner konnte die ihr gebührende Anerkennung nicht mehr erleben. Erst posthum wurde ihr diese von ihren Zeitgenossen zuteil, ab dem 20. Jahrhundert geriet sie wieder in Vergessenheit.

Die Musik als Vortrag

Zwei gedruckte Werke liegen vor, in denen Marie Tunner sich ausführlich dem Klavierspiel widmete, um ihre Prinzipien zum Vortrag schriftlich festzuhalten und um diese schließlich an die Öffentlichkeit weiterzugeben. Das 1870 in Graz erschienene erste Buch ist jenes von Eugen Eisenstein. Es erscheint unter dem Titel *Die Reinheit des Claviervortrages. Dem Idealismus in der Tonkunst gewidmet* bei Leuschner & Lubensky in Graz.[28] In dieser ersten Schrift finden sich zahlreiche Bezüge, Vergleiche, Metaphern, die sich auf Eisen- und Stahlerzeugung beziehen. Im zweiten Buch, das posthum unter dem Titel *Die Reinheit der Claviertechnik* von Maries Schwester Sylvia herausgegeben wurde,[29] fehlen solche Hinweise. Vielmehr ist darin die Handschrift von Tunners Schwester der Malerin Sylvia Tunner erkennbar, die Marie Tunners Gedanken zur Klaviertechnik 1885 veröffentlichte. Daher gibt es im zweiten Buch zahlreiche Verbindungen zur bildenden Kunst, zur Malerei, zum Figurenzeichnen etc.[30]

Einige Worte zum, unter dem Pseudonym „Eugen Eisenstein" erschienenen, ersten Buch: Zunächst wird von der Autorin festgehalten, dass sie ein bestimmtes Klavier empfiehlt, konkret – wie es wörtlich heißt – einen *„Eisenpatentflügel von Streicher und Sohn in Wien"* und zwar wegen dessen Tonschönheit. *„Mit der Gediegenheit des feinsten* ***Stahles*** *vergleichbar, hält der Ton sein* ***Silber****, seinen* ***Schmelz*** *und seine* ***Biegsamkeit*** *vom Erklingen bis zum* ***Erlöschen*** *unversehrt fest."*[31]

Um den Vortrag von Ludwig van Beethovens Werken zu veranschaulichen, wählt Marie Tunner die Begriffe: Feuer, Flammen, Hitze, Glut.[32] Außerdem werden mit dem Spielen von Scarlatti-Sonaten folgende Assoziationen hervorgerufen: Eisen, Härte, Feuer, und Funkenspiel.[33] Die Tatsache, dass die verschiedensten Begriffe aus der Sprache der Eisenerzeugung im Buch über den Klaviervortrag zum Einsatz kommen, bedeutet, dass Marie Tunner offensichtlich dieses Vokabular beherrschte. Im Buch spricht sie von *„eiserner Strenge"* beim Einhalten der Pausen, von *„eisenharten"* Tönen, die *„wie elektrische Funken schlagen"*.[34] Und auf den Anschlag bezogen nuanciert sie:

> Ein Anschlag aber, der sich selbst erst auf der Stufe roher Härte befindet, darf nicht wagen, die Gedanken nach jenem Eisencharakter zu erheben, denn ein natürlich har-

---

[28] [Marie Tunner]: *Die Reinheit des Claviervortrages. Dem Idealismus in der Tonkunst gewidmet von Eugen Eisenstein.* Graz: Leuschner & Lubensky, 1870. In der Folge abgekürzt: *Claviervortrag*

[29] S[ylvia] Tunner: *Die Reinheit der Claviertechnik.* Graz: Leuschner & Lubensky, 1885. In der Folge abgekürzt: *Claviertechnik.*

[30] Z.B. *Claviertechnik,* S. 110–121.

[31] Ebenda, S. 10. Hervorhebungen nicht im Original.

[32] Ebenda, S. 51–63.

[33] Ebenda, S. 95–97.

[34] Ebenda, S. 96–97.

ter Anschlag, angewendet auf felsenartig zackige, schroffe Tonformen, kann höchstens betäubenden Lärm und erschreckende Häßlichkeit, nimmermehr aber den Ausdruck ernster Würde erreichen, welcher von dem Charakter eiserner Härte in Tonformen unzertrennlich ist.[35]

Unabhängig von diesen sprachlichen Besonderheiten, muss jedoch das Wesentliche in Bezug auf den Inhalt des Buches hervorgehoben werden: Marie Tunner konzentriert sich ausschließlich auf den musikalischen Vortrag! Sie versucht zu vermitteln, dass Charakter, Geist, Inhalt der Komposition erfasst werden müssen, damit diese Eigenschaften der Musik dann mit der dafür geeigneten Finger- und Anschlagtechnik sowie mit den Vortragsmöglichkeiten am Klavier zum Erklingen gebracht werden können. Damit wendet sie sich klar gegen das Virtuosentum, das von exzentrischen künstlerischen Persönlichkeiten geprägt ist und das technische Können bei der Wiedergabe der Werke zur Schau stellt. Ihrer musikalischen Überzeugung nach ist jedoch der Inhalt einer Komposition erst durch die „korrekte" klangliche Realisierung auf dem Instrument hervorzubringen: durch die dem Werk gerecht werdende „richtige" Technik sowie den „richtigen" Vortrag.[36]

Inwieweit es hier Berührungspunkte gibt, nämlich zwischen Tunners Konzept und den von Friedrich von Hausegger damals und etwas später formulierten Ideen, wäre noch genauer zu untersuchen – Haussegers bekannteste Schrift *Die Musik als Ausdruck* erschien 15 Jahre nach Tunners Tod 1885. Die Dreiecksbeziehung „Komposition" – „Vortrag" – „Vermittlung an das Publikum" (gegebenenfalls durch Erläuterungen), diese unauflösbare Dreiecksbeziehung scheint für Tunner und Hausegger eine Grundbedingung des Musizierens und Hörens gewesen zu sein.

„... der Zeit völlig entrückt ..." – Alte Musik in Graz

Obwohl Marie Tunner 1869 schrieb, dass sie mit ihren Ideen und der Neugestaltung des Musiklebens nicht den erhofften Erfolg hatte, konnte sie sich als Pianistin in ihrem historischen Zugang schließlich doch bestätigt fühlen. Im letzten Jahr ihres Lebens nämlich, im Juli 1870, finden wir in der Tagespresse Wortmeldungen von Marie Tunner persönlich, die sich auf aktuelle Vorgänge im Musikleben beziehen. Offensichtlich war es mitten im Sommer 1870 eine Sensation, dass ein auswärtiger international berühmter Pianist in Graz in zwei Konzerten auftrat. Es war der aus der heutigen Ukraine stammende Henri Louis Mortier de Fontaine (1816–1883). Der Schüler Frédéric Chopins und Freund Franz Liszts zählte zu den allerersten Pianisten des 19. Jahrhunderts, die Werke für Tasteninstrumente aus mehreren vergangenen Epochen, also Alte Musik, in ihre

[35] Ebenda.

[36] Dies erkannte bereits Wilhelm Kienzl in seinem Aufsatz: *Ein originelles Buch (1877).* In: Wilhelm Kienzl: *Miscellen. Gesammelte Feuilletons und Aufsätze über Musik, Musiker und musikalische Erlebnisse.* Leipzig 1886, S. 233–235. Zur Rezeption der Schriften Marie Tunners im 19. Jahrhundert siehe z.B. eine ausführliche Besprechung in: Adolph Kullak: Ästhetik des Klavierspiels. Berlin 2/1876. *„Die Kunst ist vielmehr der Mensch"* heißt es dort S. 116, um die Herangehensweise Tunners an das Klavierspiel und den Vortrag zu beschreiben.

Konzerte aufnahmen. Und ja: Mortier de Fontaine spielte historisch-chronologisch angeordnete Solo-Programme, wortwörtlich sogenannte *„historische Concerte"*.[37]

Weiters ist Folgendes bemerkenswert: Für das erste Konzert Mortier de Fontaines in Graz wurden *„erläuternde Notizen"* zur Verfügung gestellt.[38] Mortier de Fontaine spielte 22 Stücke (beginnend vom 16. Jahrhundert mit Zarlino bis zu Beethoven) auswendig vor und zwar *„treu dem Charakter der älteren Tonstücke folgend"* – wie es in einer Kritik heißt.[39] Diese Programmgestaltung und der musikalische Vortrag des bekannten Pianisten entsprachen Marie Tunners Konzept in einer Weise, dass sie sich veranlasst fühlte, schriftlich, nämlich in der Tageszeitung, dazu Stellung zu nehmen. Sie signierte diesen Beitrag in der Grazer *Tagespost* mit *„Maria Tunner. Tonkünstlerin"*. Die folgende Passage daraus sei hier zitiert, sie ist bemerkenswert, da sie an die heute noch geltenden Ansprüche der „Historisch informierten Aufführungspraxis" erinnert.

> Was den Vortrag des Künstler[s] betrifft, so hat derselbe die in der Jetztzeit wahrhaft unschätzbare Eigenschaft von jedem profanen, prosaischen, modern affectirten Anklange absolut frei zu sein. Es sind nicht Clavierstücke, es ist die Gestalt, der Charakter, der Styl jener Zeiten und jener Poesie selbst, die aus des Künstlers Spiel gegenwärtig und lebendig unter uns treten. Mit dem aufmerksamen Eindringen in diesen Vortrag fühlt man sich der Zeit völlig entrückt und in das Gebiet der unnahbaren Klarheit und Ruhe, in das Reich des Idealen versetzt.[40]

In einem weiteren Kommentar, nämlich zum zweiten Konzert Mortier de Fontaines am 21. Juli 1870[41] im Grazer Rittersaal, beschreibt Marie Tunner noch deutlicher die Besonderheit des Pianisten und dessen Klavierspiel mit Bezug zur Repertoireauswahl „[so] *daß man sich dabei nicht allein allen modernen Unmanieren des musikalischen Vortrages entrückt fühlt, sondern auch wirklich in die Zeit und persönliche Nähe des eben vorgetragenen Komponisten versetzt zu sein glaubt.*"[42]

Mortier de Fontaine sollte im selben Jahr, am 13. Dezember 1870, nochmals in Graz auftreten, ein Konzert, das Marie Tunner, die im Oktober verstarb, nicht mehr erleben konnte. Nach diesem Konzert schreibt Friedrich von Hausegger über Mortier de Fontaine: „[…] *jeder seiner Vorträge ist eine Wiederschöpfung aus dem Geiste des Werkes heraus.* […] *Die enorme Technik, über welche er verfügt, ist ihm nie Zweck; sondern stets nur Mittel zur Verwirklichung geistiger Zwecke.*"[43]

---

37 Anonym: *Historisches Concert des Herrn Mortier de Fontaine.* In: *Tagespost* 15. Jg. Nr. 186, Morgenblatt, 17. Juli 1870.

38 Annonce dieses Konzertes in: *Tagespost* 15. Jg. Nr. 184, Morgenblatt, Graz, 15. Juli 1870.

39 Vgl. Kritik von R.: *Landschaftliches Theater.* In: *Grazer Volksblatt* 3. Jg. Nr. 160, 17. Juli 1870.

40 Maria Tunner, Tonkünstlerin: *Oeffentliche Redehalle. Musik.* In: *Tagespost* 15. Jg. Nr. 186, Morgenblatt, Graz, 17. Juli 1870.

41 Ankündigung: *Grazer und Provinzial-Nachrichten.* In: *Tagespost* 15. Jg. Nr. 187, Abendblatt, Graz,18. Juli 1870.

42 M. T. [Marie Tunner]: *Eingesendet. Musik.* In: *Grazer Volksblatt* 3. Jg. Nr. 162, 20. Juli 1870.

43 F. H. [Friedrich Hausegger]: *Musik. Concert des Herrn Mortier de Fontaine.* In: *Tagespost* 15. Jg. Nr. 334, Morgenblatt, Graz, 15. Dezember 1870.

Wie aus den bisherigen Ausführungen erkennbar wird, hat der Versuch, mit diesem Beitrag auf der Eisenstraße zu bleiben, Nebenstraßen aufgezeigt, die vom Generalthema Eisen wegführen, aber Einblick in neue Forschungsmöglichkeiten geben, die vermutlich keine Sackstraßen sind. Hervorzuheben sind nämlich abschließend folgende Gedanken oder vielmehr offene Fragen, die weiterzuverfolgen es sich lohnen würde.

Zunächst wäre die mögliche Verbindung der Gedankenwelt Marie Tunners mit jener des jungen Friedrich von Hausegger zu ergründen, der hier in Graz seine musikästhetischen Ideen entwickelte.[44] Während nämlich die von Hausegger publizierten Schriften der späteren Jahre von musikästhetischem Interesse sind, wird und wurde seine Rolle als Musikkritiker nicht oder kaum erörtert.[45] Weiters ist klar und deutlich zu beobachten, dass in Graz um 1870 Tendenzen zur Wiederbelebung Alter Musik, speziell von Tastenmusik, vorhanden waren, wobei der Einfluss von Mortier de Fontaine bisher völlig unbemerkt blieb und seine Rolle in den Anfängen der Alte-Musik-Bewegung (nicht nur auf Graz bezogen) noch zu erforschen wäre.

Marie Tunner war wohl im Grazer Kulturleben die einzige Frau, die sich für Erneuerungen im Konzertleben einsetzte – und zwar mit einschlägigen und dokumentierten Beiträgen als Pianistin, Programmgestalterin, Klavierlehrerin und Musikschriftstellerin. Dass sie das Augenmerk stets auf den musikalischen **Vortrag** legte und sie diesen (nicht aber Leben und Werk der Komponisten!) in Konzerteinführungen vermitteln wollte, zeichnet ihr Wirken rückblickend tatsächlich und im doppelten Wortsinn als außergewöhnlich für die damalige Zeit aus.

Wie es gewesen sein könnte

Zum Schluss soll nochmals das Thema „Eisen“ angesprochen werden. Es sei daran erinnert: Marie Tunner verstarb unerwartet im Alter von 26 Jahren, als sie zu Besuch bei ihren Verwandten in Leoben, also an der Eisenstraße war. Vielleicht ist sie mit der Eisenbahn angereist. Das Ehepaar Franz (1815–1890) und Johanna Sprung (1830–1917), das eine Tochter und zwei Söhne hatte,[46] unterhielt ein offenes Haus, in dem junge Leute willkommen waren. So u. a. auch die Studenten[47] der Bergakademie. Aus autobiographi-

---

Ankündigung des Konzertes, bei dem u.a. Couperin vorgetragen wurde: *Tagespost* 15. Jg. Nr. 330, Morgenblatt, Graz, 11. Dezember 1870.

[44] Zu Hausegger allgemein vgl.: Ernst-Joachim Danz: *Die objektlose Kunst. Untersuchungen zur Musikästhetik Friedrich von Hauseggers.* Kassel 1981; Karin Marsoner: *Das „Jenseits“ des Künstlers – ein Bereich transzendenter Erfahrung. Zu Friedrich von Hauseggers Ästhetik „von Innen“.* In: Otto Kolleritsch (Hg.): *Entgrenzungen in der Musik (Studien zur Wertungsforschung* 18). Wien 1987, S. 177–187; Elisabeth Kappel/Andreas Dorschel (Hg.): *Friedrich von Hausegger. Die Musik als Ausdruck.* Wien 2010.

[45] Der folgende Reprint-Band von Hauseggers Texten in den Tageszeitungen enthält keine Kritiken: Rudolf Flotzinger (Hg.): *Friedrich von Hauseggers frühe Schriften und Essays* (*Grazer musikwissenschaftliche Arbeiten* 7). Graz 1986.

[46] Liselotte Jones/Michael Martischnig: *Sprung, Franz von, (1815–1890), Eisenhüttenfachmann und Montangeologe.* In: ÖBL 1815–1950, Bd. 13 (Lfg. 59, 2007), S. 56. DOI:10.1553/0x00284d0d

[47] U.a. die Studenten Paul Kupelwieser (1843–1919) und Fridolin Reiser regelmäßig im Hause Sprung zu Gast. Vgl. Carl-Hermann Colshorn: *Fridolin Reiser (1843–1909). Ein Stahlfachmann der Gründerzeit.* In: *Zeit-*

schen Quellen der Besucher im Hause Sprung in Leoben geht hervor, dass die Hausfrau, Johanna Sprung, sowohl im Steirischtanzen und -singen[48] als auch als Gesprächspartnerin durch ihre Expertise im Eisen- und Hüttenwesen bekannt war. Sie, die *„hochbegabte Frau"*, konnte sozusagen am Puls der Zeit „mitreden" und verfolgte mit großem Interesse die damaligen weltbewegenden Innovationen.[49] Gut vorstellbar, dass auch Marie Tunner, wohl bei wiederholten Besuchen in Leoben, am musikalischen Geschehen im Hause Sprung aktiv teilnahm, gegebenenfalls von ihren revolutionären Plänen im Grazer Musikleben berichtete und Einiges aus der revolutionären Welt der Eisengewinnung in Leoben erfahren konnte. Vermutlich war öfter von „Eisenstein" die Rede. Zumindest war Franz Sprung zum damaligen Zeitpunkt Betriebsdirektor der *„Eisenstein-Berg- und Hüttenwerke"* in Donawitz.[50]

schrift des Historischen Vereines für Steiermark 71 (1980), S. 113–127. Vgl. dazu auch Gudrun Rottensteiner: *„Der Männergesang Verein entfaltet eine noch nie gesehene Thätigkeit". Die Anfänge des Akademischen Männergesangvereins in Leoben 1862–1866"*. In: *Blätter für Heimatkunde* 98 (2024), S. 118–124.

48 Siehe dazu folgende rund 30 Lieder unter „Sprung, Johanna von" in: *Volksmusikdatenbank der Volksliedarchive in Österreich & Südtirol* https://www.volksmusikdatenbank.at/PSI/redirect.psi 17. Februar 2025.

49 Paul Kupelwieser: *Aus den Erinnerungen eines alten Österreichers*. Wien 1918, S. 6–7.
Vgl. auch die Berichte der Tochter des Hauses, Sabina Sprung (geb. 24. November 1851), später verh. mit ihrem Klavierlehrer, einem Studierenden ihres Vaters, Fridolin Reiser (1843–1909). Zitate aus den Erinnerungen von Sabina Reiser (bearb. von Max Burchardt, Ms) finden sich in: Colshorn (Anm. 47).

50 Der volle Name lautet: *Eisenstein-Berg- und Hüttenwerke der k. k. priv. Actiengesellschaft der Innerberger Hauptgewerkschaft in Wien.* Vgl. K. K. Ackerbauministerium (Hg): Österreichisches Montan-Handbuch für das Jahr 1875. Wien 1875, S. 50–51.

Die Geigenmacher zu Steyr. Eine Spurensuche

von Rudolf Purkart

Steyr gilt als eine der schönsten Städte Österreichs. Ihr Ursprung geht auf eine sagenumwobene Burg zurück, die am Zusammenfluss zweier Wasserwege entstand. Auf Grund ihrer beherrschenden Lage konnte sie den Ansiedlern ausreichend Schutz und Hilfe gewähren.[1] Für die wirtschaftliche Entwicklung in der Stadt lagen bald ideale Voraussetzungen vor: auf der breiten, tieferen und mächtigeren Enns konnte der Rohstoff Eisen aus den Hochöfen von Hieflau und Eisenerz herangeschafft werden. Die kleinere, reißende Steyr stellte mit ihrer Wasserkraft eine unbezahlbare Energiequelle dar, die einen ganzen Stadtteil damit versorgte und unzählige kleinere und größere Hammerwerke betrieb. Durch den Fleiß und die Innovationskraft der städtischen Arbeiter und Bürger profitierten eine Reihe von Handelshäusern, die es dadurch zu beachtlichem Wohlstand brachten. Ihre, auf uns überkommenen prachtvollen Stadthäuser geben noch heute ein beredtes Zeugnis, wie anno dazumal „Patrizier" wohnten, lebten und Feste gefeiert haben.

Für Geigenmacher war die Zeit des 18. und des 19. Jahrhunderts in Steyr durchaus lukrativ: Es gab gutes Tonholz aus den bekannten Regionen der Monarchie. Durch die Fernhandelsbeziehungen von Steyrer Handelsherren nach Venedig konnten auch jederzeit exotische Lacke und notwendige seltene Materialien aus fernen Ländern über den Fondaco dei Tedeschi bezogen werden. Somit war die Beschaffung der notwendigen und seltenen Materialien gesichert, vor allem aber war die Nachfrage nach guten und leistbaren einheimischen Tonwerkzeugen in Steyr vorhanden.

Die Chance, Instrumente zu bauen und davon wirtschaftlich zu leben, ließen sich eine Reihe von Kunsthandwerkern nicht entgehen. An bisher nachweisbaren Geigenmachern sind daher zu nennen:

1) Johann Georg Adelbodinger: Er stammte aus Wien und kam 1768 nach Steyr. Hier konnte er aber nicht Fuß fassen, weil ihm auf Grund seiner mangelnden Arbeitsmoral die Obrigkeit die Sesshaftmachung verweigerte.

2) Caspar Hofmayr (1776–1846): Er stammte aus Westfalen. Seine 1804 erfolgte „Legitimierung" zum Tischlergesellen ist in Steyr urkundlich belegt. Er arbeitete bis zu seinem Ableben 1846 im „Hirschenhaus" (Stadt 31, heute Stadtplatz 13). Eine Verbindung mit Anton Bruckner über seinen Sohn Leopold ist wahrscheinlich.

3) Ignaz Hofmayr (1814–1887): Dieser trat in die Fußstapfen seines Vaters Caspar. Seine Werkstatt war in der Schulstiege 6, Steyr.

[1] Zur Geschichte von Steyr vgl. Josef Ofner: *Steyr. Kurzer geschichtlicher und kultureller Überblick*. Steyr [2]1980

4) Joseph Böllinger (1791–1827): Er erlernte das Geigenmacherhandwerk bei Meinrad Frank (1775–1847), einem der besten Meister in Linz.

5) Eduard Jung (1849–1907): Jung war k.k. Inspektor der Strafanstalt Garsten und ein begnadeter Autodidakt, der in der Literatur höchste Anerkennung fand, in der Öffentlichkeit aber unbekannt blieb.

6) Hans Alberer (1888–1960): Den „letzten" Steyrer Geigenmacher konnte ich als Schüler in seiner Werkstatt, in der Sierningerstraße 41 in Steyr, noch einmal persönlich besuchen. Seine Bedeutung liegt jedoch eher im Bau von Kontragitarren.

Im Folgenden soll auf die genannten Geigenbauer näher eingegangen werden, wobei der unter Nummer 1 genannte Johann Georg Adelbodinger nicht besprochen wird, da dieser in Steyr nicht gearbeitet hatte.

Caspar Hofmayr

Hofmayr stammte aus Westfalen, ein Königreich, das in der napoleonischen Zeit Westphalie hieß. Hofmayrs genauer Geburtsort und sein Geburtsdatum sind derzeit nicht eruierbar. Der Name Hofmayr taucht im Zusammenhang mit dem Tischlerhandwerk erstmalig im Aufnahme- und Freisprechbuch von Steyr auf. Hier findet sich in einem Eintrag aus dem Jahre 1804 folgender Hinweis (das Buch ist nicht paginiert):

> 1804 den 30. Nov. Ist Umfrag gehalten worden so ist fremd gesessen Kaplme oder Kapme Hoffmäer gebürtig aus Westfaly."[2]

Es ist davon auszugehen, dass der Magistrat der Stadt Steyr damit die Tischlerqualität von Caspar Hofmayr nachträglich für seine volle Berufsausübung in Steyr bestätigte bzw. legitimierte.

Damit war sein beruflicher Weg vorgezeichnet. Er dürfte diesen auch konsequent weitergegangen sein, denn anläßlich der Geburt seines Sohnes Ferdinand (11. April 1816) wird er im Taufbuch der Stadtpfarre Steyr als „*bürgerlicher Galanterietischler*" bezeichnet.[3] Darüber hinaus finden sich aber nirgends mehr Hinweise auf eine zunftgemäße Ausbildung zum Instrumenten- oder Geigenmacher. Es ist daher anzunehmen, dass sich Hofmayr, wie viele seiner Zeitgenossen auch, das notwendige Wissen zum Geigenbau im Rahmen der vorgesehenen Wanderjahre (Walz) als Autodidakt angeeignet hat.

Damt konnte er auch – neben seiner Haupttätigkeit als Möbeltischler – die Nachfrage nach Streichinstrumenten erfüllen. Allerdings auf Kosten seines Konkurrenten Joseph Böllinger, der als bürgerlicher Geigenmacher weit ab vom Schuß in Steyrdorf seine Werkstatt mehr schlecht als Recht betrieb und daher in bescheidenen Verhältnissen

---

[2] Archiv der stadt Steyr, Aufnahme- und Freisprechbuch der Stadt Steyr, 1757–1824, o.S.

[3] Als „*Galanterietischler*" wird Hofmayr vielfach bei den Taufen seiner Kinder genannt, so z.B. in den Taufmatriken, Bd. 9, S. 174 und 187.

lebte. Er hatte kaum Aufträge und mußte aus diesem Grund oft Nebenbeschäftigungen annehmen, die ihm mit der Obrigkeit in Konflikt brachten.

Joseph Böllinger starb mit 35 Jahren, am 1. Dezember 1827. Ihm war es nicht gegönnt, aus den Fußstapfen seines Lehrers Meinradus Frank aus Linz herauszutreten, um sein zweifellos großes Talent in weiteren Meisterwerken umzusetzen. Seine Werkstatt übernahm Caspar Hofmayr. Dieser dürfte zu Beginn der 1820er-Jahre gut bei Kasse gewesen sein, weshalb er seine beruflichen Tätigkeiten ausweitete. Er suchte nämlich geeignete Wohn- und Arbeitsräume und fand diese im Areal der „Stadt-Caserne" des ehemaligen Hirschenhauses (Stadt 31, heute Stadtplatz 13), ein überaus interessanter und zentral gelegener Gebäudekomplex. Eigentlich handelt es sich bei dieser Liegenschaft um zwei Häuser: das Vorderhaus zum Stadtplatz hin und ein Haus Richtung Kai gelegen, das von Andreas Grünstaller, einem Abkömmling einer Steyrer Patrizierfamilie, in der Mitte des 15. Jahrhunderts errichtet worden war. Das Haus umschloß auch eine Kapelle, die dem Heiligen Nikolaus geweiht war. In vielen alten Stadtansichten von Steyr ist dieses Juwel noch gut erkennbar. Bedauerlicherweise wurde es 1784 – wie viele Denkmäler – dem Fortschritt geopfert und abgetragen. Die Liegenschaft stand im Eigentum der Stadt Steyr, die sie ab 1723 als Kaserne, später auch als Wohnhaus verwertete.

Am 28. Juli 1812 heiratete Caspar Hofmayr in der Vorstadtpfarre St. Michael Clara Kojeder.[4] Die folgende Kinderschar dürfte ihn in finanzielle Schwierigkeiten gebracht haben. Am 4. Oktober 1823 machte Hofmayr folgende Eingabe an den Magistrat Steyr:

> Eingetretene Umstände machen es mir wünschenswert, zu meinem Unterkommen und Betrieb meines Gewerbes in der Stadt-Caserne eine geeignete Wohnung zu erhalten. Ich erlaube mir daher an diesen löblichen Magistrat die gehorsamste Bitte zu stellen, dass mir diese Wohnung über Einvernehmen Stadtkammeramtes gegen Bestimmung eines billigen Zinses vermiethet werde.[5]

Die angestrebte Wohnung befand sich im ersten Stock des vorderen Hauses und bestand aus drei kleinen Zimmern, einer Kammer, einer Küche und einer Speis. Dazu gehörten auch die größeren Gewölbe zu ebener Erde. Der Zins betrug jährlich 50 Gulden C.M. Eine recht beachtliche Summe. Die finanzielle Lage dürfte sich bei Hofmayr im Laufe der Zeit ziemlich verschlechtert haben, denn er sah sich gezwungen, das große Zimmer zum Stadtplatz hin aufzukündigen und nur den hinteren Teil der Wohnung zu behalten, *„wo er für seine Person alleine zu arbeiten Raum genug hat"*.[6]

Im gleichen Schreiben vom 11. Februar 1831 ersuchte Hofmayr den durch fünf Jahre entrichteten Zins von 50 Gulden, welcher für ihn zur Erhaltung einer so großen Familie sehr drückend war (er hatte für seine Frau und bereits sieben Kinder zu sorgen), beginnend vom August 1830, von 50 Gulden auf 30 herabzusetzen und den noch ausstehenden Rest von 15 Gulden aufgrund von Armut erlassen zu bekommen.

---

[4] Trauungsbuch der Stadtpfarre Steyr Bd. 1, S. 152.
[5] Archiv der Stadt Steyr, Kasten V, Fach 15, Faszikel 157, Nr. 228.
[6] Zitiert nach ebenda.

Der Magistrat der Stadt Steyr bewilligte dieses Ansuchen, Hofmayr musste fortan für die verkleinerte Wohnung (ein beheiztes Zimmer und zwei Kammern) ab Mai 1831 monatlich lediglich 18 Gulden Zins zahlen, zumal er, wie es in der Begründung des Magistrates heißt, „*für sich und seine große Familie seinen Unterhalt kaum erschwingen konnte*“.[7] Doch diese prekäre Situation verbesserte sich Zeit seines Lebens nicht mehr: Am 16. Mai 1837 schloß er einen weiteren Mietvertrag über die zuletzt genannten Räume zu einer jährlichen Miete von 24 Gulden C. M. ab.[8] Hofmayr verblieb bis zu seinem Tode am 31. März 1846 in dieser Wohnung. Kurze Zeit darauf überließ die Stadt Steyr das gesamte Objekt dem „Ärar“. Alle Mieter mussten umgehend ausziehen, da das Vorderhaus mit allen Wohnungen demoliert und als Sitz des Kreisamtes neu aufgeführt wurde.

Die Witwe Hofmayrs übersiedelte mit ihren Kindern in eine neue Wohnung: Stadt, Haus 112 (heute Schulstiege 6), in der auch der bürgerliche Geigenmacher Ignaz Hofmayr später seine Werkstatt betrieb.

Caspar Hofmayrs Instrumente sind extrem selten. Vor allem ihr eigenständiger, originaler Charakter hebt sie weit über die üblichen Amateurarbeiten hinaus, wie sie auch heutzutage massenhaft vorkommen. Einige Details wie z.B. die Ecken oder die Hohlkehlen an der Decke verraten ein sicheres Auge für die richtigen Proportionen und eine sehr geschickte und professionelle Hand. Vieles spricht auch dafür, dass sich Hofmayr an originalen italienischen Instrumenten (vergleichsweise der Amati aber auch an Stainer) orientiert hat. Besonders die „ff“ sind schwungvoll und sehr elegant geschnitten. Seine Holzwahl läßt jedoch zu wünschen übrig. Gutes Tonholz war auch dazumal sehr teuer und musste von weit her importiert werden. Alles in allem baute er in Steyr jedoch wunderbare Instrumente von beachtlichem Niveau. Dieses Niveau wurde von seinem Sohn und Nachfolger Ignaz Hofmayr nicht mehr erreicht.

---

7 Ebenda.

8 Archiv der Stadt Steyr, Kasten V, Fach 16, Faszikel 156, Nr. 220.

Auszug aus dem Stammbaum der Familie Hofmayr

Caspar Hofmayr (*1776, † 31.3.1846) verehelicht am 28.7.1812 mit Clara Kojeder (*1785, † 9.4.1849)
Kinder:
Eduard (7.1.1813, † 1891
[genaues Datum unbekannt])
Ignaz (*16.6.1814, † 27.4.1887)
Ferdinand (* 11.4.1816, Sterbedatum unbekannt)
Juliana (*4.2.1818, Sterbedatum unbekannt)
Henricus (*7.6.1819, Sterbedatum unbekannt)
Johann (*12.9.1821, Sterbedatum unbekannt)
Franz Konrad (*28.1.1824,
Sterbedatum unbekannt)
Konrad Kaspar (*6.1.1826,
Sterbedatum unbekannt)
Friedrich (15.2.1829, Sterbedatum unbekannt)

Ignaz Hofmayr (*16.6.1814, † 27.4.1887) verehelicht am 2.10.1854 mit **Elisabeth Weingartsberger** (*1827, Sterbedatum unbekannt)
Ihrer Verbindung entspross der „Sekretär" Anton Bruckners:
Leopold (*15.11.1855, † 17.3.1900) verehelicht 1887 mit **Ludmilla Gerstl** (Lebensdaten unbekannt)
Ihr gemeinsamer Sohn Leopold (*1889, † 1905) war mit Anna Stumpfoll (*27.1.1892, † 29.5.1972) verehelicht, deren gemeinsame Tochter Anna Hofmayr Aufzeichnungen über ihren Vater machte.

Abb. 1a: Stammbaum der Familie Hofmayr, erstellt von Rudolf Purkart

Abb. 1b: Caspar Hofmayr, Violoncello aus dem Jahr 1834. Instrument in Privatbesitz. Foto: Klaus Petermayr

Ignaz Hofmayr

Abb. 2: Violine von Ignaz Hofmayr aus dem Jahr 1873. Instrument in Privatbesitz. Foto: Klaus Petermayr

Ignaz Hofmayr wurde am 16. Juni 1814 in Steyr geboren. Die folgenden Ausführungen basieren großteils auf handschriftlichen, vermutlich 1902 niedergeschriebenen, Aufzeichnungen von Anna Stumpfoll, der Tochter von dessen Sohn Leopold Hofmayr, also der Enkelin von Ignaz. Sie schreibt:

> Mein Großvater machte saubere, gute Geigen, die gerne Absatz fanden. Er lernte sein Handwerk bei Jacob Höhr [muss heißen: Stöhr, Anm. des Verfassers[9]], Geigenmachermeister in St. Pölten (1791–2.1.1841). Nach fünfjähriger Lernzeit und zwei Wanderjahren, welche nach Frankreich führten, ließ er sich in Steyr nieder, wo er eine Instrumentenmacherei eröffnete. Sie bewohnten das Haus Schulstiege Nr. 6. Onkel Eduard, ein Bruder meines Vaters, welcher letzteren um 4 Jahre überlebte, erzählte mir oft, als ich noch ein Kind war, dass der beste Abnehmer der Hofmayrgeigen ein Zigeuner Primas war, welcher Jahr für Jahr kam, um einige Geigen zu kaufen, die er gut bezahlte. Er trug an seiner Weste echte Dukaten als Knöpfe. [...] Das Elternhaus meines Vaters war recht romantisch und ich erinnere mich noch recht gut an die lieben alten Möbel, die vielen Geigen und den langen alten Flügel. Leider kannte ich Großvater nicht mehr, da er im Jahre 1887 starb. Er war 17 Jahre an den Füßen gelähmt und konnte den Lehnstuhl nicht verlassen. Durch das Heben eines Klaviers brach er sich die Wirbelsäule und zog sich das Leiden zu.[10]

Ignaz Hofmayr war mit Elisabeth Weingartsberger verehelicht. Ihr gemeinsamer Sohn Leopold (1855–1900) war ein guter Freund Anton Bruckners, der für den großen Symphoniker mit Kopierarbeiten für die zweite Fassung der *Achten Symphonie* (WAB 108,2) betraut wurde. Ob Bruckner bei seinen Besuchen in Steyr auch mit Ignaz Hofmayr in Kontakt kam, ist wahrscheinlich, kann aber nicht belegt werden.[11] Hofmayr starb am 27. April 1887 in Steyr.

Zu den Charakteristika der Geigen Ignaz Hofmayrs: Bei der Schnecke fällt der extrem breite Wirbelkastenboden auf. Die Instrumente sind gut proportioniert, lediglich die „ff"

---

[9] Vgl. dazu auch: Willibald Freiherr von Lütgendorff: *Die Geigen und Lautenmacher vom Mittelalter bis zur Gegenwart.* Frankfurt am Main 1922, Bd. 2, S. 488.

[10] Zitiert nach Erich Wolfgang Partsch: *Anton Bruckner und Steyr* (*Anton Bruckner Dokumente und Studien* 13.) Wien 2003, S. 397ff.

[11] Vgl. ebenda, S. 217ff.

sind etwas klobig geformt. Ansonsten entsprechen die Einlagen der Adern, die Hohlkehlen an den Rändern und die Wölbungen der üblichen Stradform. Besonders charakteristisch ist allerdings der Lack: Er ist außergewöhnlich fein, von rötlich-goldener Textur und hervorragender Transparenz, wie sie nur die besten, alten französischen Instrumente aufweisen. Die Rezeptur davon dürfte er von seiner Wanderschaft in Frankreich mitgenommen haben. Seine Lackierungen sind ein Leuchtturm im biederen Einerlei der Geigenlacke aus dieser Zeit in Österreich und Deutschland.

Joseph Böllinger

Über das Leben von Joseph Böllinger selbst ist fast nichts bekannt. Lediglich durch eine glückliche Fügung haben sich im Archiv der Stadt Steyr Akten erhalten, die in sehr anschaulicher Weise die wirtschaftlichen und auch sozialen Verhältnisse eines selbstständigen Handwerkers anschaulich belleuchten. Am 26.Mai 1818 bittet Böllinger um *„gnädige Verleihung“* einer personal Geigenmachergerechtigkeit. Auf dieses Ansuchen reagierte der Magistrat Steyr relativ rasch. Im Ratsprotokoll vom 30. Mai 1818 heißt es:

> Da weder hierorts noch in einer Konkurrenz von 4 Stunden im Umkreis ein Geigenmacher besteht, diese Beschäftigung ungünstig ist, und der Bittsteller sich sowohl über die Erlernung als über den guten Fortgang in der Ausübung ausweiset so nihmt er keinen Anstand, dem Bittsteller die Berechtigung zu Geigenmacher-Arbeit zu verleihen.[12]

Nachdem sich Böllinger auftragsgemäß einen Erwerbssteuerschein beschafft hatte, konnte er nunmehr ganz offiziell seine Werkstatt in Steyrdorf Nr. 6 (später Michaelerplatz Nr. 11) als unbehauster Geigenmacher betreiben. Seine Gewerbesteuer (Steuergulden) betrug für das Jahr 1819 einen Florin C. M.

Der Quellenlage zufolge musste er aber bereits vor 1819 als unbekannter Geigenmacher im Hause Steyrdorf Nr. 20 (Kirchengasse 16) gearbeitet haben. Die nochmalige genaue Überprüfung seiner Personalien ergab Folgendes: Joseph Böllinger wurde am 14. Dezember 1791 in Steyrdorf, Haus 11 (heute Michaelerplatz 8) in Steyr geboren. Sein Vater, Johann Georg Böllinger, ein Bindergeselle, zog 1784 von Piberbach nach Steyr und erwarb hier das Bürgerrecht (Eid vom 22.4.1785). Mit 26 Jahren heiratete Joseph Pöllinger die 19jährige Anna Maria Razinger, die Tochter eines Zimmerergesellen. Dieser Ehe entsprangen drei Kinder. Die Ausübung seines Berufes als Geigenmacher wurde Joseph Böllinger jedoch nicht leicht gemacht. Viele Menschen lebten damals am Existenzminimum oder in bitterster Armut und versuchten auf jenen Gebieten Geld zu verdienen, die an eine zunftmäßig geregelte Ausbildung oder an ein landesfürstliches Privileg gebunden war. So trat auch Franz Weingard, ein *„Ausländer“* an den Magistrat der landesfürstlichen Stadt Steyr mit der Bitte heran *„Zythern und Guittarren“* verfertigen zu dürfen. Zu einer Äußerung zu diesem Ansinnen vom Stadtmagistrat aufgefordert, führte Joseph Böllinger u. a. aus:

---

[12] Archiv der Stadt Steyr, Politische Ratsprotokolle 1818, S. 170.

> Der Bittsteller (gemeint ist Franz Weingard) beweist nicht, dass er das Geschäft Instrumente verfertigen bey einem berechtigten und seiner Kunst fähigen Unternehmer ordentlich erlernt habe. Er ist seiner Profession ein Tischlergesell, und hat auch nur in dieser Eigenschaft bei der Klavier- und forte Instrumentenmacher Hochl Frenzl gearbeitet, da mit seiner Beschäftigung unvermeidlich Tischlerarbeit in Verbindung steht. Ich hingegen habe das Geschäft der Geigenmacherey bei den bürgerlichen Geigenmacher in Linz [gemeint ist Meinrad Frank, Anm. des Verfassers] erlernt auch hierüber ausgewiesen. Die Verfertigung der Zythern beanstande ich auf Seiten des Bittstellers nicht, da es minder mehr gemeine Arbeit ist, aber der Bau einer Guittare stimmt mit jener einer Geige überein, gehört daher auch zu dem Geschäfte eines Geigenmachers, und auch ich bin gezwungen zur Verfertigung dieser Gattung von Instrumenten nun meine Zuflucht zu nehmen, da der Absatz neuer Geigen nachdem bereits alle Abnehmer der Konkurenz damit versehen sind, nun fast ganz aufhört, die Beschäftigung mit Reperaturen aber mich und meine Familie so kümmerlich nährt, dass ich der Gefahr ausgesetzt bin, mit meiner Familie dermal der Armenversorgung zu Last zu fallen, wenn nun neue Unternehmer dieser Beschäftigung hierorts aufgenommen werden und mir meinen Erwerb schmälern.[13]

Böllinger bat daher den Magistrat Weingards Gesuch mit Ausnahme der „*Zythernverfertigung*“ abzuweisen. Der Magistrat der Stadt schloss sich dieser Auffassung an. Gegen den abweislichen Bescheid vom 3. Jänner 1824 erhob Weingard wiederum Rekurs an das Kreisamt Linz. Diese Oberbehörde wies ihn vorerst an, „*ein legales Zeugnis von einen berechtigten Geigen und Lautenmacher über dessen Kundigkeit in d. Verfertigung von Guittaren beyzubringen.*“[14] Natürlich vermied es Franz Weingard, dieser Aufforderung nachzukommen, denn, wie er ausführte, „*weder die Linzer noch Welser Geigenmacher, welche durch mich den Absatz der Guittaren nach hiesige Gegend gesperrt würde, würden mir schwerlich zu meinem Vorhaben behilflich seyn.*“[15]

Das Kreisamt in Linz traf dann folgende salomonische Entscheidung:

> Guittaren sind neuere Instrumente und Surogate der Lauten, welche gegenwärtig ganz außer Gebrauch sind, erstere werden daher von den Geigen und Lautenmachern verfertiget und für diesen Erwerbszweig werden immer förmliche Gewerbebefugnisse ertheilt, wozu die Bewerber die ordentliche Erlernung nachzuweisen haben, welche gesetzliche Bedingung Franz Weingard, wie er selbst bekennt, zu erfüllen nicht vermag. Orgel und Klaviermacher ist von den Geigen und Lautenmachern abgesondertes Gewerb, es kann demnach das von dem hiesigen Klaviermacher Frenzl, bei welchem Weingard als Tischlergeselle in Arbeit gestanden ist, ausgestellte Zeugnis über seine Geschicklichkeit in Verfertigung der Guittaren nicht genügen, daher auch den Weingard aus dem Grunde der beigebrachten Zeugnisse das im Rekurswege angesuchte Personalbefugnis zur Verfertigung der Guittaren nicht erteilt werden kann. Doch wird demselben in Rücksicht dieser Zeugnisse gestattet, bei einem seiner Wahl überlassenen bürgerllichen Geigen und Lautenmacher eine Guittare als Probestück zu

[13] Archiv der Stadt Steyr, Gewerbesachen, 1807–1838, Kasten VII, Fach 3, Faszikel 283.
[14] Ebenda.
[15] Ebenda.

Abb. 3: Violine von Joseph Böllinger aus dem Jahr 1827. Instrument in Privatbesitz. Foto: Klaus Petermayr

verfertigen und auf dem Grunde des über die Brauchbarkeit dieses Instruments erhaltenen Zeugnisses sein Gesuch zu erneuern.[16]

Ob Franz Weigand von dieser Möglichkeit Gebrauch gemacht hat, ist nicht überliefert. Allerdings ist mit großer Wahrscheinlichkeit anzunehmen, dass der rührige Tischlergeselle im Angesicht der vor ihm aufgetürmten Barrieren sein Vorhaben zumindest offiziell aufgegeben hat.

Gitarren von Joseph Böllinger sind relativ selten. Er dürfte beim Bau der Instrumente kein gutgetrocknetes Tonholz verwendet haben, denn Boden und Decke einer mir bekannten Böllinger-Gitarre wiesen arge Trockenrisse auf.

Joseph Böllinger war ein „Frühvollendeter" – von der Natur mit überragendem Talent gesegnet. Dazu kam, dass er zur richtigen Zeit bei Meinrad Frank (1775–1847), einem Füssener Meister, der sich in Linz niedergelassen hatte, ausgebildet wurde. Leider spielte – wie so oft – das Schicksal nicht mit. Joseph Böllinger wurde nur 36 Jahre alt und starb am 1. Dezember 1827 in Steyr. Nach seinem Tod übernahm Caspar Hofmayr die Werkstatt, die er dann an seinen Sohn Ignaz weitergab. Die abgebildete Violine Böllingers entstand in seinem Todesjahr und stellt somit ein beachtliches Zeitdokument dar.

Eduard Jung

Eine originäre Gestalt und einer der besten Geigenmacher Oberösterreichs war Eduard Jung. Obwohl er 22 Jahre lang als k. k. Wachinspektor in der Strafanstalt Garsten sein Brot verdiente, ist er zu den Steyrer Geigenmacher zu zählen. Seine Eltern, Josef und Franziska (geb. Bühe) Jung lebten in Karlsdorf (heute Moravsky Karlov) einer Gemeinde im mährischen Bezirk Schildberg, das noch 1939 nur 642 Seelen zählte. Hier erblickte auch Eduard am 21. April 1849 im Hause 88 das Licht der Welt.

Über die Kinder- und Jugendjahre liegen nur spärliche Nachrichten vor. Vermutlich trieb ihn die Enge des Dorfes und familiäre Schwierigkeiten sofort nach Abschluss seiner Schulpflicht nach Wien. Dort erlernte er das Schlosserhandwerk, eine nicht zu unterschätzende Basis für den Geigenbau. Aber vorher hatte Jung noch andere Pläne: Er

[16] Archiv der Stadt Steyr, Gewerbesachen, Kasten VII, Fach 3, Faszikel 288.

wandte sich völlig vom Handwerk ab und schlug 1879 die Militärlaufbahn ein. Nach Erfüllung seiner Präsenzdienstpflicht wechselte er zur Sicherheits- und später zur Finanzwache, schlussendlich landete er bei der Gendarmerie.

Sein Dienst führte ihn von Niederösterreich über Salzburg bis nach Tirol. Schließlich erlangte er mit dem Wachmeister-Titel nebst mehreren Belobigungsdekreten seine berufliche Würdigung. Aus welchen Gründen es ihn in die Strafanstalt nach Garsten bei Steyr verschlug, lässt sich heute nicht mehr klären. Fest steht, dass Jung 1884 erstmals als Wachinspektor der k.k. Männerstrafanstalt in Garsten nachweisbar ist.[17] Sechs Jahre später heiratete er die 19jährige Rosa Riegelthaler, eine Bauerntochter aus Ternberg in Garsten. Dieser, anfangs recht glücklichen Ehe war allerdings keine lange Dauer beschieden. Jung erkrankte an Dickdarmkrebs und musste 1906 in Pension gehen. Er verstarb am 7. August 1907 in seinem Eigenheim, Bergerweg 21 in der Neuschönau, in Steyr, einem Haus, das vielen Altsteyrern als Villa Rosa in Erinnerung ist.

Jungs Leben war geprägt von extremen Ehrgeiz und Zielstrebigkeit. Alles, was er anpackte, entwickelte sich zum Wettkampf mit Gleichgesinnten. Die oberste Maxime seines Tuns war die öffentliche Anerkennung in Form von Belobigungen, Auszeichnungen und Diplomen. Sieht man von seiner Haupttätigkeit als Wachinspektor ab, beschäftigte ihn in seiner kargen Freizeit zwei große Themen: Zum einen hatte er eine tiefe Affinität zum lebenden Holz – er veredelte im Laufe seines Lebens tausende Bäumchen und setzte sich auch theoretisch mit der Pomologie auseinander. Zum anderen kam er im Jahre 1893 infolge einer Wette auch zum Geigenbau.

Seine Schlosserausbildung war hier von großem Vorteil. Genaues Messen, Passen, präzise nach einem Werkplan arbeiten usw. ist auch bei der Holzbearbeitung ein Muss und unterscheidet den Dilettanten vom Könner. So erklärt sich auch der vorerst rätselhafte Hinweis einiger Zeitgenossen, Jung habe zum Bau des ersten Instrumentes eigene Werkzeuge „*erfunden und konstruiert, die er später weiterverwendet habe*“.[18] Er war, „*ein Autodidakt reinsten Wassers*,“ wie Lütgendorff treffend bemerkt,[19] aber doch mit vortrefflichen handwerklichen Fähigkeiten ausgestattet. Ein wohltuender Unterschied zum Heer der Bastler, die in schmalen, kalten Kellerräumen ihrem Hobby mit unzulänglichem Können nachgingen.

Bei Jung stand die technische Betrachtungsweise im Vordergrund. Sie ist bei allen seinen Instrumenten vorhanden und ersichtlich: Das fängt bei jedem einzelnen Instrument mit dem Baukonzept an und führt über präzise, moderne Wölbungskurven, perfekt geschnittene Einlagen und Marketterien hin zu den schwungvoll ausgeführten „ff“, die eine große Fertigkeit mit dem Schnitzmesser verraten.

Auch sein Geigenlack ist von großer Güte, goldgelb und transparent. Ebenso ist er vom Modell her höchst eigenwillig und schwer einordenbar. Er stattete seine Instrumente mit

[17] *Alpenbote* vom 11.8.1907, o.S.
[18] Vgl. Lüdgendorff (Anm. 9), Bd. 2, S. 244.
[19] Ebenda.

Abb. 4: Violine von Eduard Jung aus dem Jahr 1896. Instrument in Privatbesitz. Foto: Klaus Petermayr

graphisch hervorragend gestaltete Vignetten aus. Jedes Instrument bekam eine laufende Nummer. Insgesamt baute er bis zu seiner schweren Erkrankung 49 Instrumente. Hinsichtlich deren Tones hat sich im *Alpenboten* ein sehr gutes Zeitdokument erhalten, das stark verkürzt wie folgt lautete:

Der Geigenvirtuose Franz Ondricek gab am Dienstag den 5. November 1903 abends im großen Saal des Hotel Schiff heute in Steyr ein vielumjubeltes Konzert. Er spielte auf seiner Zaubergeige, einer Guarneri del Gesu aus dem Jahre 1738. Für die Besucher des Konzerts war es von besonderem Interesse, dass neben der berühmten Guarneri-Geige Ondriceks ein Produkt jahrelangen theoretischen und praktischen Studiums unseres heimischen Geigenbauers des Herrn k.k. Wachinspektors Jung zu hören war, auf welchem der Virtuose Smetanas seelenvolles „Aus der Heimat“ spielte. Es mochte wohl gewagt sein, gegen ein so anerkannt vorzügliches Instrument, wie es die Guarnerigeige des Künstlers ist, ein anderes Instrument gleichsam zum Wettkampfe aufzurufen, ja überhaupt in Bezug auf den Ton nur zu einem Vergleiche herauszufordern. Aber in voller Größe erklang der Ton der jungschen Geige, ihrem Meister volle Ehre machend und Anerkennung erntend. Nach der großartig gespielten Tarantelle von Wieniwasky gab Meister Ondricek Raffs Cavatine als Zugabe und nur wohl wenige Zuhörer ahnten, dass auch diese Nummer auf der Jungschen Geige vorgetragen worden war. Prächtig sang das Instrument, wohlausgeglichen im Tone, obwohl es erst aus der jüngsten Zeit 1898 stammte. Namentlich kam die prächtige Klangfarbe der G-Saite zum hörbaren Ausdruck. Die Reinheit der Flageoletttöne stand auf voller Höhe. Meister Ondricek gab schon seiner Überraschung Ausdruck, als er die Geige vor dem Konzerte prüfte. Er fand einen brillanten Ton, ausgesucht schönes Holz, einen an ihre ital. Schwester erinnernden Lack und einen edlen Bau. Herr Wachinspektor Jung wurde von vielen Seiten beglückwünscht, und so ist dieser Geige das Glück widerfahren, dass ein Meister sie gebaut und einer sie gespielt hat.[20]

[20] Vgl. *Alpenbote* vom 5.11.1903, o.S.

Hans Alberer

Hans Alberer stammte aus Kleinraming bei Steyr, wo er 1888 geboren wurde, und war ein angesehener Instrumentenmacher.[21] Er hatte seine Werkstatt in der Siernigerstraße 41 in der Vorstadt Steyr im Erdgeschoß. Noch als Bub besuchte ich ihn einmal in seiner Werksatt, zumal der „Meister“ sehr freundlich und auskunftsfreudig war. Im Laufe der Zeit erwarb sich Alberer als Verfertiger von Kontragitarren weitum einen guten Ruf, aber seine wahre Leidenschaft war der Geigenbau, den er ohne Ausbildung als Autodidakt mit großer Leidenschaft betrieb.

Unbekümmert und beflügelt von seiner Schaffenskraft wagte er sich auch auf das Gebiet der Restaurierung und Reparatur von Streichinstrumenten jeglicher Art. Und damit begannen seine Probleme: Nachdem einige „heikle Reparaturen“ fehlgeschlagen waren kam es zu Beschwerden, die bis nach Linz zum zuständigen Innungsmeister schwappten. Zur damaligen Zeit in den 1940er-Jahren übte dieses Amt der angesehene Geigenbaumeister Fuchs aus. Wie mir sein Sohn glaubhaft versicherte, musste er in zwei schweren Fällen nach Steyr fahren und Alberer maßregeln. Gebracht hat es nichts. Noch heute tauchen von Alberer Geigen auf, die aus der Zeit gefallen zu sein scheinen. Ihre Bauweisen weisen sie als Dilettantenarbeiten aus. Lediglich im Lack entsprechen sie der Norm: Ein schöner, transparenter goldgelber Lack.

Ein bemerkenswertes Detail besteht darin, dass Alberer auf der Vignette und auch auf der Innenseite der Decke rechts oben seine Urheberschaft handschriftlich dokumentiert hat.

Hans Alberer starb 1960 in Steyr und fand dort am „campo santo“ seine letzte Ruhestätte.

---

[21] Der folgende Text beruht auf persönlichen Gesprächen mit Franz Wilhelm Fuchs, dem Sohn des damaligen Innungsmeisters Franz Fuchs in Linz.

Abb. 5: Violine von Hans Alberer aus dem Jahr 1936. Instrument in Privatbesitz. Foto: Klaus Petermayr

Abb. 6: Kontragitarre von Hans Alberer, vermutlich aus den 1930er-Jahren. Instrument in Privatbesitz. Foto: Klaus Petermayr

Von Sensenschmieden, Heiligen und einem Raubmörder
Volksliedgeschichten aus der Eisenwurzen

Eva Maria Hois (Graz)[1]

In diesem Beitrag wird die oberösterreichische Eisenwurzen musikalisch anhand einiger Liedgeschichten beschrieben.

Bezeichnete „Eisenwurzen" einst nur den Bergbezirk rund um den steirischen Erzberg, so wurde der Name später auch auf die im Norden angrenzenden Regionen im niederösterreichischen Most- und im oberösterreichischen Traunviertel übertragen, wo ebenfalls Eisen verarbeitet wurde. Es handelt sich im Wesentlichen um das Gebiet der Flüsse Enns, Ybbs und Erlauf, also das sogenannte, nördlich von Eisenerz als dem historischen Zentrum gelegene „Innerberger Revier". Das in seinem Süden geförderte Eisen wurde in Vordernberg verhüttet und nach Leoben sowie in andere steirische Hammerwerke geliefert; auch in Kärnten gab es im Görschitztal – mit Hüttenberg als Zentrum – eine Eisenwurzen.[2] Die so genannte „Eisenstraße" umfasst auch diese südlichen Gebiete.

Im oberösterreichischen Teil der Eisenwurzen gedieh, wie das der Heimat- und Volksmusikforscher und -sammler Hans Commenda (1889–1971) in den 1920er-Jahren so ausdrucksstark beschrieb, „*bis hinein in den letzten Graben das ehrsame Handwerk der Schmiede. Ahl-, Kling-, Nagel-, Sensen-, Hammer-, Messer-, Feil-, Kling-, Ketten-, Bohrer- und Hufschmiede rührten vom ersten Morgengrauen bis in die sinkende Nacht hinein die fleißigen Hände. Bescheidener Wohlstand herrschte in den sauberen Häuschen, die einsam mitten im Grün, am rauschenden Wehr lagen.*"[3]

Während die so genannten „schwarze Grafen", also die Sensen- und Hammerherren oft zu großem Besitz und Reichtum gelangten, zählten laut den *Tafeln zur Statistik der österreichischen Monarchie* (1841–1851) des aus Böhmen stammenden Beamten und Statistiker Carl Freiherr von Czoernig-Czernhausen (1804–1889) hingegen die Nagelschmiede zumindest in der Mitte des 19. Jahrhunderts zu den „*gedrücktesten und am meisten ausgenützten*" Handwerkern, denen „*nur noch die Maultrommelerzeuger und Taschenfeitelmacher in der Armut gleich kamen.*"[4]

---

[1] Dieser Beitrag wurde zum Großteil während meiner Tätigkeit für das Steirische Volksliedwerk erarbeitet.

[2] Vgl. Paul W. Roth: *Die Eisenwurzen. Eine Region in drei Ländern.* In: Julius Stieber (Red.): *Land der Hämmer. Heimat Eisenwurzen.* Salzburg 1998, S. 36.

[3] Hans Commenda: *Von der Eisenstraße. Volkslieder aus dem oberösterreichischen Ennstale.* 1. Hälfte. Wien – Leipzig 1926 (*Kleine Quellenausgabe 2*), S. 5f.

[4] Zitiert nach Roman Sandgruber: *Netzwerk Eisenwurzen.* In: Julius Stieber (Red.): *Land der Hämmer. Heimat Eisenwurzen.* Salzburg 1998, S. 97.

Gerade die Nagelschmiede galten neben den Sensenschmieden und Messerern aber als „sehr sangesfreudige Menschen“, die ihre nahezu ausschließlich mündlich überlieferten Lieder bei diversen Brauchveranstaltungen wie auch in der tanzfreien Advent- und Fastenzeit anstimmten. So bewahrten und verbreiteten sie das Volkslied in der Eisenwurzen und beeinflussten dadurch – *„natürlich unbewußt“*[5] – die heimische Volkskultur.

Diese war – obwohl der Begriff „Eisenwurzen“ diesbezüglich bestimmte Vorstellungen hervorruft – jedoch überraschenderweise kaum von bergmännischen Traditionen geprägt. Der Volkskundler Reinhold Kräter erklärt dies damit, *„daß innerhalb der regionalen Eisenverarbeitung stets die Finalproduktion, also die Weiterverarbeitung von Eisen und Stahl zum funktionsfähigen Fertigprodukt, dominiert hat, während die Primärproduktion (also der Abbau von Eisenerz und seine Verhüttung zu Roheisen) weitestgehend auf die steirische Eisenwurzen beschränkt war“*.[6]

Um 1850 gab es hunderte von Hammerwerken und Schmieden in der Eisenwurzen, von denen die meisten jedoch bis 1914 den Betrieb eingestellt hatten. Während des Ersten Weltkriegs, der *„mit ungeheurem Einsatz von Eisen ausgefochten wurde“*[7], kam es noch einmal zu einem Beschäftigungsboom und damit zu einem Aufschwung. Nach dem Kriegsende – die Siegermächte erließen ein Verbot von Rüstungsindustrie und verfügten die Zerstörung von Waffen – und dem Zerfall der Donaumonarchie wuchsen nicht nur in der Region die wirtschaftlichen Probleme, die schließlich in der Weltwirtschaftskrise von 1929 gipfelten. Das einst für die Industrie so bedeutende Steyr *„wurde zum Symbol: Es war zu einer der ‚ärmsten Städte der Republik‘ geworden“*.[8]

Das ist der historische Hintergrund, vor dem die im Folgenden vorgestellten Lieder gesungen wie auch aufgezeichnet wurden.

Volksmusik in der Eisenwurzen

Die Eisenwurzen gilt laut Maria Walcher, die 1996 als damalige Generalsekretärin des Österreichischen Volksliedwerks an der bislang letzten Feldforschung im oberösterreichischen Teil dieses Gebiets[9] und der daraus resultierenden CD-Produktion *… åba lustig san d'Leit! Eine musikalische Reise durch die Pyhrn-Eisenwurzen* beteiligt war,[10] als *„keine der typischen, unverwechselbaren Volksmusiklandschaften* […] *wie etwa das Innviertel oder das Salz-*

---

[5] Reinhold Kräter: *Vom Innungspokal zum Rudenkirtag – Volkskultur in der oberösterreichischen Eisenwurzen.* In: Julius Stieber (Red.): *Land der Hämmer. Heimat Eisenwurzen.* Salzburg 1998, S. 254.

[6] Ebenda, S. 252.

[7] Sandgruber (Anm. 4), S. 103.

[8] Gerhard Trumler (Hg.), Text: Roman Sandgruber: *Eisenwurzen. Landschaft – Kultur – Industrie.* Wien 1997, S. 87.

[9] Das Steirische Volksliedwerk führte gemeinsam mit Studenten des Volksmusik-Masterlehrgangs am Johann-Joseph-Fux-Konservatorium in Graz 2019 eine Feldforschung rund um St. Gallen durch, aus der ein Liederblatt hervorgegangen ist: Eva Maria Hois (Red.): *„In da grean Buachau håb i im Tål koa Ruah“ Lieder und Jodler aus der Feldforschung rund um St. Gallen.* Graz 2019 (*meine Lieder – deine Lieder* 19/1).

[10] *... åba lustig san d'Leit! Eine musikalische Reise durch die Pyhrn-Eisenwurzen.* CD, hg. v. Österreichischen Volksliedwerk. Wien 1996 *(Musik der Regionen 4)*.

kammergut" und *„nach außen kaum erkennbar als musikalisch eigenständig oder selbstbewußt"*.[11] Diese Charakterisierung trifft jedoch auf viele Gegenden zu, die in volkskultureller Hinsicht nicht zu so etwas Besonderem hochstilisiert wurden wie etwa die beiden eben namentlich erwähnten Regionen.

In der Eisenwurzen wurde also gesungen und musiziert wie in vielen anderen Gebieten auch. Die kleine Auswahl der hier vorgestellten Lieder kann aber vielleicht trotzdem – angelehnt an eine Beobachtung Hans Commendas – einige regionale Besonderheiten widerspiegeln. Das sind einerseits die Flugblattproduktion in Steyr, zum Zweiten der Dichter Anton Schosser und seine bis heute gesungenen Lieder, drittens der Bezug zu Bergbau und Eisenverarbeitung und abschließend – als jüngstes Beispiel – ein Verbrechen auf der Reiflingalm, an das seit beinahe hundert Jahren eine Moritat erinnert, die fast ausschließlich nur in der Region gesungen wird.

Der Lehrer und Volkskundler Hans Commenda aus Linz war einer der wichtigsten Sammler von Volksmusik in Oberösterreich. Er war der erste, der im oberösterreichischen Teil der Eisenwurzen Lieder aufzeichnete und einen Teil davon auch publizierte, und zwar 1926 in der Reihe *Kleine Quellenausgabe*.

Abb. 1: Hans Commenda
(Oö. Landesmuseum, Sammlung Musik, Volksliedarchiv)

Diese Reihe wurde vom nach dem Ersten Weltkrieg wiedergegründeten Österreichischen Volksliedunternehmen herausgegeben. Der bis dahin verfolgte Plan einer großen wissenschaftlichen (Gesamt-)Ausgabe der Volksmusik in Österreich mussten nach dem Zusammenbruch der Habsburgermonarchie unter anderem aus finanziellen Gründen aufgegeben werden. Stattdessen wurden nun Liederhefte für die Praxis publiziert, die der Volksliedpflege dienen sollten und sich *„in erster Linie ans Volk selbst, an den Liebhaber, den Volksliedfreund, erst in zweiter Linie an den Forscher"*[12] wandten. Positiv hervorgehoben wurden im Rückblick bei den Texten die *„teilweise hervorragende*[r] *Mundartschreibung und bei den Melodien die authentische Mehrstimmigkeit"*.[13] Zwischen 1925 und 1935 wurden außer Commendas Sammlung sieben Bände publiziert, die folgenden Landschaften bzw. Bun-

[11] Maria Walcher: *„Mir san ja die lustigen ..." – oder was von den Hammerschmiedg'selln musikalisch verblieb.* In: Julius Stieber (Red.): *Land der Hämmer. Heimat Eisenwurzen.* Salzburg 1998, S. 248f.

[12] Hauptausschuß des Österreichischen Volksliedunternehmens: *Vorbericht der Hauptleitung.* In: Ernst Jungwirth: *Alte Lieder aus dem Innviertel.* Wien 1925 *(Kleine Quellenausgabe 1)*, S. 5.

[13] Gerlinde Haid: *Das Österreichische Volksliedwerk.* In: Walter Deutsch, Harald Dreo, Gerlinde Haid und Karl Horak (Hg.): *Volksmusik in Österreich.* Wien 1984, S. 123.

desländern gewidmet waren: Innviertel (1925), Vorarlberg (1926), Murgebiet (1927), Schneeberggebiet (1930), Kärnten (1932), Pinzgau (1933) und Aussee (1935).

Commenda gab seinem 26 Lieder enthaltenden Band den Titel *Von der Eisenstraße. Volkslieder aus dem oberösterreichischen Ennstale*. Ein ebenfalls für die Veröffentlichung geplantes zweites handschriftliches Konvolut mit 25 Liedern befindet sich im Volksliedarchiv des Oberösterreichischen Landesmuseums (ÖVLA HL55) und trägt den Vermerk „*Sammlung nicht charakteristisch für die Eisenstraße*".

Abb. 2: Das Titelblatt zu Hans Commendas *Von der Eisenstraße* (1926).

16 von Commendas Aufzeichnungen wurden 1998 ins Heft *Lieder aus der Pyhrn-Eisenwurzen* übernommen, das vom Oberösterreichischen Volksliedwerk anlässlich des Jahres „Land der Hämmer" und der gleichnamigen Landesausstellung herausgegeben wurde; es hat denselben grafisch gestalteten Umschlag wie Commendas Publikation von 1926.[14] Walter Deutsch bemerkte dazu im Vorwort, was auch schon von anderer Seite verwundert festgestellt wurde: „*Allerdings fällt in dieser Liedersammlung auf, dass die Handwerker der Eisenstraße, die Schmiede – die Sensen-, Hammer-, Messer-, Nagel- und Hufschmiede – mit fast keinem Lied vertreten sind. Diese klassischen Berufe der ‚Eisenwurzen' haben kaum ein Lied überliefert, das in der Tradition der Singenden erhalten geblieben ist.*"[15]

In Commendas „Vorrede" zum Liederheft *Von der Eisenstraße* war unter anderem zu lesen, hier träfen sich „*steiermärkisches Volkstum mit oberösterreichischer Eigenart*". Und weiter: „*In dieser Umwelt* [...] *fand dann auch jahrhundertelang das deutsche Volkslied eine trauliche Heimstatt, treu behütet von der zunftmäßig vererbten Überlieferung und stetig befruchtet aus Nähe und Ferne durch den blühenden Eisenhandel und das Wandern der Handwerksburschen. Ganze Geschlechter von Druckern in der Stadt Steyr* [...] *versorgten mit ihren Flugblättern das allzeit sangeslustige Völkchen. Anton Schosser, der unerreichte Meistersänger der oberösterreichischen*

[14] Oberösterreichisches Volksliedwerk (Hg.): *Lieder aus der Pyhrn-Eisenwurzen.* Linz 1998 *(Volkslied und Volksmusik aus Oberösterreich 29).*
[15] Walter Deutsch: [*Vorwort*]. In: Anm. 14, S. 2.

Alpen, entstammt wohl nicht zufällig einem alten Nagelschmiedgeschlechte aus Losenstein an der Enns." War es mittlerweile auch „*still geworden auf der Eisenstraße*" und hatten „*Eisenbahn und Großgewerbe* [...] *der alten Zeit ein Ende*" gemacht, so „*klingen und verklingen aber noch gar viele schöne Gesänge im schönen Ennstal*" als Nachhall vergangener Tage, in denen diese Lieder „*nicht bloß gedacht, gereimt, gesungen und gejodelt, sondern im vollsten Sinne des Wortes gelebt*" wurden.[16]

Hans Commendas Sammlung

Commenda zeichnete zwischen 1914 und 1922 51 Lieder auf und zwar in 13 Orten, wobei die meisten Lieder in bzw. um Steyr (14), Kleinraming (12) und Trattenbach (7) niedergeschrieben wurden.[17] Seine Gewährspersonen waren namentlich erwähnte 20 Frauen und zwölf Männer, dazu eine Gruppe von Pilotenschlägern. Die meisten Lieder, nämlich zehn, überlieferte Franz Forsthuber, vulgo Schoiber in Kleinraming bei Steyr, öfter als ein- oder zweimal genannt wurden auch das Ehepaar Helene und Hermann Löschenkohl aus Trattenbach mit insgesamt sechs, Franz Scheidleder aus Reichraming mit vier und die Familie Maria, Walburga und David Hollnbuchner, die vermutlich Geschwister waren, aus Päulstein in Stiedelsbach bei Losenstein mit drei Liedern.[18]

Unter den vielen hier vertretenen Gattungen bilden die Standeslieder mit 16 Titeln die größte Gruppe innerhalb dieser Sammlung; sie reichen von Lob über Spott bis hin zum „Arbeitslied". Neben der für die eisengewinnende und -verarbeitende Region typischen Berufe (Bergmann, Köhler, Schmied mit je einem Lied) werden auch Bauer (1), Hüter (1), Pilotenschlager (2), Postknecht (1), Schneider (1), Sennerin (1), Soldat (2), Weber (1) und Wildschütz (2) besungen. Drei dieser Lieder sind Spottlieder, eines ist ein Lied zur Arbeit (Schlegellied).

Zahlreich vertreten sind auch die Scherzlieder (8), dazu kommen drei Balladen, zwei Liebeslieder sowie je ein Alm-, Auswanderer- und belehrendes Lied, ein Gstanzl, Hochzeits-, Streit- und Wiegenlied.

Nur ein eigenständiger Jodler wurde aufgezeichnet, jedoch gibt es neun Lieder mit Jodler- bzw. jodlerähnlichem Anhang, also so genannte Jodlerlieder.

Ungewöhnlich ist das Vorkommen eines Kinderliedes, das noch dazu von einem Mann – Franz Forsthuber – überliefert wurde.

---

[16] Commenda (Anm. 3), S. 5f.

[17] Die weiteren Aufzeichnungen stammen aus Garsten (2), Großraming (2), Kleinreifling (4), Letten (1), Päulstein im Stiedelsbach bei Losenstein (3), Reichraming (5) und Ternberg (1).

[18] Die Namen der anderen Vorsängerinnen und -sänger lauten Josefa Brandstetter, Leni Gärtner, Philomena Gschaider, Margarethe Gschliffner (2), Ludwig Hack, Karl Hehnel, Marie Hempl, Franz Holzmayr, Viktoria Kaiserlehner, Rosa Kampl, Josef Kaser, Klara Klein, Ignaz Letz, Josefa Mitterhauser, Josefa Mohr, Anna Pichler, Ferdinand Pichler (2), Luise Play, Franz Rippig, Josef Schweitzer (2), Cilli Stiegler (2), Tini Trautmann, Franz Vorderwinkler und Luise Weigl. Sie haben, wenn in Klammer nicht anders angegeben, jeweils ein Lied überliefert.

14 Lieder sind geistlichen Inhalts: Acht gehören zum Weihnachtsfestkreis, dazu kommen drei Heiligen- und zwei Totenabschiedslieder sowie ein Wallfahrtslied.

Commendas gedruckte Sammlung von 1926 ist ein wichtiger Ausgangspunkt für die folgenden Beschreibungen. Den Anfang macht ein geistliches Lied, das für den Bereich der Flugblattlieder und somit für den Bezug zum Druckort Steyr steht. Insgesamt konnte der Sammler fünf geistliche und zwei weltliche Lieder auf Flugblättern nachweisen, die allesamt in dieser Statuarstadt am Zusammenfluss von Enns und Steyr gedruckt wurden, und zwar bei Joseph Greis (3), Michael Haas (2) und seinen Erben (1) sowie bei Gregor Menhardt (1).

„Katharina ihre Schönheit ist nicht zu beschreibm"
(Commenda 1926, Nr. 10)

Hans Commenda zeichnete dieses Legendenlied über die Heilige Katharina von Alexandria 1919 bei Maria und David Hollnbuchner in Päulstein im Stiedelsbach bei Losenstein auf und bemerkte dazu: *„Die heilige Katharina gehört zu den 14 Nothelfern und spielt daher im Volksglauben eine große Rolle. Ihr Martyrium ist Gegenstand mehrerer Volkslieder. Das Vorliegende hält sich im allgemeinen an den Bericht der Legende. Da Katharinas Märtyrertod in das Jahr 305 n. Chr.*[19] *fällt, so ist der* [im Text erwähnte] *Sultan*[20] *sowohl wie ‚Gott Mahomed' eine geschichtliche Vorausnahme,*[21] *die ja auch sonst in der Volksdichtung nicht selten auftritt. – Die Weise wird von einem Vorsänger angestimmt und stückweise von allen wiederholt.*"[22] Es handelt sich also um das nicht nur im geistlichen Volkslied weit verbreitete Call-und-response-Prinzip. Das Lied ist – ohne Wiederholung – acht Takte lang und hat die Form AB.

Die angeblich aus Zypern stammende, schöne und hochgebildete Königstochter Katharina ist als historische Persönlichkeit nicht nachweisbar, soll ihr Martyrium aber unter Kaiser Maxentius (305–312) in Alexandria erlitten haben. Sie sollte gerädert werden, doch da das Rad zerbrach, wurde sie schließlich enthauptet, wobei aus der Wunde Milch statt Blut geflossen sein soll. Ihr Leichnam wurde von Engeln auf den Berg Sinai gebracht, wo das schon bestehende dortige Kloster nach ihr benannt wurde. Katharina – dargestellt als Königstochter mit Krone, Kreuz, Palme, Buch, Schwert und Rad – wird seit dem 8. Jahrhundert auch in der westlichen Kirche verehrt und gilt unter anderem als Patronin der Mädchen, Ehefrauen und Nonnen, der Philosophen und Gelehrten, der Lehrer, Schüler und Studenten, der Bibliotheken, Hochschulen und Krankenhäuser, der Wagner, Müller, Bäcker, Töpfer, Gerber, Spinner, Tuchhändler, Seiler, Schiffer, Buchdrucker, Sekretäre, Notare, Schuhmacher, Frisöre, Näherinnen, Scherenschleifer und aller Berufe, die mit Rädern zu tun haben, aber auch der Waffenschmiede – vielleicht

[19] Katharina könnte auch im Jahre 307 hingerichtet worden sein, siehe www.heiligenlexikon.de/BiographienK/Katharina_von_Alexandria.htm (abgerufen am 9.2.2026).
[20] Gemeint ist der römische Kaiser Maxentius.
[21] Mohammed, der „Prophet und Gesandte Gottes", lebte von etwa 570 bis 632.
[22] Commenda (Anm. 3), S. 39.

wurde ihr Legendenlied deshalb in der Eisenwurzen gesungen. Wie Margareta und Barbara gehört Katharina zu den „Drei heiligen Madeln“ oder „Drei heiligen Jungfrauen“. Ihr Gedenktag ist der 25. November, an dem es heißt: „Kathrein sperrt die Geigen ein“ – damit begann einst die vorweihnachtliche Fastenzeit, in welcher ein Tanzverbot herrschte. An diesem Tag erhielten Mägde und Knechte früher ihren Lohn und konnten den Hof wechseln; es endete die Weidezeit, und die Schafschur begann. Die einst so bedeutende Heilige ist jedoch seit dem zweiten Vatikanum nicht mehr im römischen Kalender vertreten.

Der deutsche Literaturhistoriker, Musikwissenschaftler und Volkskundler Dietz-Rüdiger Moser nahm an, dass das Heiligenlied aufgrund des Türken-Bezugs im Umkreis der Belagerung Wiens und der Schlacht am „Kahlen Berge“ 1683 entstanden sein könnte: *„Der türkische Sultan gab zu dieser Zeit das treffendste Feindbild der Christen ab*;“ allerdings kann das *„wilde Tier*“ auch ganz allgemein als *„Inbegriff der Sündhaftigkeit*“ verstanden werden.[23]

Nannte Commenda das Lied *„vielfach handschriftlich verbreitet*“, so konnten nur wenige Belege dafür gefunden werden, und zwar in Rottenmann 1894, Tauplitz um 1895, Prolling 1910, Braunau 1949, Gaflenz 1963 sowie in Eisenerz, also ausschließlich in der Steiermark, Nieder- und Oberösterreich. Konrad Mautner, Bernhard Paumgartner und Raimund Zoder veröffentlichten es um 1920 in ihrer Sammlung *Ein Hundert alte Lieder fürs Landvolk.*[24]

Abb. 3: „*Katharina ihre Schönheit*“, aus: Commenda, *Von der Eisenstraße* (1926), Nr. 10.

Flugblätter waren einst wie Zeitungen zu verstehen und trugen später zunehmend zur Verbreitung von Volks- und Gesellschaftsliedern bei. Sie waren besonders bei Bauern beliebt und verbreitetet, *„welche einen Stolz darein setzen die ihnen so bekannten und vom Großvater überkommenen Lieder gedruckt zu besitzen. Solche erkaufte Blätter wurden und werden gar sorgsam gehütet und bewacht, gerade deßhalb aber sind sie sehr schwer*

[23] Dietz-Rüdiger Moser: *Das religiöse Lied im Volksbarock der Alpenländer.* In: Josef Sulz und Thomas Nußbaumer (Hg.): *Religiöse Volksmusik in den Alpen. Musikalisch-volkskundliche und theologische Aspekte.* Anif/Salzburg 2002 (*Innsbrucker Hochschulschriften, Serie B: Musikalische Volkskunde 4*), S. 32.

[24] Magerhart Brunnbader, Adam Konturner und Zeno Drudmair [Bernhard Paumgartner, Konrad Mautner und Raimund Zoder]: *Ein Hundert alte Lieder fürs Landvolk. In 50 fliegenden Blättern neu in Druck geben.* Wien [1918–1921], Nr. 21.

zugänglich, ja zumeist werden sie dem Sammler gar nicht bekannt",[25] schrieb einst der Kulturhistoriker, Volksliedforscher, Schriftsteller und von 1904 bis 1910 Direktor der Grazer Universitätsbibliothek Anton Schlossar.

In Steyr, der historisch bedeutenden Handels- und „*vom Spätmittelalter bis ins 19. Jahrhundert wichtigsten Industriestadt Österreichs*",[26] gab es im Mittelalter eine Meistersingerschule. „*‚Fliegende Blätter', die verschiedenartige Lieder und Zeitgedichte verbreiteten, gab es schon damals die Menge*", wobei im Zuge der Gegenreformation vieles zerstört wurde.[27]

Der erste wichtige Drucker in Steyr im 18. Jahrhundert war Joseph Grünenwald (1712–1732), ihm folgten – immer in derselben Offizin (Buchdruckerwerkstatt) und meist auch, wie üblich, das Material der Vorgänger übernehmend – Johann Jakob Jahn (1736–1740), Gregor Menhardt (1744–1771), Abraham Wimmer (1772–1790), Franz Josef Medter (1792–1803), Joseph Greis (1804–1835) und Michael Haas (1837–1867); besonders die beiden Letzteren spielen für die hier erwähnten Lieder bzw. Sammlungen eine Rolle. Im Lauf der Zeit lässt sich ein immer stärkerer Wandel vom geistlichen hin zum weltlichen Inhalt feststellen.[28]

„Mir müssen heut noch ins Biri gehn"
(Schosser 1849, S. 53)

Die Verse des zweiten hier vorgestellten Liedes stammen vom aus Stiedelsbach bei Losenstein gebürtigen Anton Schosser (1801–1849), der „*noch die glückliche Zeit* [erlebte], *da in jedem Tal und Graben der Eisenwurzen die schweren Hämmer klingen und die frohen Schmiede singen*".[29] Der Sohn eines Nagelschmieds war vier Jahre lang Schüler im Stiftsgymnasium Melk, wurde später Schulgehilfe in Losenstein und Lehrer in Kleinreifling, bevor er seinen Unterhalt als „*unsteter Landvermesser*"[30] (Geometer) verdiente. 1849 erschienen in Linz seine *Naturbilder aus dem Leben der Gebirgsbewohner in den Grenzalpen zwischen Steyermark und dem Traunkreise.* Sie enthalten 28 Gedichte, verfasst auf schon vorhandene Melodien, die ihm vor allem „*der krumme Hoffinger mit der Zither und der blinde Neuhuber mit der Geige*"[31] am „Gmundnersee" (Traunsee) vorspielten, worauf Schosser

[25] Anton Schlossar: *Deutsche Volkslieder aus Steiermark.* Innsbruck 1881, S. XXV.
[26] Paul W. Roth: *Die Eisenwurzen. Eine Region in drei Ländern.* In: Julius Stieber (Red.): *Land der Hämmer. Heimat Eisenwurzen.* Salzburg 1998, S. 38.
[27] Hermann Kranawetter: *Steyr in Oberösterreich, als Druckort „fliegender Blätter" des 18. u. 19. Jhd.* In: *Bayerische Hefte für Volkskunde* VI (1919), S. 36.
[28] Arnold Blöchl: *Sammeln, bewahren, forschen, pflegen 2: Volksmusiksammlung und -forschung in Oberösterreich.* In: *Vierteltakt* 2002/4, S. 9.1–9.2.
[29] Hans Commenda: *Anton Schosser.* In: *Österreichische Musikzeitschrift* 18/2 (1963), S. 95.
[30] Roman Sandgruber: *Heimat Eisenwurzen.* In: Julius Stieber (Red.): *Land der Hämmer. Heimat Eisenwurzen.* Salzburg 1998, S. 196f.
[31] Alexander Julius Schindler (Hg.): *Anton Schosser's nachgelassene Gedichte in der Volksmundart des Traunkreises. Sammt einer Lebensgeschichte des Dichters und den oberösterreichischen Nationalmelodien.* Steyr 1850, S. 44.

auch ausdrücklich verwies: Das „*soll mich vor der Nachrede bewahren, daß ich mich je anmaßen wollte, außer dem Texte auch die Musik für mein Werk auszugeben*".[32]

Abb. 4: Anton Schosser (Quelle: wikimedia)

Typisch und „*originell*"[33] für Schosser waren die von ihm so genannten „Declamatorien", die er oft auch selbst vortrug. Darüber heißt es beim mit ihm befreundeten, aus Wien stammende Alexander Julius Schindler, dem lange in Steyr und Gmunden unter anderem als Chemiker, Beamter und Justitiar tätigen späteren Herausgeber der Melodien zu Schossers Dichtungen:

> Die Einleitung bildete eine Chorstrophe nach irgend einer anmuthigen, im ganzen Lande wohlbekannten Nationalmelodie. In jeder Gesellschaft fand er [Schosser] leicht einige Stimmen, welche diese einfachen Weisen entsprechend sangen; nicht selten ergänzten ein paar gedämpfte Violinen den gemüthlichen Wohllaut. Nach dieser Einleitung sprach er einen bestimmten Theil des Gedichtes, bis der Chor und der leise Saitenklang wieder einfielen und den Zuhörer zu der nächsten Stelle der Dichtung hinüberleiteten.[34]

Für eine derartige Aufführungspraxis im volksmusikalischen Bereich gibt es keine weiteren Belege.

Hielt Schosser in seinen Dichtungen auch „*die uralten sinnigen Gebräuche des Almfahrens, des Heimtreibens und der ganzen Alpenwirthschaft*"[35] fest, so ist „*auffallend, daß die Eisen-Industrie seiner Heimath in ihrer eben so eigenthümlichen als malerischen Aussenseite den Dichter zu keiner Zeile begeisterte*",[36] was sein Freund Schindler sehr bedauerte. Anton Schossers Lieder – Hans Commenda nannte sie einen „*Grenzfall zwischen eigenpersönlichem Kunstlied und unpersönlichem Volkslied*"[37] – verbreiteten sich rasch und gehörten etwa zum Repertoire German Roithners (1811–1870), Salinenbeamter, Komponist, Virtuose und Geigen-

[32] Anton Schosser: *Naturbilder aus dem Leben der Gebirgsbewohner in den Grenzalpen zwischen Steyermark und dem Traunkreise. Nach dort üblichen Arien in Liedern und Declamatorien dargestellt.* Linz 1849, S. IX.
[33] Schindler: *Anton Schosser's nachgelassene Gedichte in der Volksmundart des Traunkreises*, S. 12.
[34] Ebenda, S. 12f.
[35] Ebenda, S. 16.
[36] Ebenda, S. 26.
[37] Commenda (Anm. 29), S. 95.

lehrer aus Aussee, und der Alpensänger-Familie Hoechst.[38] Acht von ihnen, also rund ein Viertel, sind heute noch bekannt, darunter *'s Almfahr'n „Wanns ön Fink härts, kimmt da Auswärts*“ (S. 46), *'s Almsee-Echo „So rein is mein Bluat, wies Wasser im See*“ (S. 58), *'s G'heimniß „Beim Bergerl dort stengen zwen Tannerbam, danebn steht a Häuserl, a klaons*“ (S. 83) und als wohl berühmtestes *'s Hoamweh „Wo ich geh und steh, thuat mir 's Herz so weh*“ (S. 7), der später so genannte *Erzherzog Johann-Jodler.*

Ein weiteres nach wie vor gerne gesungenes Schosser-Lied mit fünf (Chor-)Strophen und acht Declamatorien ist *„Mir müssen heut noch ins Biri*[39] *gehn, rührt sich kein Luft, is der Himmel schön*“ (S. 53), geschrieben 1844 in Grünau im Almtal. Schosser bemerkte zu dieser ausführlichen Erzählung einer Gamsjagd: *„Wenn vorliegende Schilderung nach der angesetzten Melodie* […] *gesungen wird, bleiben sämmtliche Chorstrophen weg; wird sie aber declamirt, so gelten letztere, und haben den ersten Theil obiger Melodie.*“ Dieses 28-taktige Lied besteht aus zwei jeweils wiederholten Teilen (AA'BB).

Abb. 5: *„Mir müssen heut noch ins Biri gehn*“,
aus: Schindler *Anton Schosser's nachgelassene Gedichte* (1850), S. XXI.

Das Besondere an *'s Gamsjagern* ist nun, dass es nicht auf eine Volks-, sondern auf eine „Kunstmelodie“ gesungen wird, und zwar auf den ersten Teil aus Joseph Lanners (1801–1843) *Steyrischen Tänzen* op. 165 aus dem Jahr 1841, die sich also rasch verbreitet haben mussten. Ebenso rasch wurde auch Schossers *„Mir müssen heut noch ins Biri gehn*“ bekannt; es wurde schon 1849 in Steinbach an der Steyr und 1850 in Steyrling aufgezeich-

[38] Schosser (Anm. 32), S. IX.
[39] Gebirge.

net, danach etwa in Vordernberg um 1875, Hohenberg 1889, Weißenbach bei Liezen 1903, Schladming 1907, Zeltweg 1908, im Raum Knittelfeld um 1912, in Marchtrenk und Thörl 1914, Linz 1920, Bad Goisern um 1950, Ebensee 1956, im Salzkammergut 1977 sowie in Althofen am Hausruck, Bad Ischl, Hallstatt und im Pongau – die allermeisten Belege stammen also aus Oberösterreich und der Steiermark.

Der Text findet sich auch auf einem Flugblatt von Michael Haas in Steyr, Anton Werle nahm 1884 eine Fassung aus Vordernberg auf in *Almrausch. Almliada aus Steiermark*,[40] Josef Reiterer veröffentlichte das „*in den Alpenländen überall verbreitete Lied*“ 1912 in *32 Heimatlieder für Sopran, Alt, Tenor und Baß*,[41] Emil Seidel die Niederschrift aus Hall bei Admont 1959 im *Liederblatt für Sing- und Volkstanzkreise*[42] und das Steirische Volksliedwerk publiziertes es in *Jäger- und Almlieder in der Steiermark*[43] – um nur einige Beispiele zu nennen.

Folgende drei Standeslieder haben einen Bezug zu Bergbau und Eisenverarbeitung:

„Glück auf, Glück auf! Der Bergmann kommt!“ (Commenda 1926, Nr. 13)

In Steyr hielt Hans Commenda 1915 eine Variante des wohl bekanntesten aller Bergmannslieder im gesamten deutschen Sprachraum fest,[44] das die Vorsängerin Josefa Mohr als ihr „*Lieblingslied des Steyrer Kripperl*“, also eines Weihnachtsspiels bezeichnete. Commenda hob „*die kettenreimartige Fassung des Wortlautes, bei welchem die Schlußworte jedes Gesätzes vom nächsten aufgenommen werden*“ hervor und vermutete bei der Umformung des Liedes „*bodenständiges Schaffen*“.[45]

Dieses *Steigerlied* wird bis heute auch abseits des bergmännischen Berufsumfeldes gesungen. Es wurde schon um 1705 in der sächsischen Berghauptstadt Freiberg in ähnlicher Form unter dem Titel „*Wache auff, der Steyer kömmt*“ im *Neuvermehrten vollständigen Berg-Lieder-Büchlein* veröffentlicht,[46] die Eingangsworte wurden etwa um 1840 durch „*Glück auf, der Steiger kommt*“ ersetzt. Beschrieben wird, wie der Bergmann mit entzündetem Grubenlicht in das Bergwerk einfährt, um Silber und Gold aus dem Felsgestein zu hauen. In einigen Fassungen wird auch von seinem „Schätzelein“ gesungen.

---

[40] Anton Werle: *Almrausch. Almliada aus Steiermark*. Graz 1884, S. 324.

[41] Josef Reiterer: *32 Heimatlieder für Sopran, Alt, Tenor und Baß*. Wien 1912 *(Liederhefte des Deutschen Volksliedvereines in Wien 8)*, S. 37.

[42] Emil Seidel: *Liederblatt für Sing- und Volkstanzkreise*. O. O. Herbst 1959, o. S.

[43] Steirisches Volksliedwerk (Hg.): *Jäger- und Almlieder in der Steiermark*. Graz ^{5}2011, S. 66.

[44] www.liederlexikon.de/lieder/glueck_auf_glueck_auf_der_steiger_kommt, Tobias Widmaier 2008 (abgerufen am 9.2.2026).

[45] Commenda (Anm. 3), S. 48.

[46] Elizabeth Mincoff-Marriage (Hg.): *Bergliederbüchlein. Historisch-kritische Ausgabe*. Leipzig 1936 (*Volksliedstudien 10*), S. 112; vgl. auch Lukas Richter: *Das Volkslied im 17. Jahrhundert*. In: Albrecht Classen und Lukas Richter: *Lied und Liederbuch in der Frühen Neuzeit*. Münster u. a. 2010, S. 115f.

Die Herkunft von Text und Melodie sind bislang nicht bekannt, einige Textteile gehen in die Mitte des 16. Jahrhunderts zurück. Eine textliche Variante mit dem Titel *Tabakslied* und dem Anfang „*Wach auf, der Steuermann/Steigersmann kommt*“ wurde 1806 publiziert im ersten Band von Achim von Arnims und Clemens Brentanos *Des Knaben Wunderhorn.*[47] Ludwig Erk und Franz Magnus Böhme veröffentlichten 1894 im dritten Band ihres *Deutschen Liederhorts*[48] eine Singweise von 1740 sowie weitere Melodien aus dem südhessischen Odenwald 1836 und der ebenfalls in Hessen gelegenen Wetterau 1892. Mitunter gibt es textliche Erweiterungen, die sich auf andere Berufsgruppen beziehen. Mögen die Eingangstakte auch oft unterschiedlich sein, so sind die melodischen Übereinstimmungen aller bekannten Fassungen ab der Zeile „*und er hat sein Grubenlicht bei der Nacht*“ sehr groß.

Das laut dem Kultur- und Sozialwissenschaftler Gerhard Heilfurth „*Leib- und Magenlied*“[49] der Bergleute findet sich in vielen Gebrauchs- und Schulliederbüchern, unter anderem in Viktor Zacks *Neun Bergmannsliedern* von 1931,[50] in Rudolf Schwarz' und Emil Seidels *Steirischem Liederbuch* von 1961,[51] in Helmut Brenners und Daniel Fuchsbergers *Damit sie nicht verloren gehen ... Singtraditionen in Eisenerz, Hieflau, Radmer und Vordernberg* von 2012[52] sowie in *Lieder und Jodler zum Singtag in Eisenerz* von 2018[53], um nur einige steirische Publikationen aus den letzten rund hundert Jahren zu nennen.

Auch der deutsche Liedermacher Herbert Grönemeyer (*1956) beginnt seinen Song *Bochum* über die gleichnamige im Ruhrgebiet gelegene, von Bergbau und Stahlproduktion geprägte Stadt bei Liveauftritten gerne mit dem *Steigerlied*, wobei viele Konzertbesucherinnen und -besucher miteinstimmen.[54]

---

[47] Achim von Arnim und Clemens Brentano: *Des Knaben Wunderhorn 1.* Heidelberg 1806, Nr. 114a.

[48] Ludwig Erk und Franz Magnus Böhme: *Deutscher Liederhort III.* Leipzig 1894, Nr. 1512 und 1513.

[49] Gerhard Heilfurth: *Bergmannslied*, in: Rolf Wilhelm Brednich, Lutz Röhrich und Wolfgang Suppan (Hg.): *Handbuch des Volksliedes 1: Die Gattungen des Volksliedes.* München 1973 *(Motive 1/I)*, S. 766.

[50] Viktor Zack: *Neun Bergmannslieder.* Graz 1931, S. 10.

[51] Rudolf Schwarz und Emil Seidel: *Steirisches Liederbuch.* Graz 1961, S. 80.

[52] Helmut Brenner und Daniel Fuchsberger (Hg.): *Damit sie nicht verloren gehen. Singtraditionen in Eisenerz, Hieflau, Radmer und Vordernberg.* Eisenerz 2012, S. 68.

[53] Eva Maria Hois (Red.): *Lieder und Jodler zum Singtag in Eisenerz.* Graz 2018 *(meine Lieder – deine Lieder 18/ Sonderausgabe)*, S. 18.

[54] www.youtube.com/watch?v=Gtd9Bg9S85U (abgerufen am 9.2.2026).

Abb. 6: „*Glück auf, Glück auf!*“, aus: Commenda *Von der Eisenstraße* (1926), Nr. 13.

Abb. 7: Zeichnung von Rudolf Köhl zum Lied „*Glück auf, Glück auf!*“,
aus: Commenda *Von der Eisenstraße* (1926), S. 48.

„Wenn ich an meinem Ambos steh und hämmre tüchtig drein" (Commenda 1926, Nr. 20)

„Dieses für die Steyrer Gegend so bezeichnende [Sensen-]*Schmiedlied"* zeichnete Hans Commenda 1919 bei Helene und Hans Löschenkohl in Trattenbach als eines von mehreren Liedern auf und bemerkte dazu: *„Da als letzter Rest des einstigen Hausgewerbes in Trattenbach noch heute die Hämmerlein von früh bis abends klopfen, so klang das Lied, dem man durch abwechselndes Aufschlagen des rechten und linken Ellenbogens wie der rechten und linken Faust auf den Tisch während des Tralala noch größere Wirkung verleihen kann, wie ein Stück Gegenwart."*[55]

Der *Kreuzfidele Kupferschmied* (op. 70), auf dessen Trio das vorliegende Lied gesungen wird, stammt vom deutschen Komponisten Carl Peter (1866–1942); er veröffentlichte ihn schon 1881. Da es in der Eisenwurzen keine Kupferschmiede gab, wurde hier ein Sensenschmied besungen. Das auch als „lustiger" oder „fideler Kupferschmied" bekannte und international populäre Marschlied ist zum Beispiel in Mauthausen 1898, Brixen 1900, Großgerungs um 1902, Seckau 1911, Rankweil vor 1914, Wolfurt 1924, Steinhaus bei Wels 1929, Linz 1952, Liebenau im Mühlviertel 1953, Ebensee 1956, Feldkirchen an der Donau 1986, Irdning 1991, Kienberg 2003, Andau, Eppan und Wien dokumentiert, wurde vermutlich über Flugblätter weit verbreitet und unter anderem für Blasmusik oder Schrammelquartett bearbeitet.

Dieses Lied mag ein Beleg dafür sein, dass Handwerker – und mit ihnen ihre Lieder – wanderten beziehungsweise in der Eisenwurzen vor allem Sensenarbeiter und Messerer regen Handel mit zum Teil fernen Ländern betrieben; zudem war die Eisenstraße selbst ein *„uralter Verkehrsweg"*.[56] Roland Hartinger sprach in diesem Zusammenhang von einer *„Beweglichkeit der Handwerkskultur"*.[57] Dieser *„Kulturaustausch"* begünstigte nach Reinhold Kräter *„den Wandeln der regionalen Volkskultur* […], *indem er – über den Wertewandel und die Erweiterung des geistigen und geographischen Horizontes der Menschen – die Abschottung und ‚Immunität' der Volkskultur gegen Einflüsse von außen unterband"*.[58] Auch Commenda sah, wie schon erwähnt, das Lied in der Eisenwurzen durch Handel und wandernde Handwerker *„befruchtet"*.[59]

---

[55] Commenda (Anm. 3), S. 65.
[56] Ebenda, S. 5.
[57] Roland Hartinger: *Volkskultur = Regionalkultur in engen Grenzen?* In: *OÖ. Heimatblätter* 48 (1994), S. 163.
[58] Kräter (Anm. 5), S. 254.
[59] Commenda (Anm. 3), S. 5f.

Abb. 8: „*Wenn ich an meinem Ambos steh*“,
aus: Commenda *Von der Eisenstraße* (1926), Nr. 20.

Abb. 9: Zeichnung von Rudolf Köhl zum Lied „*Wenn ich an meinem Ambos steh*“, aus: Commenda *Von der Eisenstraße* (1926), S. 65.

Nur am Rande sei hier auch die einst enge, mitunter durchaus zwiespältige Verbindung zwischen Musik, Schmiede- und Heilkunst erwähnt. So galten in der Antike wie auch in der Bibel die Schmiede als die Erfinder der Musik – Pythagoras soll die musikalischen Konsonanzen in eine Schmiedewerkstatt entdeckt haben. Und sowohl Musikanten wie auch Schmiede wurden oft als heimatlose Außenseiter angesehen.[60]

„Wer ’en Kohler verâcht, der betrâcht ’s weider nit“ (Commenda 1926, Nr. 22)

Hermann Löschenkohl, vulgo Rumpler in Trattenbach sang dieses Standeslied 1919 Hans Commenda vor, der dazu bemerkte, es sei „*im Jahr 1856 von dem damaligen Besitzer des Klausrieglergutes am Fuße des Schobersteins ‚gemacht‘, d. h. also gedichtet und vertont worden*“.[61] Es handelt sich um ein einfaches, durch Wiederholung zweiteiliges Lied (AA’) in alpenländischer Melodik mit Jodeleinschub am Ende jeder Zeile, das aus elf zweizeiligen Strophen besteht, die die Tätigkeit des Köhlers und seine Bedeutung für andere Berufe beschreiben. So lauten etwa die ersten beiden Strophen:

> Wer ’en Kohler verâcht, der betrâcht ’s weider nit,
> wånn der Kohler net war, jå wås tat denn der Schmied?
>
> Der Schmied hätt koan Kohl und der Bau hätt koan Göld;
> ja dås war a långweiligs Lebm auf der Wölt!

[60] Vgl. Sandgruber (Anm. 30), S. 189.
[61] Commenda (Anm. 3), S. 73.

Die Köhlerei, also das Herstellen von Holzkohle in so genannten Kohlenmeilern, gehört zu den weltweit ältesten Handwerkstechniken. Wiewohl Kohler – auch Köhler oder Kohlenbrenner genannt – also weitum tätig waren, ist Commenda Aufzeichnung bislang die einzig bekannte dieses Liedes, was für eine Herkunft aus der Region spricht. Sie findet sich auch in Walter Deutsch' *Alpenländischem Liederbuch* von 1979,[62] in Norbert Hauers *Bis oan das Kreuz abbricht* von 1989[63] sowie im niederösterreichischen Schulliederbuch *Oans zwoa drei* von 2010.[64]

Dieses Handwerkerlied steht auch für die einst enge Verflechtung verschiedener Berufsgruppen in der Eisenwurzen, die mittlerweile nahezu verschwunden ist: „*Erzgewinnung, -transport, -verarbeitung, Forstwirtschaft (Köhlerei), Landwirtschaft (Versorgungsfunktion des ‚Hinterlandes') stehen nicht mehr in einer aufeinander abgestimmten Folge in Beziehung, wenngleich auch noch in der Gegenwart metallverarbeitende Betriebe* […] *in der Region ansässig sind.*“[65]

Abb. 10: „*Wer 'en Kohler veracht*“, aus: Commenda *Von der Eisenstraße* (1926), Nr. 22.

Jüngstes und letztes Beispiel dieser kleinen Beschreibung von Liedern aus der oberösterreichischen Eisenwurzen ist eine Moritat, die in den 1920er-Jahren nach dem grausamen Mord an einer jungen Frau gedichtet wurde. Wird dieses Lied hier vorgestellt, so möge es nicht nur für eine gewisse „Sensationsgier“ stehen, sondern auch als Möglich-

[62] Walter Deutsch: *Das alpenländische Liederbuch*. Wien 1979, S. 119.

[63] Norbert Hauer (Hg.): *Bis oan das Kreuz abbricht. Lieder vom arbeitenden Menschen, seinem Leben und den Folgen der industriellen Revolution.* Aspang 1989 *(Niederösterreichische Liederhefte 6)*, S. 28.

[64] Marialuise Koch u. a. (Hg.): *Oans zwoa drei. Volkslieder aus Niederösterreich für die Schule.* Atzenbrugg 2010, S. 32.

[65] Martin Heintel und Norbert Weixlbaumer: *Region Eisenwurzen: Ein geographisch-kulturräumlicher Begriff.* In: Julius Stieber (Red.): *Land der Hämmer. Heimat Eisenwurzen.* Salzburg 1998, S. 17.

keit für Sängerinnen und Sänger wie auch für Zuhörerinnen und Zuhörer verstanden werden, mithilfe solcher Lieder Angst und Schrecken zu verarbeiten.

„Es war auf einer Alpe, wo froh die Sennrin haust" (Lieder aus der Pyhrn-Eisenwurzen 1998, S. 61)[66]

Am 12. Juni 1924 wurde die erst 15-jährige Anna Kerschbaumsteiner in Kleinreifling vergewaltigt und ermordet. Sie hatte zum ersten Mal die Schwaigerin Aloisia Auer als Halterin auf die Reiflingbauernalm begleitete. Als Täter konnte bald der aus Uttendorf im Pinzgau stammende und in Kleinreifling als Holzknecht tätige Vinzenz Schachner ausgeforscht werden, der Kerschbaumsteiner verehrte, von ihr aber abgewiesen wurde – heute würden wir von einem Femizid sprechen.

Obwohl Sennerinnen, Schwaigerinnen und Halterinnen auf der Alm oft allein gewesen waren, wähnten sie sich hier bis zu diesem Verbrechen recht sicher, galt doch so etwas wie ein unausgesprochener „Ehrenkodex in den Bergen". Nicht zuletzt deswegen löste die Gewalttat an Kerschbaumsteiner vor allem unter dem weiblichen Almpersonal in der Region Entsetzen und Schrecken aus – und wird bis heute erinnert: *„Dieser Mord hat das Vertrauen in die Harmlosigkeit des heimischen Almlebens erschüttert*",[67] meinte die Kulturwissenschaftlerin Eva Kreissl.

Die grausame Tat wurde bald darauf im so genannten *Reiflinger*, *Reiflingalm* oder *Reiflingbauernalm-Lied* verarbeitet. Seine Form ist zweiteilig, wobei der zweite Teil wiederholt wird (ABB), die Melodie dazu ist ein einfacher, 16-taktiger Halbe-Viertel-Walzer, wie er oft bei volkstümlichen Liedern zu finden ist. Über den Täter wird hier im Gegensatz zu den meisten anderen Moritaten nicht gesprochen, wie der Text des vorliegenden Liedes überhaupt wenig drastisch und schauerlich ausfällt.

Pfarrer Hans Aschauer notierte *„Es war auf einer Alpe*" schon 1927 in Laussa, Hans Commenda hielt das *„Mörderlied*" 1932 in Maria Neustift fest, Lothar Bieber und Hans Hütthaler schrieben *„das wahre Lied*" 1954 in Waidhofen an der Ybbs (Mostviertel) auf, Volker Derschmidt dokumentierte es 1996 beim *Laussataler Dreigesang*[68] und Josef Felhofer, vulgo Scherscher. Diese Fassung wurde vom Oberösterreichischen Volksliedwerk mit dem Titelzusatz *„Ein Mann – ein Wort; ein Messer – ein Mord!*" veröffentlicht in *Lieder aus der Pyhrn-Eisenwurzen.*[69] Das Steirische Volksliedwerk publizierte diese Singweise mit dem Beginn *„Es wår auf oana* Ålma" in *Enns Grimming Land*[70] und eine leicht

[66] Siehe auch www.sagen.info/forum/threads/von-den-almen-im-o%C3%B6-ennstal.3094/#post-21683 (abgerufen am 9.2.2026); Eva Maria Hois: *Es war auf einer Alpe* ... In: *Vierzeiler 39/3: Die steirische Eisenwurzen* (2019), S. 26–29.

[67] Eva Kreissl: *Alles Frauensache. Das Almleben am Fuße der Bodenwiese.* In: *Natur im Aufwind* 19 (1997), S. 21.

[68] Siehe die Tonaufnahme auf der CD *... åba lustig san d'Leit!*, Track 5.

[69] *Lieder aus der Pyhrn-Eisenwurzen* (Anm. 14), S. 61.

[70] Steirisches Volksliedwerk (Hg.): *Enns Grimming Land.* Graz 2005 *(Lieder der Regionen* 3*)*, S. 26.

abweichende, 2018 in Palfau aufgezeichnete Fassung in *Lieder und Jodler aus der Feldforschung rund um St. Gallen.*[71]

Am Ende des 20. Jahrhunderts wurde dieser Text noch einmal vertont, und zwar von der 1997 gegründeten Musikgruppe *Kaga* aus Waidhofen an der Ybbs, deren „*Mundart-Pop mit traditionellen Wurzeln*“[72] für ein „*explosives Crossover aus Pop und Volksmusik*“[73] steht. Ihr *Reifling Alm Lied*, mit dem nun auch noch der Bogen in die jüngere Vergangenheit geschlagen wird, erschien 1999 auf der CD *A mords mostige Musi*; hier kommt nun auch der sein toxisches Begehren zum Ausdruck bringende Täter zu Wort.[74]

Abb. 11: Die heute nicht mehr stehende Hütte auf der Reiflingbauernalm, in der der Mord verübt wurde, gemalt von Leopoldine Ende.[75]

[71] Hois (Red.): *„In da grean Buachau håb i im Tål koa Ruah“*, S. 16.
[72] www.facebook.com/people/Kaga/100063763862396/ (abgerufen am 9.2.2026).
[73] db.musicaustria.at/node/32614 (abgerufen am 25.2.2025).
[74] www.youtube.com/watch?v=sOakEJIr_lI (abgerufen am 9.2.2026).
[75] Leopoldine Ende aus Großraming hat seit den 1990-er Jahren 50 Almen zwischen Ternberg und der Admonter Höhe (Buchauer Sattel) gemalt. Wir danken herzlich für die Erlaubnis, dieses Bild hier abzudrucken.

Abb. 12: „*Es war auf einer Alpe*", aus: *Lieder aus der Pyhrn-Eisenwurzen* (1998), S. 61.

Abschließend sei noch einmal auf Maria Walcher zurückgekommen: „*Die Musik der Pyhrn-Eisenwurzen mag nun vielleicht nicht dem spektakelgewohnten Zeitgeist entsprechen. Auch zählen die aufgezeichneten Lieder nicht zu den außergewöhnlichen Neuentdeckungen der österreichischen Überlieferung. Ganz sicher aber sind viele interessante Varianten von weit verbreiteten Liedern ein Indiz für eine eigenständige Tradition, und ebenso sicher erfüllt diese Musik einen für unsere Gesellschaft wichtigen Zweck: Sie dient einer über den sprachlichen Ausdruck hinausgehenden Kommunikation, sie schafft Möglichkeiten für Begegnung und Unterhaltung.*"[76] Und das möge – nicht nur in der oberösterreichischen Eisenwurzen – auch noch lange so bleiben.

[76] Walcher (Anm. 11), S. 250.

Orgeln und Orgelbau entlang der oberösterreichischen Eisenstraße

Wolfgang Kreuzhuber (Linz)

Orgeln und Orgelbau entlang der oberösterreichischen Eisenstraße haben eine mehr als 500-jährige Geschichte. Zur Abgrenzung des Themas war es daher wichtig zu klären, welche Gemeinden bzw. Orte zur oberösterreichische Eisenstraße zu zählen sind. Diese Zugehörigkeit hat sich im Laufe der Jahrhunderte immer wieder verändert, wie auch das Gutachten zur „Österreichischen Eisenstraße" (2003) von Roman Sandgruber (*1947) verdeutlicht. Sandgruber verweist darin auf eine alte Kulturlandschaft, mit stolzen „*Herrenhäuser*[n] *und hingeduckte*[n] *Bauernhöfe*[n], *Keuschen und Kästen, sgraffitogeschmückte*[n] *Bürgerhäuser*[n] *und romantische*[n] *Burgruinen, Marterln und Kapellen, und immer wieder, von den eifrigen und beflissenen Tourismusinformationen vorbereitet, die Bild- und Schrifttafeln der zahlreichen Themenwege, auf denen der Wanderer mit sanfter Gewalt zum Wissenserwerb und Verständnis der Region gelenkt wird.*"[1] Demzufolge ist es selbstverständlich, dass die Region Österreichische Eisenstraße „*durch den seit mehr als 800 Jahren gesicherten und vielleicht sehr viel länger wahrscheinlichen Erzabbau am Steirischen Erzberg und durch die mit diesem eng verbundene Eisenerzeugung und Weiterverarbeitung in herausragender und bis heute erlebbarer Weise in ihren naturräumlichen, kulturellen und materiellen Gegebenheiten nachhaltig geprägt worden ist.*"[2]

Bad Hall, Dietach, Edlbach, Gaflenz, Garsten, Großraming, Grünburg, Hinterstoder, Kirchdorf an der Krems, Klaus an der Pyhrnbahn, Laussa, Losenstein, Maria Neustift, Micheldorf, Molln, Reichraming, Rosenau am Hengstpaß, Roßleithen, St. Pankraz, St. Ulrich bei Steyr, Scharnstein, Sierning, Spital am Pyhrn, Steinbach am Ziehberg, Steinbach an der Steyr, Steyr, Ternberg, Vorderstoder, Waldneukirchen, Weyer und Windischgarsten[3] sind derzeit Mitgliedsgemeinden der oberösterreichischen Eisenstraße und bilden für diesen Artikel die Basis der Untersuchung.[4] Die wirtschaftliche und kulturelle Situation dieser Gemeinden hat sich durch Jahrhunderte auch erheblich auf den Orgelbau ausgewirkt. Dadurch wurden bedeutende Orgelbauer angelockt, die in der Stadt Steyr und im benachbarten Garsten ihre Arbeitsmöglichkeiten und Werkstätten errichteten. Ihr Orgelbau sollte sich auf Oberösterreich nachhaltig auswirken.

---

1 Roman Sandgruber: *Welterbe „Österreichische Eisenstraße (-wurzen)", Gutachten und Empfehlungen*. Linz 2003, S. 41.

2 Ebenda, S. 9.

3 Die Orgeln dieser Gemeinden – sofern sie eine Orgel besitzen – finden sich mit den jeweiligen Dispositionen im Anhang.

4 Freundliche Mitteilung von Oliver Rath, Verein Kulturregion Eisenwurzen OÖ.

1. Voraussetzungen für den Orgelbau entlang der oberösterreichischen Eisenstraße

Wirtschaftliche Prosperität war einer der Grundsteine für ein blühendes Leben entlang der oberösterreichischen Eisenstraße, die sich auch auf die Klöster Garsten, Gleink, Kremsmünster und Spital am Pyhrn sowie die Stadt Steyr sehr positiv auswirkte: Denn ihr Einfluss auf die Förderung und Entwicklung der Kirchenmusik und – damit verbunden – auch des Orgelbaus ist von enormer Bedeutung. Klöster waren durch die Geschichte hindurch immer wichtige Auftraggeber für Orgelneubauten oder Reparaturen.

Der Orgelbau dieser Region kann so auf eine jahrhundertelange Entwicklung zurückblicken. Denn bereits im 15. Jahrhundert ist die Existenz von ersten Instrumenten in Klosterkirchen und bedeutenden Stadt- und Wallfahrtskirchen entlang der oberösterreichischen Eisenstraße dokumentiert.

2. Erste Instrumente entlang der oberösterreichischen Eisenstraße

Erste Erwähnungen von Instrumenten entlang der oberösterreichischen Eisenstraße sind für die Stiftskirchen Garsten (1419, der häufige Orgelgebrauch wird getadelt)[5] und Gleink (1475)[6] sowie die Stadtpfarrkirche Steyr (1478, Orgel mit 15 Registern von Hannes Laus(s) aus Deggendorf in Bayern)[7] belegt.

In der Folgezeit führten wesentliche Veränderungen im Gehäusebau, beim Pfeifenguss, in der Spiel- und Registertraktur, der Windversorgung sowie die Erweiterung der Klaviaturen zu einer beachtlichen Weiterentwicklung der einstigen, nach gotischen Prinzipien erbauten Orgeln. Zwei bedeutende Orgelschriftsteller des 16. und 17. Jahrhunderts, Arnolt Schlick (1460–1521) und Michael Praetorius (1571–1621), gehen auf diese Entwicklungen in besonderer Weise ein.

Arnolt Schlick schreibt in seinem *Spiegel der Orgelmacher und Organisten* (1511) bereits von einer starken Differenzierung der Register, die klangliche Weiterentwicklung weg von der gotischen Orgel war offenbar in vollem Gange:

> [...] vill register zü machen sein mit löblich/nemlich die einander etwas gleich lautten. sonder [sic!] soll mann sich fleissen der yhennen die vnderscheidlich vor einander zü hören und zü kennen sein.[8]

Gut hundert Jahre später kommt Michael Praetorius in seinem *Syntagma musicum* (1619) sogar zum Schluss, dass die Orgel durchaus „orchestral“ sei, „*darumb / das sie* [die Orgel]

[5] Vgl. Gottfried Edmund Friess: *Geschichte des Benedictiner-Stiftes Garsten in Oberösterreich.* In: *Studien und Mittheilungen aus dem Benedictiner-Orden* 2 (1881), S. 250.

[6] Vgl. Stiftsbibliothek St. Florian, Hs XI, 547 A.

[7] Vgl. Josef Ofner: *„O Musica, du edle Kunst!“ Ein Beitrag zur Musikgeschichte der Stadt Steyr.* In: *Festschrift Gesellschaft der Musikfreunde Steyr 1838–1963.* Steyr 1963, S. 16.

[8] Arnolt Schlick: *Spiegel der Orgelmacher und Organisten.* Mainz 1511, Blatt 10.

alle andere Instrumenta / wie die auch mögen Nahmen haben / in sich begreifft / gleichsamb vmbfenget vnd halten thut."[9]

Der Zuwachs an Stimmen, die fortschreitende Differenzierung der Register, die Verfeinerung der Technik und ein ausgeklügeltes Windsystem waren für den Orgelbau – wie bereits erwähnt – ein enormer Innovationsschub, sodass dem Orgelbau keine Grenzen mehr gesetzt schienen. Ungeahnte Möglichkeiten taten sich bei der Größe der Instrumente und deren klanglicher Vielfalt auf. Nur politische Ereignisse und Katastrophen wie Aufstände und Brände bremsten diese Entwicklung, wie beispielsweise beim großen Stadtbrand von Steyr (18. März 1522), bei dem nicht nur Häuser, sondern auch Kirchen und Orgeln vernichtet wurden.

Im Zuge der Reformation war auch die Standortfrage von Orgeln in Kirchen zum Thema geworden. Waren Instrumente bis zur Reformationszeit sehr häufig in größeren Kirchen auf Lettnern oder als Schwalbennestorgeln zu finden, so errichtete man Orgeln nach dem Konzil von Trient (1545–1563) auf den Westemporen. Trotz neuer, architektonischer Herausforderungen – Umbauung oder gänzlicher Verbau des Westfensters – ermöglichte dieser Aufstellungsplatz den Bau von wesentlich größeren Instrumenten. Damit war der Weg für die Errichtung von Monumentalorgeln bereitet.

3. Der Orgelbau entlang der oberösterreichischen Eisenstraße von 1600 bis 1750 – Steyr als Orgel(bau)zentrum

Die während der Reformation evangelisch gewordene Stadtpfarrkirche Steyr wurde ebenfalls ein Opfer des verheerenden Stadtbrandes von 1522.[10] Auch die darin befindliche Orgel des aus Bayern stammenden Hannes Laus(s) von 1478 wurde bei diesem Brand vernichtet,[11] die Stadt musste einen kulturellen Kahlschlag sondergleichen hinnehmen. Erst 1544 konnte der Auftrag für einen Orgelneubau an den „*Kayserlichen Orgelmacher Jacob*" Kunigschwert vergeben werden, sodass das kirchenmusikalische Leben der Stadtpfarrkirche wieder neuen Schwung erhielt. Infolge der Gegenreformation musste die Stadtpfarrkirche 1599 an die katholische Kirche zurückgegeben werden,[12] ein Umstand, der durch andere liturgische Gegebenheiten zu Einschnitten in der Ausübung der Kirchenmusik führte.

Trotz vieler Wirren und der damit einhergehenden Verschlechterung der wirtschaftlichen Lage im 16. Jahrhundert siedelten sich in der Stadt renommierte Orgelbauer an und Steyr konnte sich so im Laufe der Jahre zu einem Orgelbauzentrum entwickeln. In keinem anderen Landesteil war die Qualität des Orgelbaus zu jener Zeit besser. Orgel-

[9] Michael Praetorius: *Syntagma musicum, De Organographia*, Tom. II. Wolfenbüttel 1619, S. 86.

[10] Vgl. Valentin Preuenhueber: *Annales Styrenses*. Nürnberg, 1740, S. 218f.

[11] Vgl. Volker Lutz: *Der Aufstand von 1596 und der Bauernkrieg von 1626 in und um Steyr.* In: *Veröffentlichungen des Kulturamtes der Stadt Steyr* 33 (1976), S. 104.

[12] Bereits am 21. Februar 1599 konnte wieder der erste katholische Gottesdienst in der Stadtpfarrkirche gefeiert werden. (Vgl. ebenda, S. 100.)

bauer wie Georg Hackher (?–1612/13), sein Nachfolger (Hans) Ulrich Schreyer (1587–1648) und schließlich der aus Stuttgart stammende Paul Peuerl (1570–1627) prägten den oberösterreichischen Orgelbau.

3.1 Georg Hackher

Der in Steyr ansässige Orgelbauer Georg Hackher begegnet uns in den Jahren 1586/87 und 1597 mit Arbeiten an der Kunigschwert-Orgel der Stadtpfarrkirche Steyr. Trotz einiger Neubauten ist nach derzeitigem Forschungsstand nur ein einziges Werk erhalten geblieben: die 1587 als „doppeltes Instrument“ für das Stift Kremsmünster erbaute Orgel. Ihr kommt aufgrund der einzigartigen Konzeption eine besondere Bedeutung zu, sie darf daher zu den wertvollsten Instrumenten des ausgehenden 16. Jahrhunderts gezählt werden. Drei Jahre später (1589/90) fertigte Hackher außerdem ein neues Hornwerk für das Stift Kremsmünster an. 1612 legte der kinderlos gebliebene Hackher in seinem Testament fest, dass seine Werkstätte seinem Vetter (Hans) Ulrich Schreyer vermacht werde.[13]

3.2 (Hans) Ulrich Schreyer

Schreyer führte die Werkstatt Hackhers fort und wurde mit seinen neuen Orgeln von 1614 (Freistadt, Liebfrauenkirche)[14] und 1616 (Steyr, Dominikanerkirche) bekannt. Zur Prüfung der neuen Orgel in der Dominikanerkirche wurde der Organist, Komponist und Orgelbauer Paul Peuerl, der zu dieser Zeit im niederösterreichischen Horn weilte, nach Steyr gerufen. Dass dieser Vorgang nicht auf Gegenliebe von Schreyer stieß, ist leicht nachzuvollziehen.[15] Ulrich Schreyer lieferte demnach ein neues Werk, das bald durch einen weiteren, in Steyr ansässigen Orgelbauer namens Dietrich Wagner repariert werden musste. Wagner wird im Zuge dieses Orgelneubaus, der drei Jahre dauerte, genannt.[16] Das Orgelwerk ist nicht erhalten.

Das einzige noch erhaltene Instrument Schreyers hingegen befindet sich in der Filialkirche Altenburg der Pfarre Windhaag bei Perg[17]. Schreyer erbaute es 1630 als drei-

---

[13] „*Testament des Georg Hackher. Da er keine Leibeserben hat, vermacht er sein Hauß am Berg 5 alhie* [...] *seinem lieben Vetter Vlrich Schreyer, Sohn des Leonhart Schreyer zu Groningen vnd der Catharina, auch Orglmacher, welchen ich dann von Jugent auferzogen vnnd er sich inn wehrunter Zeit gar volgsamb vnnd treu gegen mier vnd meiner abgeleibten Hausfrauen verhalten vnnd meine Nahrung bessern helffen.*“ Das Testament stammt vom 7. Mai 1612 und wurde am 25. Februar 1613 geöffnet. (StB 1573, Bl. 8. Zit. nach: Ingeborg Krenn: *Häuserchronik der Altstadt Steyr,* Teil I. Innsbruck 1950, S. 170.)

[14] Rudolf Flotzinger/Othmar Rappersberger: *Artikel „Freistadt“.* In: www.musiklexikon.ac.at.

[15] „*Dieser Ruf* [als Orgelkenner] *war sicher nicht von ungefähr entstanden. Und kaum nach Steyr gekommen und noch gar nicht endgültig installiert, weist er* [Peuerl] *schon auf die Mängel seiner Orgel* [Schreyer] *in der Schulkirche (Dominikanerkirche) hin.*“ (Rudolf Flotzinger: *Nachforschungen zu Paul Peuerl.* In: *Veröffentlichungen des Kulturamtes der Stadt Steyr* 34 (1978), S. 5–44, S. 7.)

[16] Josef Ofner: *Aus dem Kulturleben der Stadt Steyr vor dem Dreißigjährigen Krieg.* In: *Veröffentlichungen des Kulturamtes der Stadt Steyr* 3 (1949), S. 3–12.

[17] Seit 1784 ist Altenburg eine Filialkirche von Windhaag bei Perg. (Vgl. Josef Honeder: *Alter und Herkunft der Orgel von Altenburg.* In: *Jahrbuch des Oberösterreichischen Musealvereines* 134 (1989), S. 133.)

registrige Trageorgel für Prozessionen (Gedeckt 8'/Flöte 4'/Principal 2') des Dominikanerinnenklosters in Windhaag. Ende des 17. Jahrhunderts schenkte es die Priorin des Klosters[18], Eva Magdalena von Windhag (1629–1700), der Pfarrkirche Windhaag.[19] Schließlich fand das Positiv in der Filialkirche Windhaag seine Aufstellung.

3.3 Paul Peuerl

Paul Peuerl ist einer der bedeutendsten Musiker und Orgelbauer des 17. Jahrhunderts. Sowohl in der Komposition als auch im Orgelbau zählt er zu den wichtigsten Musikerpersönlichkeiten dieser Zeit. Rudolf Flotzinger (*1939) folgte den Spuren Paul Peuerls[20] in den 1970er-Jahren in Steyr und konnte dabei neue Fakten ans Tageslicht bringen. Auch manche historischen Irrtümer erfuhren hier Korrekturen.[21] Ungeklärt ist allerdings bis heute, ob Peuerl im Zuge der Gegenreformation Steyr verlassen musste und wo er begraben liegt. Gesichert ist, dass der Protestant Peuerl zeitlebens um Anerkennung als Orgelbauer in Steyr zu kämpfen hatte.[22] Er hat sich zwar selbst als Organist und Orgelbauer bezeichnet, in Steyr scheint er hingegen über viele Jahre nur als Organist auf. Belegt ist, dass Peuerl 1609 von Horn nach Steyr gerufen wurde und in Steyr ab 1. November 1609 an der evangelischen Schulkirche bzw. Lateinschule (heute: Marienkirche) in Steyr tätig war, obwohl er erst ab 27. Februar 1614 als Stadtorganist bezeichnet wurde. Seinen musikalischen Veröffentlichungen zufolge wurde er jedoch bereits 1611 „*bestellter Organist bei der Evangelischen Kirche in Steyr*". Um als „*Organist und Orgelbauer*" endlich aktenkundig zu sein, bedurfte es zumindest der Zustimmung seiner Orgelbauerkonkurrenten und eines eingetragenen Werkstattbesitzes. Die grundsätzliche Erlaubnis dazu erfolgte jedoch erst spät.[23]

Wie viele seiner Glaubensgenossinnen und Glaubensgenossen erlebte auch Peuerl die Gegenreformation sehr intensiv. Die evangelische Schulkirche musste 1624 geschlossen werden und die protestantischen Lehrenden mussten die Stadt verlassen. Unter ihnen könnte auch Paul Peuerl gewesen sein.[24]

Neben seiner Tätigkeit als Organist arbeitete Peuerl auch an den Orgeln von Horn (1606, 1615) und Steyr (1614). Für ihn war in mehrfacher Weise der Auftrag für den Neubau der Stiftsorgel von Wilhering (1619)[25] von enormer Bedeutung: Sie sollte nicht

[18] Das Dominikanerinnenkloster wurde 1782 im Zuge der Josephinischen Reformen aufgelöst und dem Linzer Domkapitel übergeben. (Vgl. Johannes Ebner/Monika Würthinger (Hg.): *Dominikanerinnen. Windhaag bei Perg (1667–1784).* In: *Neues Archiv für Geschichte der Diözese Linz* 17 (2005), S. 187f.)

[19] Eine Besonderheit des Positivs ist die Bedienung der Blasbälge durch horizontales Ziehen der Riemen. Dieser Vorgang wurde „Melken" der Orgel bezeichnet. Seit 1989 hat die im Jahr 1986 durch Marc Garnier und Reinhold Humer restaurierte Orgel zusätzlich einen Elektromotor.

[20] Flotzinger (Anm. 15).

[21] Ebenda, S.12.

[22] Ebenda, S. 10f.

[23] Ebenda.

[24] Peuerl erhielt am 5. November 1625 vom Magistrat Steyr „*Abschiedt und Abfertigung*" (Vgl. ebenda, S. 15 und 21).

[25] Die Stiftsorgel fiel dem großen Stiftsbrand vom 6. März 1733 zum Opfer.

nur seine größte Orgel werden, sondern er genoss wahrscheinlich auch die Tatsache, dass ein evangelischer Orgelbauer einen Orgelneubau in einem katholischen Zisterzienserstift ausführen durfte. Die Auftragserteilung des Stifts Wilhering mag, wie Flotzinger vermutet, in persönlichen Beziehungen begründet liegen.[26] Weitere gelegentlich ins Auge gefasste Orgelbauten bzw. -reparaturen in Horn (St. Georg), Enns, Freistadt und Wels lassen sich bislang nicht nachweisen.

In den Orgelwerken Paul Peuerls fand im Land ob der Enns ein stilistischer Übergang zu frühbarocken Instrumenten statt. Eine neue Epoche des Orgelbaus hatte somit in Oberösterreich begonnen.

Bedingt durch die Gegenreformation nahm der Einfluss katholischer Orgelbauer aus der Mutterdiözese Passau in Oberösterreich wieder spürbar zu. Die über Jahrhunderte dauernde kirchenpolitische Zugehörigkeit des Landes ob der Enns zum Bistum Passau hatte auch im Orgelbau ihren Niederschlag gefunden. Die in Passau ansässigen Orgelbauer Andreas Butz (?–1657), Johann (ca. 1590–1678) und Leopold Freund(t) (ca. 1640–1722) sowie Johann Ignaz Egedacher (1675–1744) errichteten entlang der oberösterreichischen Eisenstraße qualitativ sehr hochwertige Instrumente. Umso einschneidender wirkten sich Ende des 18. Jahrhunderts kirchenpolitische Veränderungen wie die Gründung der Diözese Linz (1785) auf die Entwicklung des Orgelbaus dieser Region aus. Dies bedeutete auch den Niedergang des Orgelbauzentrums in Steyr. Nur kleinere Arbeiten wie etwa jene des Orgelbauers Daniel Recher aus dem Stift Garsten, der 1669 in Steyr Reparaturen durchführte, sind überliefert.[27]

Erst in der zweiten Hälfte des 18. Jahrhunderts siedelten sich wieder namhafte Orgelbauer in der Gegend um Steyr an. Denn: Politisch intensivierte die Kirche wieder ihre Beziehungen zum Adel, wie reiche Klosterbauten mit eigenen Kaisertrakten bezeugen. Das Barockzeitalter konnte sich nicht nur in der Kunst voll entfalten, sondern wurde generell politisches Konzept.

Profiteure dieser Entwicklung waren auch die Klöster entlang der oberösterreichischen Eisenstraße: Fortan konnten sie ihre Pracht und Macht präsentieren, die sich auch in den neu ausgestalteten Kirchenräumen und im Bau von neuen Orgeln zeigte.

4. Der Orgelbau entlang der Eisenstraße von der Gegenreformation bis zur zweiten Hälfte des 18. Jahrhunderts

Die Barockisierung und der Bau neuer Gotteshäuser lösten auch den Wunsch nach neuen, dem Zeitgeschmack entsprechenden Instrumenten aus, der sich vor allem in den Klöstern zu einem Orgelboom entfaltete. Die Passauer Orgelbauerdynastien Freund(t) und Egedacher profitierten von diesen Entwicklungen und waren in der zweiten Hälfte des 17. Jahrhunderts sogar die führenden Orgelbauer für Oberösterreich.

---

[26] Vgl. Flotzinger (Anm. 15), S. 9–11.

[27] Vgl. Oberösterreichisches Landesarchiv, Stiftsarchiv Garsten, Schuber 16, fasc. 2, o. D.

Von Leopold Freund(t)s Orgeln sind nur wenige erhalten.[28] Sie mussten in späterer Folge oft einem Orgelneubau weichen oder wurden durch einen Umbau wesentlich verändert. Es gelang Leopold Freund(t) früh, Kontakte ins Kremstal zu knüpfen. Bereits 1680 erhielt er einen ersten wichtigen Auftrag für einen Orgelneubau (20/II/P) in die Stiftskirche Kremsmünster. Die Orgel konnte bereits 1682 ihrer Bestimmung übergeben werden.[29]

Zu Beginn des 18. Jahrhunderts kam es bei den Orgelbauerdynastien zu einem Generationswechsel. Leopold Freund(t) übergab seine Passauer Werkstätte seinem Schwiegersohn Johann Ignaz Egedacher. Dessen älterer Bruder Johann Christoph (III., 1666–1747) blieb in Salzburg und übernahm die Werkstätte seines Vaters Christoph Egedacher (II., 1641–1706). Beiden Egedachers gelang es, rasch in den Klöstern rund um Steyr Fuß zu fassen.

4.1 Johann Christoph Egedacher III.

Johann Christoph Egedacher (III.), der älteste der drei Söhne Christoph Egedachers d.J. (II.), folgte seinem Vater 1706 im Amt des Salzburger Hoforgelmachers und war mit mehr als 35 Instrumenten einer der produktivsten Orgelbauer seiner Familie.[30]

Entlang der oberösterreichischen Eisenstraße wurde Johann Christoph Egedacher (III.) 1732 mit dem einzigartigen Neubau der Orgel für das Stift Gleink beauftragt. Zur selben Zeit verrichtete er auch Stimmarbeiten an der Orgel der Stadtpfarrkirche Steyr.[31]

Die Einzigartigkeit der Orgelanlage in Gleink zeichnet sich dadurch aus, dass sich Hauptwerk und Pedal in einem jeweils gegenüberliegenden Orgelkasten befinden, während das Positiv mit angebautem Spieltisch an der geschwungenen Brüstung errichtet wurde. Diese Anlage macht es aufgrund der weit in den Kirchenraum hineinragenden Schwünge der Brüstung möglich, ein Vokal- oder Instrumentalensemble bestens vom Spieltisch aus zu leiten.

Die damalige Disposition lässt sich nur aufgrund des Kostenvoranschlags von Johann Lachmayr (1850–1915) für einen Orgelneubau rekonstruieren. Die Disposition ist in Punkt 8 im Anhang zu finden.

[28] Oberösterreich besitzt nur noch ein Instrument in der Wallfahrtskirche Brunnenthal bei Schärding.

[29] Um im 19. Jahrhundert den Weg für einen Orgelneubau in die Stiftskirche Kremsmünster freizumachen, transferierte der Salzburger Orgelbauer Ludwig Mooser das Instrument im Jahre 1858 in die Filialkirche Kirchberg, wobei nur noch vier Register der Freund(t)-Orgel weiterverwendet wurden.

[30] Vgl. Gerhard Walterskirchen/Christian Fastl: *Art. „Egedacher (versch. Schreibweisen), Familie“.* In: www.musiklexikon.ac.at.

[31] Julius Bayer: *Die neue Orgel.* In: *Festschrift Die Orgel der Stadtpfarrkirche Steyr.* Steyr 1962, S 5.

Hauptwerk	Positiv	Pedal
Principal 8'	Quintaden 8'	Subbaß 16'
Gamba 8'	Dolcian 4'	Principalbaß 8'
Coppel 8'	Principal 4'	Octavbaß 8'
Octav 4'	Principal 2'	Baßmixtur
Flöte 4'	Miscella / kleine Mixtur	Fagott 8'
Quint 2 2/3'		
Waldflöte 2'		
Mixtur 6fach		
Pistaro (D) 8'		

Leider wurde das Egedacher-Instrument mit Ausnahme des Gehäuses im Jahr 1900 durch einen Orgelneubau Josef Mauarachers (1845–1907) ersetzt. Technische Unzulänglichkeiten ließen die Mauracher-Orgel mehr schlecht als recht ihren Dienst versehen, sodass knapp hundert Jahre später (1994) ein Orgelneubau von Bernhardt H. Edskes (1940–2022) aus dem schweizerischen Wohlen die Rückführung auf die Egedacher-Orgel ermöglichte.

Bereits neun Jahre nach Fertigstellung der Orgel in Gleink erhielt Johann Christoph Egedacher III. 1741 einen weiteren bedeutenden Auftrag für einen Orgelneubau (24/II/P) in die Dominikanerkirche Steyr. Etwas mehr als vierzig Jahre versah das Instrument seinen Dienst, ehe es durch Aufhebung des Klosters 1788 in die Karmelitenkirche Linz überstellt wurde.[32] Bedingt durch die wechselvolle Geschichte dieser Orgel blieb von diesem Instrument nur das Orgelgehäuse erhalten.

4.2 Johann Ignaz Egedacher

Johann Ignaz Egedacher brachte bei seinem Eintritt in die Orgelbauwerkstätte Leopold Freund(t)s bereits einiges handwerkliches Können – erlernt bei seinem Vater – mit und war durch seinen älteren Bruder über die neuesten Strömungen im Orgelbau informiert. Sein Weggang aus Salzburg war mehrfach begründet: Er wollte neue Techniken kennenlernen und schließlich die Aussicht auf eine eigene Werkstätte wahrnehmen. 1709 heiratete er die Tochter seines Lehrherrn, Maria Francisca Freund(t). Mit der Übernahme der Werkstätte durch Johann Ignaz Egedacher begann für die Passauer Werkstätte eine große Blütezeit, die bis in die 1740er-Jahre andauern sollte. Johann Ignaz Egedachers Tochter Maria Eva heiratete schließlich den Orgelmacher Philipp Jakob Schmid, sodass die Werkstätte bis 1763 weiter existieren konnte.[33]

Unklar bleibt bis zum jetzigen Zeitpunkt, ob beide Egedacher-Brüder je gemeinsam an einem Projekt gearbeitet haben. Ungeachtet dieser Tatsache erscheint sehr bemerkens-

[32] Vgl. Rudolf Hittmair: *Der Josephinische Klostersturm im Land ob der Enns*. Freiburg im Breisgau 1907, S. 215 und S. 234. Die Orgel erfuhr bis in die Gegenwart mehrere grundlegende Veränderungen, sodass nur noch das Gehäuse von der ursprünglichen Egedacher-Orgel zeugt.

[33] Ebenda.

wert, dass Johann Ignaz bereits 1703 für eine Orgelreparatur nach Garsten gerufen wurde. Diesen Arbeiten folgten 1704 (Orgelneubau in St. Ulrich bei Steyr) und 1707 (Orgelneubau in der Stiftskirche Garsten) zwei weitere Aufträge.

Die Freude über den Neubau der Egedacher-Orgel in der Stiftskirche währte jedoch nur kurz. Bereits achtzig Jahre später (1787) wurde das Stift Garsten durch Joseph II. aufgehoben und die Orgel bereits zwischen dem 2. und 5. Januar 1788 in die Michaelerkirche in Steyr verbracht. Diese Arbeiten führte der in Garsten ansässige Orgelbauer Peter Hötzel (1751–1827) aus.

4.3 Valentin Hochleit(h)ner

Nicht vergessen werden darf der aus Passau stammende und im Kremstal beheimatete Valentin Hochleit(h)ner[34] (1717–1797), der als Lehrer, Orgelbauer und Musiker viel zur Kultur dieser Region beigetragen hat. Biografien finden sich in Lexika, sodass auf eine neuerliche Darstellung verzeichtet wird.[35] Vom Schaffen Hochleit(h)ners zeugen noch das Gehäuse der großen Orgel in der Stiftskirche Schlierbach (1764), die Brüstungsorgel in der Leonhardkirche in Spital am Pyhrn (1749, 4/I) sowie die kleine Orgel der Wallfahrtskirche St. Sebastian in Kalwang (1761, 7/I). Zu seinen größten Instrumenten zählte die 1770 erbaute Orgel in der Stiftskirche Spital am Pyhrn, die einem verheerenden Brand (1841) zum Opfer fiel.

5. Der Orgelbau entlang der Eisenstraße ab der Mitte des 18. bis zur Mitte des 19. Jahrhunderts – Garsten als Orgelbauzentrum

Die Orgelgeschichte Oberösterreichs hätte mit Sicherheit einen wesentlichen anderen Verlauf genommen, hätte sich nicht der aus Reifenberg (heute: Branik, Nova Gorica, Slowenien) stammende Orgelbauer und Priester Franz Xaver Chrismann[36] (1726–1795) im oberösterreichischen Garsten sesshaft gemacht. Ob sein engster Mitarbeiter, Peter Hötzel, die Werkstätte von Chrismann tatsächlich übernommen hat, wie Rupert Gottfried Frieberger (1951–2016) in seiner Dissertation vermutete,[37] bleibt bis zum jetzigen Zeitpunkt unklar.

Die Gründung der Diözese Linz unterstützte die Entwicklung des Orgelbaus in Garsten erheblich. So konnten sich innovative Ideen des aus dem Süden zugewanderten Priesters und Orgelbauers Chrismann prächtig entfalten. Seine Kenntnis und seine Erfahrungen waren in überzeugender Weise Basis für den Bau hervorragender Instrumente.

---

34 Zur Schreibweise seines Namens sei auf seinen Contract mit dem Stift Schlierbach verwiesen, in dem er mit „*Valentin Hochleithner*“ unterzeichnet. (Vgl. Stiftsarchiv Schlierbach, Sign. 1149.)

35 Vgl. Klaus Petermayr: *Art. „Hochleitner, Valentin“.* In: www.musiklexikon.ac.at.

36 Sein ursprünglicher Name lautete Frančišek Ksaver Križman.

37 Vgl. Rupert Gottfried Frieberger: *Der Orgelbau in Oberösterreich im 17. und 18. Jahrhundert.* Innsbruck 1984, S. 290.

5.1 Franz Xaver Chrismann

Chrismanns Instrumente bewirkten eine Revolution im Orgelbau im Land ob der Enns, die sich allmählich auf ganz Österreich ausdehnen sollte, wobei die Bandbreite seiner Orgelbauten vom kleinen Instrument in Gaflenz (1785, 9/I/P) bis zur Monumentalorgel im Stift St. Florian (1774, 74 bzw. 52 Züge/III/P), zu dieser Zeit eine der größten Orgeln der Welt, reichte.

Bis zum Bau von Chrismanns ersten Instrumenten in Oberösterreich waren viele Register und ihre Klänge unbekannt. Ihr Einfluss reichte noch weit bis in die Mitte des 19. Jahrhunderts. Einige Orgeln haben es in unterschiedlichem Originalitätsgrad trotz mancher Modeströmungen im Orgelbau bis in die Gegenwart geschafft und zeugen von der Pracht und Qualität chrismannscher Instrumente.

Details zum Leben Chrismanns finden sich in diversen Fachbüchern bzw. Lexika, sodass hier auf eine weitere Darstellung seiner Biografie verzichtet werden kann.[38]

Besondere Kennzeichen von Chrismann-Orgeln sind:

- Konzeptionelle Beeinflussung durch die italienisch-venezianische Principalorgel
- Nahezu historisierendes Übernehmen von Ideen der gotischen Blockwerkorgel oder des italienischen Ripienos
- Inspiration durch die oberitalienische Frühromantik mit orgelbaulichem Niederschlag in den Orgelbauten der Orgelbauerfamilie Serrassi
- Kombinierte Registerzüge, die die bevorzugte additive Registriermanier im letzten Viertel des 18. Jahrhunderts gut wiedergeben, genannt Tiratutti

Die 1779 von ihm verfasste Registrieranweisung *Usus novi Organi Maximi* für die Stiftsorgel von St. Florian (1774) zeigt ihn als Vertreter einer modernen, orchestral empfindenden Klangästhetik der Orgel.

Erstmals aktenkundig wurde Chrismann in Oberösterreich mit seinem Schreiben an den Abt des Klosters Engelszell, Leopold II. Reichl (1713–1786) vom 14. November 1767. Der dortige Kirchenneubau war 1764 abgeschlossen, sodass darin eine neue Orgel errichtet werden konnte. Chrismann erhielt zunächst den Auftrag für eine kleine und im Anschluss daran für eine große Orgel, die Ende 1769 bzw. Anfang 1770 fertiggestellt waren. Mit diesem Projekt wurde man in Oberösterreich auf ihn aufmerksam.[39]

Nach Errichtung der Diözese Linz (1785) wurde für die neue Domkirche (Alter Dom) in Linz eine Orgel gesucht. Eingehende Beratungen und Lokalaugenscheine folgten, ehe die Wahl auf die neue Chrismann-Orgel im aufgelösten Stift Engelszell (1786) fiel.

---

[38] Vgl. Elisabeth Th. Hilscher/Christian Fastl: *Art. „Chrismann (Crisman, Krismann), Franz Xaver“*. In: www.musiklexikon.ac.at.

[39] Edo Škulj: *Križmanova Orglarska Delavnica*. Ljubljana 2010, S. 299.

Chrismann wurde beauftragt, seine Orgel nach Linz in die Domkirche zu verbringen und für die neue Situation zu adaptieren (1788).[40] In der ehemaligen Klosterkirche Engelszell blieb für etwas mehr als hundert Jahre zunächst nur das leere Orgelgehäuse mit einer bemalten Holzattrappe zurück, ehe Johann Lachmayr schließlich 1892 ein zweimanualiges Ersatzinstrument (15/II/P) im historischen Orgelgehäuse errichtete.[41]

In Chrismanns Werkliste folgte 1770 bis 1774 ein monumentaler Orgelneubau für die Stiftskirche St. Florian. Dieses Instrument sollte seine größte Orgel werden. Noch während der Arbeiten in St. Florian wurde er vom Abt des Stifts Garsten, Maurus Gordon (1726–1786) – auch zuständig für die Stadtpfarrkirche Steyr – beauftragt, dorthin ebenfalls eine neue Orgel zu bauen.

Von den ersten Kontakten (1772) bis zur Fertigstellung des Instruments (1779) vergingen jedoch sieben Jahre. Chrismann war nun auch entlang der oberösterreichischen Eisenstraße mit seinem ersten Orgelneubau (26/II/P) in der Stadtpfarrkirche Steyr vertreten. Wie oft in Chrismanns Schaffen konnte die zeitliche Vorgabe nicht eingehalten werden.

Der Entwurf[42] für die Stadtpfarrkirche Steyr vom 15. Mai 1774 zeugt von der Vielfalt der Register und den Besonderheiten chrismannscher Bauweise:

	Schuech	Zoll	Summe d. Pfeifen
1. Principal von feinen Zinn die größte Pfeifen	8		45
2. Viola da Gamba von Metall	8		45
3. Onda di voce umana à c bis c''' von Metall	2		25
4. Violetta soprana. von Metall	2		25
5. Flauto comuna à c bis c''' von Metall	2		25
6. Bassi commodini à C bis h von Holz	8		20
7. Ottava von Metall	4		45
8. Flauto in ottava von Metall	4		45
9. Flauto in 12ma von Metall	2	8	45
10. Quintadecima von Metall	2		45
11. Flautini 12ta von Metall	2		45
12. Cornetta á c bis c''' von Metall		4,9	25
13. Ciofuli in 19ma von Metall	1	4	45
14. Vigesima 2da von Metall	1		45
15. Vigesima 4ta mit Repetierung einer Octav à c bis c''' von Metall		4,9	37

40 Die Chrismann-Orgel erfuhr auf Wunsch Anton Bruckners einen Umbau durch die Orgelbaufirma Josef Breinbauer aus Ottensheim, der im Wesentlichen darauf abzielte, das Instrument besser für die Liturgie einsetzbar zu machen. (Vgl. ebenda, S. 299–303.)

41 1996 ersetzte Kögler Orgelbau die Lachmayr-Orgel durch einen Neubau (28/II/P).

42 Stadtpfarrarchiv Steyr, Fasc. Orgel, 15. Mai 1774.

	Schuech	Zoll	Summe d. Pfeifen
16. Accordo ottodoppio von Metall enthaltet in sich acht Reihen			
1. Reihe	2	8	45
2. Reihe	2		45
3.	1	4	45
4.	1		42
5. mit Repetierung einer Octav		8	38
6. mit Repetierung einer Octav		6	38
7. mit Repetierung einer Octav		4	26
8. mit Repetierung einer Octav		3	26
Summa aller Pfeifen so zum Manual			867
Entwurf des Pedals welches aus sechzehn Clavibus und neun Reihen Pfeifen bestehet deren eine jede Reihe zwölf Tasten bestehet, wie folget			
I. Contra Bassi doppio enthaltet zwey Reihen			
1. Reihe mit offenen Pfeifen von Metall die größte	12	-	7
2. Reihe von oben gedeckten aus Holz, die in der Größe des Körpers	8	-	
in den Thon aber 16	16	-	12
item von Holz zur ersten gehörig	16		5
II. Bassi von ober Octava von Holz die größte	8		12
III. Bombardi forti, alle von Holz vieren Richter Piramidals Figur	8		12
IV. Ripieno Pedale Quattrocoppio von Holz enthaltet in sich vier Reihen			
1. Reihe von Holz	5	4	12
2. Reihe von Metall	4	-	12
3. von Metall	2	8	12
4. von Metall	2	-	12
Summa der Pedalpfeifen			96
Summa der Manuall			867
Summa der Stimmen von Feinem Zinn			36
Summa summarum aller Pfeifen			999

Im Angebot verspricht Chrismann, diese Orgel „*längstens innerhalb zwey jahren jedoch mit ausschliessung des Kastens dessen Verferttigung, Fassung und Aufstellung Sr. Hochwürden und gnaden Herr Prelat zu Garsten und der löbl. Magistrat zu Steyr über sich nehmen gut und dauer-*

haft zu verfertigen und aufzusetzen, wie auch den Pfarr-Organisten die vollkomene einrichtung derselben einsehen zulassen, und die erforderliche instruction zu dessen tractierung zu ertheillen".[43]

Fertig war das Instrument allerdings erst 1779. Das Schicksal meinte es jedoch nicht gut mit der Chrismann-Orgel. Bereits hundert Jahre später wurde an einen Neu- bzw. Umbau des Instruments gedacht. Selbst Anton Bruckner (1824–1896), der oft in Steyr weilte und das Instrument sehr gut kannte, hatte keine Einwände gegen einen Orgelumbau. Im Gegenteil: Bruckner empfahl für diese Arbeiten sogar Mauracher als Orgelbauer.[44] Schließlich fanden 17 Register der Chrismann-Orgel beim Umbau der 34-registrigen Orgel von 1895 durch die Orgelbaufirma Mauracher Verwendung. Das Gehäuse der ehemaligen Chrismann-Orgel wurde jedoch in die Pfarrkirche Reichenthal im Mühlkreis[45] verbracht.

Wiederum kaum 70 Jahre nach ihrer Einweihung der Mauracher-Orgel stand ein neuerlicher Neu- bzw. Umbau bevor. Die Mauracher-Orgel musste 1962 unter Verwendung von historischem Material einem Orgelneubau durch Johann Pirchner d. Ä. (1900–1972) weichen. Die Firma Pirchner wurde zudem beauftragt, das Instrument um ein drittes Manual (Rückpositiv) zu erweitern. Im Unterschied zur Mauracher-Orgel erhielt das Instrument wieder Schleifladen, allerdings mit elektrischer Registertraktur. Das neogotische Gehäuse der Mauracher-Orgel blieb erhalten. Drei unterschiedliche Pfeifenschichten kennzeichnen daher das Instrument: Pfeifen des Bestandes von Chrismann, Mauracher und Pirchner.

Ein Blick zurück: In den 1780er-Jahren des Stifts Garsten bekam Franz Xaver Chrismann 1782 den Auftrag, die Egedacher-Orgel in Garsten zu vervollkommnen. Wenig später (1787) wurde das Kloster allerdings aufgehoben. In Peter Hötzel fand Chrismann einen innovativen Mitarbeiter, der auch selbstständig an Werken weiterarbeiten bzw. diese vollenden konnte (Admont, Stiftskirche, 1782, 43/III/P). Durch diese enge Verbindung war gewährleistet, dass Chrismanns Orgelkunst bzw. Orgelästhetik im Schaffen der Orgelbauerfamilie Hötzel weiterlebte. Mit Peter Hötzels Sohn Simon Anton (ca. 1781–1868) und seinem Enkel Franz Hötzel (1825–1874) reichte die Orgelbauerdynastie bis in die Mitte des 19. Jahrhunderts. Noch 1863 baute Franz Hötzel eine 18-registrige Orgel in die ehemalige Stiftskirche Garsten (18/II/P). Wenige Teile dieser Orgel konnten beim Orgelneubau von 2009 durch die Orgelwerkstätte Rudolf von Beckerath Orgelbau aus Hamburg wiederverwendet werden.

Die Expansion des Schaffens von Chrismann erreichte auch aufgrund der Weiterempfehlungen des Stifts Garsten den steirischen (Rottenmann, 1795, 10/I/P) und den

---

43 Ebenda.

44 Brief Bruckners vom 22. April 1893 an seinen Freund Franz Xaver Bayer: „*Ich bleibe bei meinem Urtheile über Mauracher: kenne seine Gegner etc. habe so viele organ gesehen in Frankreich, England, Deutschland etc. kenne auch die Werke der Begünstigten, und kann nach bestem Gewissen sagen: würde Mauracher nicht genommen werden, so nur noch Walker aus Ludwigsburg, der die Orgel zu Stephan u. die der Votivkirche meisterhaft fertigt hat – sonst Keinen!*" (Zit. nach: Andrea Harrandt (Hg.): Anton Bruckner, Briefe 1887–1896. Wien 2003, S. 218.)

45 In das Gehäuse der Chrismann-Orgel kam ein neues Instrument des Orgelbauers mit einem pneumatischen Spielwerk von Johann Lachmayr. 2008 erfolgte ein Orgelneubau durch Pirchner Orgelbau.

Wiener Raum. So nahm er 1782 einen Orgelneubauauftrag für die Pfarrkirche St. Laurenz am Schottenfeld (25/II/P) an, der 1788 vollendet wurde.[46]

In der Zwischenzeit konnte 1785 die neue Orgel für die Pfarrkirche Gaflenz (9/I/P) als einmanualiges, seitenspieliges Instrument mit geteilten Schleifen fertiggestellt werden. Es sollte das kleinste von Chrismann erbaute Instrument bleiben.

Leider wurde bereits 1852 eine Erweiterung des Instruments auf dreizehn Register mit zwei Manualen und Pedal vorgenommen. Die derzeitige Disposition der Orgel findet sich in Punkt 8 im Anhang.

Hauptwerk	Nebenmanual	Pedal
CDEFGA–c³	CDEFGA–c³	C–H chromatisch
Principal 8'	Koppel 8'	Subbaß 16'
Koppel 8'	Viola 8'	Oktavbaß 8'
Gambe 8'	Aeoline 8'	
Octav 4'	Flöte 4'	
Quint 2 2/3'		
Octav 2'		

1993 erfolgte die Rückführung auf den Chrismann-Zustand durch Orgelbaumeister Helmut Allgäuer (1939–2012) aus Grünbach am Schneeberg, wobei das hinter dem Hauptgehäuse befindliche Pedal belassen wurde.

Die derzeitige Disposition lautet:

Bass CDEFGA–h⁰	Diskant c¹–c³	Pedal C–H chromatisch
Principal 8'	Principal 8'	Subbaß 16'
	Vox Humana 8'	Octavbaß 8'
	Flöte 8'	
Octav 4'	Octav 4'	
Octav 2'	Octav 2'	
Quinte 1 1/2'	Quinte 3'	
Piccolo 1'		
Mixtur 2fach		

Von Chrismanns letzter Orgel, der in den Jahren 1794/95 errichteten Orgel in der Pfarrkirche im steirischen Rottenmann, ist leider nur noch das Gehäuse vorhanden. Peter Hötzel oblag es nach dem Ableben Chrismanns während dieser Arbeiten, die einmanualige Orgel fertigzustellen.

46 Es befindet sich noch viel Originalsubstanz Chrismanns in der derzeitigen Orgel.

Darüber informiert eine Tafel im Innern des Orgelgehäuses:

> Dieses Orgelwerk wurde Anno 1794 den 25ten Augusti durch den Hochgelehrten und Sinnreichen Poeten Seine Hochwürden Herrn Franciscus Xaveri Krisman, Weltpriester, angefangen gantz zu überarbeiten, welchen aber /:Gott:/ der allerhöchste Anno 1795 im Monat May zu sich berufen und das zeitliche gesegnet, und im Herrn entschlafen, welchem /:Gott:/ eine fröhliche Auferstehung verleihen wolle, welcher allhier in Stadt Rottenmann beerdigt worden, wo … ich unterzeichneter berufen wurde um dieses Werk vollends zu verfertigen Anno 1795 de 4ten Novembris … mit /:Gottes:/ Hülfe vollendet worden den 22ten Novembris (Petter Hötzel bürgl. Orgelmacher in Stadt Steyr, welcher ich vormahls bey obigem Herrn Krisman 5 Jahre und 10 Monath als gesel gearbeitet habe).[47]

1901 wurde das Instrument durch die Firma Matthäus Mauracher aus Graz umgebaut und auf eine zweimanualige, 17-registrige Orgel erweitert.

5.2 Orgeltranslozierungen

Bedingt durch die Aufhebungen der Klöster Garsten, Gleink, Spital am Pyhrn und Steyr entstand mit den nunmehr freigewordenen Orgeln ein intensiver Orgeltransfermarkt.

5.2.1 Ehemalige Dominikanerkirche Steyr

1784 wurde die Johann-Christoph-Egedacher-Orgel (1741, 24/II/P) von Chrismann aus der Dominikanerkirche (heute: Marienkirche) in die Karmelitenkirche Linz übertragen.[48] Wie bereits erwähnt, musste dieses Instrument über sich mehrere Orgelstürme[49] ergehen lassen, ehe 1969 ein Orgelneubau der Orgelbaufirma Walcker-Mayer erfolgte. Von der Egedacher-Orgel ist nur noch das Gehäuse vorhanden.

5.2.2 Ehemalige Stiftskirche Garsten

Vom 2. bis 5. Januar 1788 musste Peter Hötzel die Egedacher-Orgel des aufgelassenen Stifts Garsten nach Steyr-St. Michael übertragen. Das Instrument erfüllte in St. Michael seinen Dienst über hundert Jahre, ehe 1889 ein Umbau von Johann Lachmayr unter Beibehaltung der mechanischen Traktur erfolgte. Diesem Umbau folgten in den Jahren 1922 (Gebrüder Mauracher) und 1969 (Neubau Johann Pirchner d. Ä. mit neuem Rückpositiv) noch zwei weitere.

---

[47] Skulj (Anm. 39), S. 320.

[48] Vgl. Frieberger (Anm. 37), S. 129.

[49] Der Orgelvirtuose Abbé Vogler (1749–1814) baute das Instrument nach seinen Ideen, dem Simplifikationssystem, um, sodass 1821 die Orgel wegen Unbrauchbarkeit durch den Linzer Orgelbauer Christian Wilhelm (ca. 1778–1857) in den vorherigen Zustand rückgeführt werden musste. 1937 erfolgte schließlich ein Orgelneubau von der Firma Gebrüder Mauracher, dem sich 1969 ein abermaliger Orgelneubau durch Walcker-Mayer anschloss.

Die Egedacher-Orgel (1707) hatte ursprünglich folgende 18 Stimmen:

Manual	Positiv	Pedal
ein principal	ein coppel	portun 16 schuech
ein coppel	ein principal	octav 9 schuech
ein gedeckte flueten	ein flueten	quint
ein octaven	ein super octav	suboctav 4 schuech hoch
ein quint doppelt	ein quint	
ein super octaven		
ein quintade		
ein mixtur 5fach		
ein cimbel		

1922 baute die Firma Gebrüder Mauracher die Orgel abermals um, setzte dabei neue Register auf eine eigens angefertigte Brücke und versah das Instrument mit pneumatischer Traktur. Das prachtvolle Gehäuse, das aus den zwei Hauptwerkskästen des Egedacher-Werkes und einem barock nachempfundenen Brüstungspositiv besteht, musste erhebliche Einbußen hinnehmen. 1964 wurde der Zustand der Orgel als „vor dem totalen Zusammenbruch" bezeichnet. Am 30. März 1969 konnte so die nach damaligen Gesichtspunkten der Denkmalpflege der Orgelbaufirma Pirchner d. Ä. restaurierte und erweiterte Orgel geweiht werden.[50]

I. Hauptwerk C–g^3	II. Oberwerk C–g^3	Pedal C–f^1
Quintade 16'	Gedackt 8'	Prinzipalbaß 16'
Prinzipal 8'	Prinzipal 4'	Subbaß 16'
Coppel 8'	Rohrflöte 4'	Prinzipalbaß 8'
Gemshorn 8'	Oktav 2'	Oktavbaß 4'
Oktav 4'	Quint 1 1/3'	Nachthorn 2'
Flöte 4'	Mixtur 4fach 1 1/3'	Posaune 16'
Quint 2 2/3'	Terz 1 3/5'	Posaune 8'
Oktav 2'	Cimbel 2fach 2/3'	
Mixtur Major 5fach 2'	Krummhorn 8'	
Mixtur Minor 3–4fach 1 1/3'		
Trompete 8'		

Koppeln; II/I, I/P, II/P
Koppeln: RP/HW, HW/Ped, PR/Ped

[50] Vgl. Orgelarchiv des Zentrums für Orgelforschung, mdw Wien.

5.3 Familie Hötzel in Garsten[51]

Die Familie Hötzel steht im Orgelschaffen untrennbar mit dem Orgelbauer Chrismann in Verbindung. Peter Hötzel, aus dem böhmischen Grulich (heute: Králíky, Tschechien) stammend, erlernte in Dresden das Orgelbauhandwerk und dürfte bereits ab dem Bau der Monumentalorgel für das Stift St. Florian mit Chrismann zusammengearbeitet haben. Hötzel selbst gibt bei der Fertigstellung der letzten Chrismann-Orgel in der Pfarrkirche Rottenmann auf einer Tafel im Innern des Orgelgehäuses den Hinweis, dass er *„vormahls bey obigem Herrn Krisman 5 Jahre und 10 Monath als gesel gearbeitet habe"*.[52]

Hötzel siedelte sich in Garsten an und erwarb im Jahre 1786 das *„rigler Haus am Buchholz No 4"*, heute Buchholzstraße 11. Das Haus blieb bis 1891 im Familienbesitz.[53]

Peter Hötzels Instrumente entlang der oberösterreichischen Eisenstraße sind leider nur noch sehr spärlich vorhanden, sodass lediglich seine Orgel in der Wallfahrtskirche Adlwang (12/I/P) von seinem Schaffen zeugt. Zwei nicht mehr existierende Instrumente Peter Hötzels befanden sich in Kirchen entlang der oberösterreichischen Eisenstraße (Heiligenkreuz bei Micheldorf, 1794; Steinbach an der Steyr, 1811).

Peter Hötzels Sohn Simon Anton Hötzel (ca. 1781–1868) übernahm die Werkstatt in Buchholz und wurde zu einem der bedeutendsten österreichischen Orgelbauer seiner Zeit. Von ihm sind zum Glück noch Werke entlang der oberösterreichischen Eisenstraße in der Wallfahrtskirche Frauenstein bei Klaus (1846, 7/I/P) und Heiligenkreuz bei Micheldorf (erbaut 1853 für Wartberg an der Krems (10/I/P), 1906 nach Heiligenkreuz bei Micheldorf durch Leopold Breinbauer verbracht) erhalten.

Weitere Instrumente befanden sich in Windischgarsten (1823/24, 12/II/P), Grünau (1824, 9/I/P), Kirchdorf an der Krems (1829, 12/I/P) und Maria Neustift (1834, 8/I/P).

Franz Xaver Hötzel (1825–1874) setzte die Arbeiten in der dritten Generation der Familie Hötzel fort. Von seinen Orgelneubauten sind lediglich die Instrumente in Garsten bekannt, von denen nach derzeitigem Forschungsstand ausschließlich das Instrument im Gefangenenhaus (heute: Justizanstalt, 1856/57, 8/I/P) erhalten blieb. Beim Orgelneubau 2009 in der ehemaligen Stiftskirche mussten aus Denkmalschutzgründen Teile seines Orgelgehäuses von 1853 Verwendung finden. Mit Franz Xaver Hötzel endet die Orgelbauerdynastie in Garsten.

Ab den 1840er-Jahren wurde der Salzburger Orgelbauer Ludwig Mooser (1807–1881) vermehrt in Oberösterreich mit renommierten Orgelneubauten betraut. Kremsmünster (1858, 42/II/P), Spital am Pyhrn (1846, 32/II/P), die Stadtpfarrkirche Linz (1852, 36/

[51] Vgl. Karl Mitterschiffthaler/Rudolf Flotzinger: *Art. „Hötzl (Hölzl, Hölzel), Familie"*. In: www.musiklexikon.ac.at.

[52] Vgl. Škulj (Anm. 39), S. 320.

[53] Vgl. Klaus Sonnleitner: *Die Orgelbauerfamilie Hötzel*. In: *Musikwissenschaftliche Beiträge der Schlägler Musikseminare* 5 (1996), S. 60. Dieser Veröffentlichung lag die schriftliche Prüfungsarbeit von Klaus Sonnleitner, *Die Orgelbauerfamilie Hötzel: ein Beitrag zur österreichischen Orgelbaugeschichte*, an der Hochschule Mozarteum, Salzburg 1995, zugrunde.

II/P) und Vorderstoder (1853, 6/I/P) bekamen neue Instrumente, von denen nur noch das Instrument in Vorderstoder erhalten ist.

Die schwere Spielbarkeit und unzulängliche Ausführung der Instrumente waren ein gewichtiger Grund für deren Umbauten bzw. Erneuerungen. Der diözesane Orgelrevisor Franz Sales Reiter (1835–1888) fand es daher in seinem Gutachten vom 20. November 1878 höchst auffällig, *„daß gerade die 3 größten Werke, welche Ludwig Mooser in Oberösterreich gebaut hat, und die erst zwischen 20 und 30 Jahre alt sind, nämlich die Orgel zu Kremsmünster, in der Stadtpfarrkirche zu Linz und in Spital* [am Pyhrn], *im gleichen Zeitraum einen gänzlichen Umbau notwendig machen.*“[54] Selbst Anton Bruckner äußerte sich sehr kritisch zu Mooser-Orgeln.[55]

6. Orgelbau entlang der Eisenstraße von 1870 bis in die Gegenwart

In der Mitte des 19. Jahrhunderts ergriff – wie andere Diözesen Österreichs – eine kirchenmusikalische Reformwelle die Diözese Linz, in die auch der Orgelbau miteinbezogen war: der Cäcilianismus. Seine Anhängerinnen und Anhänger intendierten eine Reform der Kirchenmusik, die sich ausschließlich auf den Gregorianischen Choral und die Vokalpolyphonie des 16. Jahrhunderts fokussierte. Eine regelmäßige Kontrolle aller in der Kirchenmusik Tätigen sollte gewährleisten, dass die Vorschriften eingehalten wurden. Durch die aufführungstechnischen Schwierigkeiten der empfohlenen Literatur entstand eine Menge an leicht aufführbaren Neukompositionen.

Dieser kulturelle Kahlschlag hatte auch zur Folge, dass die Orgel als einziges Instrument in der Liturgie erlaubt blieb, allerdings nur dann, wenn die Orgel zur Gänze der Ästhetik der Cäcilianer entsprach (grundtönige Register, ausgebaute Tastenumfänge in Manual und Pedal, stabile Windversorgung usw.).

Erstmals wurden Orgelrevisoren eingesetzt, die über die Durchführung dieser Bestimmungen wachen sollten. In der Diözese Linz hatte diese Funktion ab 1876 Franz Sales Reiter. Es war vorhersehbar, dass die eingeforderten Normen zu Konflikten zwischen den Orgelbauern und den Orgelrevisoren führen würden. Tatsächlich traten diese Konflikte rasch zu Tage und verlagerten sich pikanterweise auch in die Öffentlichkeit.[56]

Dem gemäßigten Cäcilianer Johannes Evangelist Habert (1833–1896) ist es zu verdanken, dass die radikalen Forderungen des Allgemeinen Deutschen Cäcilien-Vereins für

---

[54] Franz Sales Reiter, Gutachten über die Vorlage des Hrn. Hechenberger betreffend den Umbau der Orgel in der Pfarrkirche zu Spital am Pyhrn vom 20. November 1878, Pfarrarchiv Spital am Pyhrn, Fasc. „Orgel“.

[55] Vgl. Anton Bruckner, Gutachten über die Orgel der Stadtpfarrkirche Linz vom 25. Dezember 1855, Stadtpfarrarchiv Linz, B. 88, F. 1, Nr. 3: *„Der Gefertigte findet sich in Folge hohen Auftrages veranlaßt, sein Urtheil über den gegenwärtigen Zustand der neuen Orgel in der hiesigen Stadtpfarrkirche dahin abzugeben, daß selbe sowohl im Manuale als Pedale die Mechanik und auch die Intonation betreffend einer bedeutenden Reparatur bedarf, und daß für eine bessere Windführung Sorge getragen möge.*“

[56] Vgl. Wolfgang Kreuzhuber: Der Orgelbau in der zweiten Hälfte des 19. Jahrhunderts in Oberösterreich unter dem Einfluss des Cäcilianismus. Salzburg 1990, S. 252–256.

katholische Kirchenmusik[57] (kurz: ACV), gegründet 1868 von Franz Xaver Witt (1834–1888), in der Diözese Linz nur in kleinem Maße Fuß fassen konnten.

Als Bollwerk gegen den ACV rief Habert 1875 in Linz schließlich nach dem Scheitern eines Österreichischen Cäcilien-Vereins (1871) einen eigenen Cäcilienverein ins Leben, den Oberösterreichischen Diöcesan-Cäcilien-Verein. Dieser stand nun im Dauerstreit mit dem deutschen Pendant. In diesem polemisch geführten Konflikt drohte in der Kirchenmusik der Diözese Linz beinahe eine Spaltung, da es in Oberösterreich auch einige prominente Anhänger des ACV gab.[58] Letztlich konnte der Konflikt erst nach dem Tod von Witt und Habert gegen Ende der 1880er-Jahre beigelegt werden.

Auch für den Orgelbau bedeuteten die Vorschriften des Cäcilianismus herbe Einschnitte bzw. einen Bruch mit der bisherigen Orgelgeschichte: Nun durften nur noch genormte Instrumente gebaut werden. Die Individualität eines Personalstils, der sich nicht zuletzt auch auf den Klang einer Orgel auswirkt, schien völlig verloren zu gehen. Um den Ansprüchen nach finanzieller Leistbarkeit und schneller Produktion von Instrumenten gerecht zu werden, wurde der Weg zur Massenproduktion beschritten. Ein damit einhergehender Qualitätsverlust war nicht mehr abzuwenden.

Dass sich renommierte Orgelbauer wie Matthäus Mauracher d. J. (1859–1939) mit dieser Situation nicht abfinden konnten, ist nachvollziehbar, ging es doch um einen starken Eingriff in das Verständnis künstlerischen Orgelbaus. Ganz deutlich trat dies beim Streit um die sogenannte „Renovierung“ der Chrismann-Orgel in St. Florian zu Tage.[59]

Viele historische Orgeln, die diesen geänderten, ästhetischen Vorstellungen nicht mehr entsprachen, fielen dem Zeitgeist zum Opfer. Normen waren so der Auslöser, dass viele alte Instrumente einem Orgelneubau weichen mussten. Im besten Falle wurden sie in eine eventuell vorhandene Filialkirche transferiert, im schlechtesten Falle waren sie der Vernichtung preisgegeben. So blieb von manchen Instrumenten oft nur das Orgelgehäuse übrig. Der Wandel vom Handwerker zum Massenerzeuger, vom „Orgelmacher“ zum „Orgelbauer“ war somit vollzogen. Der industrielle Orgelbau im 19. Jahrhundert hielt in Österreich mit Ausnahme der Orgelbaufirma Gebrüder Rieger (Jägerndorf) nicht Einzug. Nach wie vor wurden Instrumente größtenteils nach handwerklichen Prinzipien erzeugt, selbst wenn manche Firmen einen Hang zu massenhafter Erzeugung entwickelten und dabei mit besten Materialien sparsam umgingen.

Aufkeimender Historismus in der Architektur veränderte zusehends auch die Prospektgestaltung der Orgelgehäuse. Neogotische Stilelemente beherrschten fast ausnahmslos den Gehäusebau und wurden zu stilbildenden Elementen. Bei eventuellen Unklarheiten konnten Musterbücher für Orgelbau als Behelf herangezogen werden.[60]

[57] Vgl. *Fliegende Blätter für katholische Kirchen-Musik* 3/11 (1868), S. 75.

[58] Zu nennen sind hier Stiftskapellmeister Ignaz Traumihler (1815–1884) aus St. Florian und Domvikar Johann Baptist Burgstaller (1840–1925) aus Linz.

[59] Vgl. Kreuzhuber (Anm. 56), S. 252–256.

[60] Vgl. Alfred Reichling: *Die Musterprospekte der Firma Aug. Laukhuff.* In: *Acta organologica* 19 (1986) und Aristide Cavaillé-Coll: *Maison A. Cavaillé-Coll: Orgues de tous modèles.* Paris 1889.

Einige österreichische Orgelbauer arrangierten sich von Vornherein mit den Vorschriften des Cäcilianismus (Anton Hanel, 1820–1880, und dessen Nachfolger Johann Lachmayr, andere kamen erst allmählich zu einem guten Miteinander mit dem Cäcilienverein. Das Gesprächsklima in Oberösterreich verbesserte sich erst nach dem Tod von Franz Sales Reiter und Johann Evangelist Habert wesentlich. Dies wirkte sich sehr positiv auf die Zusammenarbeit der Orgelbaufirmen Matthäus Mauracher d. J. (Salzburg), dessen Sohn Josef Mauracher (St. Florian) und Leopold Breinbauer (1859–1920, Ottensheim) mit den zuständigen kirchlichen Organen aus.

Mit dem Ersten Weltkrieg und dem Ende der Donaumonarchie kam der Orgelbau in Österreich beinahe zum Stillstand. Mussten noch 1917 Orgelpfeifen und Glocken zum Einschmelzen an den Staat abgeliefert werden, war der Bedarf an Pfeifenmaterial nach dem Weltkrieg enorm und konnte kaum gestillt werden, sodass mit Ersatzmaterialien wie Zinkpfeifen gearbeitet werden musste. Auch die Zahl der Arbeitskräfte war gering.

Trotz der wachsenden Zahl an Orgelneubauten in der Zwischenkriegszeit verschärfte sich die Situation durch die Weltwirtschaftskrise Ende der 1920er-Jahre erneut. In diese Zeit fallen auch erste Versuche, zum mechanischen Orgelbau zurückzukehren, in Österreich sind diese Bestrebungen mit Johann Nepomuk David (1895–1977) und Josef Mertin (1904–1998) verknüpft. Nur wenige Beispiele künden von diesen Projekten.[61]

Der Zweite Weltkrieg führte wieder zu eine großen Knappheit an materiellen und personellen Ressourcen. Diese Situation konnte nur langsam wieder verbessert werden.

Ab den 1950er-Jahren nahm der Orgelneubau allmählich wieder Fahrt auf: Angespornt durch die steigende Wirtschaftskraft, die damit verbundenen neuen finanziellen Möglichkeiten und die liturgische Erneuerung nach dem Zweiten Vatikanischen Konzil bekam der Orgelbau neuen Schwung.

Einen enormen Qualitätssprung für den österreichischen Orgelbau bedeutete schließlich die Umsetzung der Reformideen von Sybrand Zachariassen (1900–1960), dem Inhaber der dänischen Orgelbaufirma Marcussen & Søn. In der Forderung nach besten Materialien, mechanischen Trakturen und einer kompakten Bauweise der Instrumente waren neue Ziele gesteckt worden. Krönung der Ideen dieser Dänischen Orgelreform war 1968 der Bau der Rudigierorgel (70/IV/P) im Linzer Mariendom, die ab diesem Zeitpunkt in Österreich und darüber hinaus neue Maßstäbe setzte.

Wie wirkten sich diese Reformideen auf den Orgelbau entlang der oberösterreichischen Eisenstraße aus? Waren es in der Zwischenkriegszeit noch Instrumente der Gebrüder Mauracher aus Linz, die den Orgelbau prägten, so erfuhr der Orgelbau durch Instrumente von Wilhelm Zika d. J. (1905–1989) und der ihm nachfolgenden Oberösterreichischen Orgelbauanstalt (ab 1956) neue Impulse. Anfang der 1960er-Jahre konnten Johann

---

[61] Zwei erhaltene Instrumente seien erwähnt: Wels, Evangelische Pfarrkirche (Christuskirche) – Orgelneubau (1930) durch Wilhelm Zika d. Ä. (20/II/P) / Erweiterung durch Kögler Orgelbau (28/II/P).
Wien, Alt-Ottakring, Pfarrkirche zur Erhöhung des heiligen Kreuzes – Orgelneubau (1935/38) durch Wilhelm Zika d. Ä. (47/III/P).

Pirchner d. Ä. und sein Sohn, Johann Pirchner d. J. (1928–2012) mit wichtigen Projekten den Orgelbau entlang der oberösterreichischen Eisenstraße bereichern.

Ab den 1970er-Jahren ist von einem weiteren Orgelbauboom zu sprechen, der jungen Orgelbaufirmen wie Bruno Riedl (1937–2019) die Möglichkeit zu Neubauten eröffnete. In den 31 Mitgliedsgemeinden der oberösterreichischen Eisenstraße sind ab den 1950er-Jahren 31 Orgelneubauten[62] und 15 Orgelrestaurierungen zu verzeichnen. Eine bunte Orgellandschaft ist so entstanden.

Lediglich fünf ausländische Orgelbauer wurden bei den 31 Orgelneubauten beauftragt, die restlichen Arbeiten wurden von einheimischen Orgelbauern ausgeführt. Nach der folgenden Auflistung drängt sich die Frage auf, wie viele Orgelbauer an der oberösterreichischen Eisenstraße inzwischen noch ansässig sind, da sich bereits ab der Mitte des 19. Jahrhunderts die Zahl der dort beheimateten Orgelbauer stark reduziert hat.

Die Antwort auf diese Frage ist rasch gegeben: Bis in die Gegenwart haben sich zwei Orgelbaufirmen erhalten.

- Kurt Bernhard Franz Apfelthaler (*1952) ist als Orgelbauer (15. September 1981) und Klavierstimmer (11. Januar 1982) in Steyr eingetragen.
- Andreas Kaltenbrunner (*1958) arbeitete als selbständiger Orgelbauer zunächst in Scharnstein und später in Bad Wimsbach, der Betrieb wurde 2020 eingestellt.

7. Überblick über die Orgelneubauten seit 1945 an der oberösterreichischen Eisenstraße

Die folgende Statistik gibt einen Überblick über Entstehungszeit und Größe der Instrumente der letzten Jahrzehnte.

Jahr	Pfarr(gemeind)e	Kirche	Orgelbauer	Register
1958	Großraming	Pfarrkirche	Oberösterreichische Orgelbauanstalt	17/II/P
1962	Steyr-Stadtpfarrkirche	Stadtpfarrkirche	Johann Pirchner d. Ä.	40/III/P
1967	Sierning	Pfarrkirche	Georg Windtner	27/II/P
1968	Steyr-Münichholz	Pfarrkirche	Oberösterreichische Orgelbauanstalt	23/II/P
1969	Steyr-St. Michael	Pfarrkirche	Johann Pirchner d. J.	27/II/P
1970	Scharnstein	Pfarrkirche	Johann Pirchner d. J.	25/II/P
1972/73	Kirchdorf an der Krems	Pfarrkirche	Johann Pirchner d. J.	21/II/P

[62] Die Zahlengleichheit von 31 Orgelneubauten in 31 Mitgliedsgemeinden mag auf den ersten Blick nicht verwundern. Bezieht man jedoch mit ein, dass beispielsweise die Stadt Steyr zwölf Kirchenorgeln besitzt, so ist diese Zahlenübereinstimmung doch verblüffend.

Jahr	Pfarr(gemeind)e	Kirche	Orgelbauer	Register
1973	Micheldorf	Pfarrkirche	Johann Pirchner d. J.	16/II/P
1974	Steyr	Evangelische Pfarrkirche	Riedl Orgelbau Oswald Kaufmann (2015)	17 (18)/II/P 19/II/P
1975	Steyr-Christkindl	Pfarrkirche	Ludwig Eisenbarth	17/II/P
1976	Molln	Pfarrkirche	Riedl Orgelbau Orgelbau Kaltenbrunner (1991)	17/II/P 18/II/P
1976	Steyr-Ennsleite	Pfarrkirche	Riedl Orgelbau	18/II/P
1976	Ternberg	Pfarrkirche	Riedl Orgelbau	15/II/P
1978	Bad Hall	Evangelische Pfarrkirche	Riedl Orgelbau	12/II/P
1978	Steinbach an der Steyr	Pfarrkirche	Gregor Hradetzky	11/II/P
1981/82	Reichraming	Pfarrkirche	Johann Pirchner d. J.	18/II/P
1981/82	Steyr-Stadtpfarrkirche	Marienkirche	Oberösterreichische Orgelbauanstalt Kögler	21/II/P
1984	Losenstein	Pfarrkirche	Johann Pirchner d. J.	19/II/P
1985	Kirchdorf an der Krems	Evangelische Kirche	Oberösterreichische Orgelbauanstalt	4/I
1989	Maria Neustift	Pfarrkirche	Pflüger Orgelbau	19/II/P
1989	Waldneukirchen	Pfarrkirche	Wolfgang Eisenbarth	21/II/P
1994	Steyr-Gleink	Pfarrkirche	Bernhardt H. Edskes	20/II/P
1995	St. Ulrich bei Steyr	Pfarrkirche	Kögler Orgelbau	31/II/P
1997	Klaus an der Pyhrnbahn	Pfarrkirche	Orgelbau Oberbergern	7/I/P
1997	Sierning	Evangelische Kirche	Gebrüder Mayer	10/II/P
1997	Steyr-Hl. Familie	Pfarrkirche	Sebastian Friedrich Blank	9/II/P
1997	Windischgarsten	Pfarrkirche	Pflüger Orgelbau	29/II/P
2000	Bad Hall	Pfarrkirche	Rieger Orgelbau	31/II/P
2007	Grünburg	Pfarrkirche	Orgelbau Kaltenbrunner	16/II/P
2007	Spital am Pyhrn	Pfarrkirche	Gerald Woehl	33/II/P
2009	Garsten	Pfarrkirche	Rudolf von Beckerath Orgelbau	45/III/P

8. Anhang: Aktuelle Instrumente in Kirchen entlang der oberösterreichischen Eisenstraße – ein dispositioneller Überblick[63]

Die Dispositionen der Instrumente entlang der oberösterreichischen Eisenstraße geben den aktuellen Stand wieder und dokumentieren so die Vielfalt des Orgelbaus dieser Region.

Bad Hall, evangelische Pfarrkirche (Lukaskirche)

1978: Neubau, Riedl Orgelbau (12/II/P)

Hauptwerk C–g^3	Brustwerk C–g^3	Pedal C–f^1
Prinzipal 8'	Holzgedackt 8'	Subbaß 16'
Rohrflöte 8'	Gedacktflöte 4'	Oktavflöte 8'
Oktav 4'	Prinzipal 2'	
Blockflöte 2'	Nasat 1 1/3'	
Mixtur 1 1/3'	Zimbel 1'	

Koppeln (als Zug und Tritt ausgeführt): BW–HW, BW–P, HW–P
Schwelltritt für BW

Bad Hall, römisch-katholische Pfarrkirche (Hl. Erlöser)

1889: Neubau, Lachmayr (20/II/P)
2000: Neubau, Rieger Orgelbau (31/II/P)

Hauptwerk C–a^3	Schwellwerk C–a^3	Pedal C–f^1
Bourdon 16'	Principal 8'	Prinzipalbaß 16'
Principal 8'	Holzgedackt 8'	Subbaß 16'
Gedackt 8'	Gambe 8'	Principal 8'
Flûte harmonique 8'	Voix céleste 8'	Gemshorn 8'
Salicional 8'	Prestant 4'	Choralbaß 4'
Octave 4'	Flûte traverse 4'	Posaune 16'
Flöte 4'	Nazard 2 2/3'	Trompete 8'
Quinte 2 2/3'	Doublette 2'	
Superoctave 2'	Tierce 1 3/5'	
Mixtur IV 1 1/3'	Plein jeu V 2'	
Cornet V 8'	Hautbois 8'	
Trompete 8'	Voix humaine 8'	
	Tremulant	

Koppeln: SW/HW, HW/Ped, SW/Ped

[63] Die Daten von eigenen Forschungen wurden abgeglichen und ergänzt durch Material aus den Archiven des Zentrums für Orgelforschung an der mdw Wien sowie dem Orgel- und Glockenreferat der Diözese Linz. Als Quellen dienten außerdem Druckwerke (Rupert Gottfried Frieberger, Der Orgelbau in Oberösterreich im 17. und 18. Jahrhundert, Innsbruck 1984. / Florian Zaunmayr, Die Pfeifenorgeln des politischen Bezirks Kirchdorf an der Krems (OÖ), Masterarbeit, Wien 2009.) sowie eine Mitteilung von OBM Christian Kögler (2025).

Dietach, römisch-katholische Pfarrkirche (Hl. Petrus und Hl. Paulus)

1880: Neubau für Linz-St. Magdalena, Anton Hanel (11/II/P)
1982: Übertragung der Hanel-Orgel nach Dietach

I. Manual C–f^3	II. Manual C–f^3	Pedal C–c^1
Prinzipal 8'	Gedackt 8'	Subbaß 16'
Gemshorn 8'	Dolce 8'	
Octave 4'	Blockflöte 4'	
Quinte 2 2/3'	Nachthorn 2'	
Supper Oktav (sic!) 2'		
Mixtur 4fach 1 1/3'		

Koppeln: Pedal Koppel I, Pedal Koppel II und Manual Koppel

Frauenstein bei Klaus, Pfarrkirche. © Florian Zaunmayr

Frauenstein bei Klaus, römisch-katholische Pfarr- und Wallfahrtskirche (Mariä Heimsuchung)

1846: Neubau, Simon Anton Hötzel (7/I/P)

Manual C–d^3	Pedal C–a^0 (12 Töne repetierend)
Portunal 8'	Subbahs 16'
Gedackt 8'	Bahs 8'
Principal 4'	
Flöte 4'	
Mixtur 2–3fach 2'	

Gaflenz, Pfarrkirche. © Martin Rögner

Gaflenz, römisch-katholische Pfarrkirche (Hl. Andreas)

1785: Neubau, Franz Xaver Chrismann (9/I)
1852: Umbau und Erweiterung
1993: Restaurierung und Rückführung auf Chrismann-Zustand, Helmut Allgäuer (Erhalt des Pedals von 1852 hinter dem Hauptgehäuse)

Bass CDEFGA–h^0	Diskant c^1–c^3	Pedal C–H chromatisch
Principal 8'	Principal 8'	Subbaß 16'
Octav 4'	Vox Humana 8'	Octavbaß 8'
Octav 2'	Flöte 8'	
Quinte 1 1/2'	Octav 4'	
Piccolo 1'	Octav 2'	
Mixtur 2fach	Quinte 3'	

Garsten, Kapelle in der Justizanstalt (früher: Gefangenenhaus)

1856/57: Neubau, Franz Hötzel (8/I/P)

Manual C–d³
Portunale 8'
Coppel 8'
Gamba 8'
Principal 4'
Flöte 4'
Mixtur 2'

Pedal C–a⁰ (12 Töne repetierend)
Sub-Bass 16'
Principal-Bass 8'

Garsten, Pfarrkirche. © Rudolf von Beckerath Orgelbau

Garsten, Pfarrkirche, römisch-katholische Pfarrkirche und ehemalige Stiftskirche (Mariä Aufnahme in den Himmel)

1707: Neubau, Johann Ignaz Egedacher
1780: Erweiterung, Franz Xaver Chrismann
1788: Übertragung der Egedacher-Orgel nach Steyr-St. Michael (infolge Aufhebung des Klosters 1787), Peter Hötzel
1863: Orgelneubau, Franz Hötzel (18/II/P)
1960: Neubau in das Hötzel-Gehäuse, Oberösterreichische Orgelbauanstalt (42/III/P)
2009: Neubau mit Teilen des Hötzel-Gehäuses, Rudolf von Beckerath Orgelbau (45/III/P)

I. Rückpositiv C–a^3	II. Hauptwerk C–a^3	III. Schwellwerk C–a^3	Pedal C–g^1
Gedackt 8'	Bordun 16'	Violprinzipal 8'	Untersatz 32'
Quintade 8'	Principal 8'	Salicional 8'	Principal 16'
Principal 4'	Rohrflöte 8'	Bourdon 8'	Subbaß 16'
Rohrflöte 4'	Gamba 8'	Voix Celeste 8'	Oktavbaß 8'
Sesquialtera II 2 2/3'	Flute harm 8'	Fugara 4'	Gedacktbaß 8'
Waldflöte 2'	Octave 4'	Flute oct. 4'	Choralbaß 4'
Quinte 1 1/3'	Spitzflöte 4'	Nazard 2 2/3'	Hintersatz IV 2 2/3'
Scharff IV 1'	Quinte 2 2/3'	Octavin 2'	Posaune 16'
Cromorne 8'	Superoctave 2'	Tierce 1 3/5'	Trompete 8'
Tremulant	Cornet V 8'	Plein jeu V 2'	
	Mixtur VI 1 1/3'	Basson 16'	
	Trompete 16'	Trompette harm. 8'	
	Trompete 8'	Hautbois 8'	
	Tremulant	Chimes	
		Tremulant	

Koppeln (als elektronisches Koppelsystem ausgeführt): RP/HW, SW/HW, SW/RP, RP/P, HP/P, SW/P, SW/HW 16', SW/HW 4', SW/SW 16', SW/SW 4', SW/P 4'
Elektrisches Regierwerk: Elektronisches Setzersystem mit 30000 Kombinationen
Cymbelstern, Nachtigall, Crescendotritt auf 60 Stufen programmierbar
Zungen- und Mixturenabsteller
Tutti als feste Kombination

Großraming, römisch-katholische Pfarrkirche (Hl. Jakobus)

1958: Neubau, Oberösterreichische Orgelbauanstalt (17/II/P)

1. Manual Hauptwerk C–g^3	2. Manual Oberwerk C–g^3	Pedal C–f^1
Prinzipal 8'	Gedackt 8'	Subbaß 16'
Rohrflöte 8'	Salicional 8'	Prinzipal 8'
Oktav 4'	Prinzipal 4'	Quintatön 8'
Gemshorn 4'	Blockflöte 2'	Oktav 4'
Nasat 2 2/3'	Quint 1 1/3'	
Mixtur 5fach 1 1/3'	Mixtur 3fach 1'	

Koppeln: II–I, I–Ped, II–Ped

Grünburg, römisch-katholische Pfarrkirche (Hl. Georg)

1923: Neubau, Gebrüder Mauracher (8/I/P)
2007: Neubau, Orgelbau Kaltenbrunner (16/II/P)

Hauptwerk C–g^3	Rückpositiv C–g^3	Pedal C–f^1
Principal 8'	Gedackt 8'	Subbass 16'
Gedacktflöte 8'	Rohrflöte 4'	Pommer 8'
Weidenpfeife 8'	Principal 2'	Gedackttrompete 8'
Octav 4'	Larigot 1 1/3'	
Spitzflöte 4'	Flageolett 1'	
Mixtur 4fach 1 1/3'	Musett 8'	

Koppeln (als Zug und Tritt ausgeführt): RP–HW, HW–Ped., RP–Ped.
Mechanisch-elektrische Registertraktur (Setzer)

Heiligenkreuz bei Micheldorf, Pfarrkirche. © Florian Zaunmayr

Heiligenkreuz bei Micheldorf, römisch-katholische Pfarrkirche (Fest der Erhöhung des Heiligen Kreuzes)

1853: Neubau für Wartberg an der Krems, Simon Anton Hötzel (10/I/P)
1906: Übertragung der Hötzel-Orgel nach Heiligenkreuz bei Micheldorf, Leopold Breinbauer

Manual C–d^3
Portunal (8')
Gamba (8')
Salicional (8')
Flöte (8')
Principal (4')
Mixtur 4f. (2')

Pedal CDEFGA–a^0 (12 Töne repetierend)
SubBass (16')
Princip.Bass (8')
Violoncello (8')
Bombart (16')

Hinterstoder, Pfarrkirche. © Florian Zaunmayr

Hinterstoder, römisch-katholische Pfarrkirche (Fest der Erhöhung des Heiligen Kreuzes)

1928: Neubau, Gebrüder Mauracher (13/II/P), derzeit unspielbar

I. Manual C–g³	II. Manual C–g³	Pedal C–d¹
Prinzipal 8'	Prinzipal 8'	Subbass 16'
Gedeckt 8'	Gedeckt 8'	Cello 8'
Salizional 8'	Salizional 8'	
Flöte 4'	Flöte 4'	
Oktave 4'	Oktave 4'	
Mixtur 3fach 2'		

Koppeln: Manualkoppel II/I, Oberoktavkoppel II/I (ausgebaut 68 Töne), Unteroktavkoppel II/I, Pedalkoppel I, Pedalkoppel II
Feste Combinationen: Piano, Forte, Pleno, Auslöser
Pneumatische Kegelladen

Kirchdorf an der Krems, evangelische Pfarrkirche (Zum guten Hirten)

1985: Oberösterreichische Orgelbauanstalt (4/I)

Manual C–f^3
Rohrflöte 4'
Gedeckt 8'
Principal 2'
Mixtur

Kirchdorf an der Krems, römisch-katholische Stadtpfarrkirche (Hl. Gregor)

1829: Neubau, Simon Anton Hötzel
1912: Neubau, Leopold Breinbauer (23/II/P)
1912: Übertragung der Hötzel-Orgel nach Sautern bei Schlierbach
(Einsatz bis zum Abriss der Kirche 1957)
1972/73: Neubau, Johann Pirchner d. J. (21/II/P)

I. Hauptwerk C–g^3
Bourdun 16'
Prinzipal 8'
Rohrgedackt 8'
Oktav 4'
Spitzflöte 4'
Sesquialtera 2 2/3'
Blockflöte 2'
Mixtur 1 1/3'
Trompete 8'

II. Brustwerk (schwellbar) C–g^3
Gedeckt 8'
Rohrflöte 4'
Prinzipal 2'
Gemshornquint 1 1/3'
Cimbel 2/3'
Rohrschlamei 8'
Tremulant

Pedal C–f^1
Subbaß 16'
Flötenprinzipal 8'
Choralbaß 4'
Nachthorn 2'
Pedalmixtur 2 2/3'
Fagott 16'

Koppeln: B.W.–H.W., H.W.–Ped, B.W.–Ped

Klaus, Bergkirche. © Florian Zaunmayr

Klaus an der Pyhrnbahn, Bergkirche, römisch-katholische Filialkirche (Hl. Johannes der Täufer)

1858: Neubau, Simon Anton Hötzel
1928: Umbau und Erweiterung, Gebrüder Mauracher (7/I/P)

Manual C–f^3
Salicional (neu) 8'
Gedackt 8'
Flöte 4'
Principal 4'
Mixtur 2fach 2'

Pedal C–d^1
Sub Bass 16'
Cello (neu) 8'

Koppeln: Ob.Okt.-Koppel, Pedal-Koppel
Kombinationen: Piano, Tutti, Auslöser

Klaus an der Pyhrnbahn, römisch-katholische Pfarrkirche (Gedächtnis der Schmerzen Mariens)

1997: Neubau, Orgelbau Oberbergern (7/I/P)

Hauptwerk C–f^3
Gedeckt B/D 8'
Principal 4'
Flauto 4'
Superoctav 2'
Quint (Auszug aus Mixtur) 1 1/3'
Mixtur 1'

Pedal C–d^1 (12 Töne repetierend)
Sub-Baß 16'
Gedackt-Baß 8'

Koppeln (als Fußhebel ausgeführt): Pedalkoppel

Laussa, Pfarrkirche. © Johannes Eder

Laussa, römisch-katholische Pfarrkirche (Mariä Aufnahme in den Himmel)

1872: Neubau als Brüstungsorgel, Anton Hanel (7/I/P)
1987: Neubau eines Pedalgehäuses mit Prospektpfeifen der abgetragenen Salzburger Domorgel
1992: Restaurierung, Helmut Allgäuer
2000: Instandsetzung, Orgelbau Kaltenbrunner

Manual C–c^3
Gedackt 8'
Gamba 8'
Prinzipal 4'
Flöte 4'
Mixtur 3fach 2'

Pedal C–a (12 Töne repetierend)
Subbaß 16'
Oktavbaß 8'

Koppeln: Pedalkoppel

Losenstein, römisch-katholische Pfarrkirche (Hl. Blasius)

1984: Neubau, Johann Pirchner d. J. (19/II/P)

I. Hauptwerk C–g³	II. Rückpositiv C–g³	Pedal C–f¹
Bourdon 16'	Gedackt 8'	Subbaß 16'
Prinzipal 8'	Prästant 4'	Oktav 8'
Rohrflöte 8'	Holzflöte 4'	Bombard 16'
Viola 8'	Flöte 4'	
Oktav 4'	Sesquialtera 2 2/3'	
Flöte 4'	Zimbel	
Spitzquint 2 2/3'		
Oktav 2'		
Mixtur 1 1/3'		
Trompete 8'		

Koppeln: II–I, I–Pedal, II–Pedal

Maria Neustift, römisch-katholische Pfarr- und Wallfahrtskirche (Maria, Heil der Kranken)

1834: Neubau, Simon Anton Hötzel (8/I/P)
1989: Neubau, Pflüger Orgelbau (19/II/P)

Hauptwerk C–g³	Rückpositiv C–g³	Pedal C–f¹
Bordun 16'	Copl 8'	Subbass 16'
Principal 8'	Principal 4'	Octavbass 8'
Hohlflöte 8'	Holzflöte 4'	Fagott 16'
Octav 4'	Sesquialtera 2 2/3'	
Nachthorn 4'	Rohrflöte 2'	
Quintflöte 2 2/3'	Octävlein 1'	
Octav 2'	Krummhorn 8'	
Mixtur 1 1/3'	Tremolo	
Trompete 8'		

Koppeln (als Tritt ausgeführt): RP/HW, HW/Ped, RP/HW

Micheldorf, römisch-katholische Pfarrkirche (Hl. Josef)

1973: Neubau, Johann Pirchner d. J. (16/II/P)

I. Hauptwerk C–g^3	II. Brustwerk C–g^3	Pedal C–f^1
Prinzipal 8'	Gedackt 8'	Subbaß 16'
Rohrflöte 8'	Spitzgedeckt 4'	Oktavbaß 8'
Oktav 4'	Prinzipal 2'	Choralbaß 4'
Nasat 2 2/3'	Terzian 4/5'	Fagott 16'
Flachflöte 2'	Scharff 2/3'	
Mixtur 1 1/3'		
Trompete 8'		

Koppeln (als Tritt ausgeführt): BW–Ped., HW–Ped., BW–HW
Schweller im BW als Tritt

Molln, römisch-katholische Pfarrkirche (Hl. Laurentius)

1889: Neubau, Johann Lachmayr (10/I/P)
1976: Neubau, Riedl Orgelbau (17/II/P)
1991: Umbau und Erweiterung, Orgelbau Kaltenbrunner (18/II/P)
2008: Instandsetzung, Reinhold Humer

I. Hauptwerk C–g^3	II. Brustwerk C–g^3	Pedal C–f^1
Prinzipal 8'	Holzgedackt 8'	Subbaß 16'
Rohrflöte 8'	Gedacktflöte 4'	Oktavbaß 8'
Oktav 4'	Nasat 2 2/3'	Choralbaß 4'
Spitzflöte 4'	Blockflöte 2'	Fagott 16'
Oktav 2'	Terz 1 3/5'	
Mixtur 1 1/3'	Quinte 1 1/3'	
Trompete 8'	Scharff 1'	
	Tremulant	

Koppeln (als Zug und Tritt ausgeführt): BW–HW, HW–Ped., BW–Ped.
Schweller im BW als Tritt

Reichraming, römisch-katholische Pfarrkirche (Hl. Franz von Sales)

1981/82: Neubau, Johann Pirchner d. J. (18/II/P)

Hauptwerk C–g³	Schwellwerk C–g³	Pedal C–f¹
Prinzipal 8'	Gedackt 8'	Subbaß 16'
Rohrflöte 8'	Rohrflöte 4'	Oktavbaß 8'
Oktav 4'	Sesquialtera 2 2/3'	Choralbaß 4'
Spitzflöte 4'	Prinzipal 2'	Fagott 16'
Quint 2 2/3'	Nasat 1 1/3'	
Waldflöte 2'	Zimbel 1'	
Mixtur 1 1/3'		
Dulzian 8'		

Koppeln: SW/HW, HW/Ped, SW/Ped

St. Pankraz, Pfarrkirche. © Florian Zaunmayr

St. Pankraz, römisch-katholische Pfarrkirche (Hl. Pankratius)

1887: Neubau, Josef Mauracher (7/I/P)

I. Manual C–f³	Pedal C–d¹
Principal 8'	Subbaß 16'
Gedact 8'	
Philomela 8'	
Octav 4'	
Dolce 4'	
Mixtiv (sic!) 4fach	

Koppeln (als Zug ausgeführt): Pedalkoppel

St. Ulrich bei Steyr, Pfarrkirche. © Helmut Weiss

St. Ulrich bei Steyr, römisch-katholische Pfarrkirche (St. Ulrich)

1704: Neubau, Johann Ignaz Egedacher
1904: Neubau, Josef Mauracher
1995: Neubau in das Mauracher-Gehäuse, Kögler Orgelbau (31/II/P)

I. Manual C–g^3
Bordun 16'
Prinzipal 8'
Rohrflöte 8'
Gamba 8'
Octav 4'
Flöte 4'
Quint 2 2/3'
Superoctav 2'
Cornet III ab g^0 2 2/3'
Mixtur V–VI 1 1/3'
Trompete 8'

II. Manual C–g^3
Gedeckt 8'
Salicional 8'
Vox coelestis 8'
Prinzipal 4'
Fugara 4'
Flöte 4'
Sesquialtera 2 2/3'
Waldflöte 2'
Quint 1 1/3'
Mixtur V 2'
Basson 16'
Trompete 8'
Clairon 4'
Tremulant

Pedal C–f^1
Violon 16'
Subbaß 16'
Octavbaß 8'
Gedecktbaß 8'
Choralbaß 4'
Mixtur IV 2 2/3'
Posaune 16'

Koppeln (als Zug und Tritt ausgeführt): II/I, I/Ped, II/Ped
Elektrisches Regierwerk, Setzeranlage

Scharnstein, römisch-katholische Pfarrkirche (Hl. Berthold)

1970: Neubau, Johann Pirchner d. J. (25/II/P)

I. Hauptwerk C–g^3	II. Oberwerk C–g^3	Pedal C–f^1
Prinzipal 8'	Gedackt 8'	Prinzipalbaß 16'
Rohrgedeckt 8'	Weidenpfeife 8'	Subbaß 16'
Oktav 4'	Prinzipal 4'	Oktavbaß 8'
Spitzflöte 4'	Rohrflöte 4'	Baßflöte 8'
Rauschquinte 2 2/3'	Oktav 2'	Choralbaß 4'
Waldflöte 2'	Nasat 1 1/3'	Nachthorn 2'
Mixtur 1 1/3'	Zimbel 1'	Mixtur 2 2/3'
Trompete 8'	Krummhorn 8'	Bombarde 16'
Schalmei 4'	Tremulant	

Koppeln: II–I, I–P, II–P

Sierning, römisch-katholische Pfarrkirche (Hl. Stephan)

1923: Reparatur, Gebrüder Mauracher
1931: Neubau, Josef Panhuber
1967: Umbau, Georg Windtner (27/II/P)

I. Manual C–g^3	II. Manual C–g^3	Pedal C–f^1
Bourdon 16'	Geigenprinzipal 8'	Violon 16'
Prinzipal 8'	Gedeckt 8'	Subbass 16'
Hohlflöte 8'	Quintadön (sic!) 8'	Stillgedackt 16'
Dulciana 8'	Salizional 8'	Prinzipalbass 8'
Oktav 4'	Aeoline 8'	Choralbass 4'
Rohrflöte 4'	Voxcelest 8'	Posaune 16'
Quint 2 2/3'	Gemshorn 4'	
Sup.Oktav 2'	Flöte 4'	
Mixtur 1 1/3'	Piccolo 2'	
Trompete 8'	Sesquialter 2 2/3'	
	Oboe 8'	

Koppeln: Manual II–I, Oberoktav II–I, Pedal I, Pedal II
Kombinationen: 1 freie Kombination
Drücker unter dem I. Manual: frei Komb. ein, Regist.Rollschweller ein, RegistRollschweller ab, Zungen ab, Auslöser, Pianopedal ab

Sierning, evangelische Kirche (Christuskirche)

1997: Neubau, Gebrüder Mayer (10/II/P)

I. Manual C–g^3	II. Manual C–g^3	Pedal C–f^1
Principal 8'	Rohrflöte 8'	Subbass 16'
Gedeckt 8'		
Oktave 4'		
Flöte 4'		
Quinte 2 2/3'		
Terz 1 3/5'		
Schwiegel 2'		
Mixtur 2fach 1 1/3'		

Koppeln: I/Ped, II/Ped

Spital am Pyhrn, Pfarrkirche. © Florian Zaunmayr

Spital am Pyhrn, Friedhofskirche, römisch-katholische Filialkirche (St. Leonhard)

1749: Neubau als Brüstungspositiv, Valentin Hochleit(h)ner (4/I)
1975: Restaurierung, Johann Pirchner d. J.

Manual CDEFGA–c^3
Copl (8')
Fletten (4')
Principal (2')
Quint (1 1/2')

Spital am Pyhrn, Pfarrkirche, römisch-katholische Pfarrkirche und ehemalige Stiftskirche (Mariä Aufnahme in den Himmel)

1770: Neubau, Valentin Hochleit(h)ner
1841: Zerstörung durch Brand
1846: Neubau, Ludwig Mooser (32/II/P)
1884: Umbau, Johann Lachmayr
1979: Umbau und Erweiterung, Riedl Orgelbau
2007: Rückführung auf Mooser-Zustand, Gerald Woehl (33/II/P)

I. Hauptwerk C–f^3
Principal 16'
Principal 8'
Filomele 8'
Grobsgedackt 8'
Viola di Gamba 8'
Quintatön 8'
Quint major 6'
Blockflöte 4'
Waldflöte 4'
Piccolo 2'
Mixtur V–IV (2')

II. Oberwerk C–f^3
Principal 8'
Lieblich Gedackt 8'
Salicional 8'
Äoline 8'
Octav 4'
Flut d'amour 4'
Dulciana 4'
Quint 3'
Flageolet 2'
Acuta IV (1 1/3')

Pedal C–c^1(ab 2007: C–d^1)
Principalbaß 16'
Pourtun 16'
Violon 16'
Subbaß 16'
Pourtunal Quinte 12'
Octavbaß 8'
Flötbaß 8'
Flöt 4'
Compensum III (3 1/5')
Serpan (durchschlagend) 16'
Posaune 16'
Trompete 8'

Koppeln (als Zug ausgeführt): OW/HW, HW/Ped, OW/Ped
Tremulant
Abgestufter Registerzug (16' Pleno 4' 8')

Steinbach am Ziehberg, Pfarrkirche. © Florian Zaunmayr

Steinbach am Ziehberg, römisch-katholische Pfarrkirche (Hl. Florian)

1854: Neubau, Josef Breinbauer (6/I/P)
1975: Restaurierung, Johann Pirchner d. J.

Manual CDEFGABH–c^3
Salizional 8'
Gedackt 8'
Prinzipal 4'
Mixtur 3fach 2'

Pedal CDEFGA–a^0, 12 Töne repetierend
Subbaß 16'
Oktavbaß 8'

Koppeln (als Tritt ausgeführt): Pedalkoppel

Steinbach an der Steyr, römisch-katholische Pfarrkirche (Hl. Bartholomäus)

1978: Neubau als Brüstungsorgel, Gregor Hradetzky (11/II/P)

I. Manual C–g³	II. Manual C–g³	Pedal C–f¹
Gedeckt 8'	Rohrflöte 8'	Subbaß 16'
Rohrflöte 4'	Prinzipal 4'	Gedecktbaß 8'
Oktave 2'	Waldflöte 2'	
Sesquialtera [2 2/3']	Mixtur 1 1/3'	
Quint 1 1/3'		

Koppeln: I–II, I–P, II–P

Steyr, evangelische Pfarrkirche (Stadtkirche)

1898: Neubau, Johann Lachmayr
1974: Neubau in das Lachmayr-Gehäuse, Riedl Orgelbau (17 (18)/II/P)
2015: Restaurierung, Umbau und Erweiterung, Oswald Kaufmann (19/II/P)

I. Hauptwerk C–g³	II. Brustwerk C–g³	Pedal C–f¹
Prinzipal 8'	Copula 8'	Subbaß 16'
Rohrflöte 8'	Salizional 8'	Gedacktbaß 8'
Oktav 4'	Traversflöte 4'	Choralbaß 4'
Spitzflöte 4'	Sesquialtera II	Trompete 8'
Quint 2 2/3'	Flöte 2'	
Principal 2'	Quint 1 1/3'	
Mixtur 4fach 1 1/3'	Zimbel 1'	
	Tremulant	

Steyr-Christkindl, römisch-katholische Pfarr- und Wallfahrtskirche (Zum göttlichen Christuskind)

1908: Neubau, Josef Mauracher
1975: Neubau in das Mauracher-Gehäuse, Ludwig Eisenbarth (17/II/P)

I. Hauptwerk C–g^3	II. Brustwerk C–g^3	Pedal C–f^1
Prinzipal 8'	Copula 8'	Subbaß 16'
Coppel 8'	Salicional 8'	Octavbaß 8'
Oktave 4'	Holzflöte 4'	Piffaro (Vorabzug 4') 4'+2'
Rohrflöte 4'	Prinzipal 2'	Posaune 8'
Quint 2 2/3'	Sesquialtera 2fach 2 2/3'	
Mixtur 4fach 2'	Zimbel 2fach 1'	
Vorabzug 2'	Zartregal 8'	

Koppeln: Manualkoppel 2–1, Pedalkoppel 1, Pedalkoppel 2

Steyr-Ennsleite, römisch-katholische Pfarrkirche (Hl. Josef)

1976: Neubau, Riedl Orgelbau (18/II/P)

I. Hauptwerk C–g^3	II. Brustwerk (schwellbar) C–g^3	Pedal C–f^1
Prinzipal 8'	Holzgedackt 8'	Subbaß 16'
Rohrflöte 8'	Gedacktflöte 4'	Oktavbaß 8'
Oktav 4'	Nasard 2 2/3'	Choralbaß 4'
Spitzflöte 4'	Blockflöte 2'	Fagott 16'
Superoktav 2'	Terz 1 3/5'	
Mixtur 1 1/3'	Quint 1 1/3'	
Span. Trompete 8'	Zimbel 1'	
	Tremulant	

Koppeln (als Zug und Tritt ausgeführt): BW–HW, HW–P, BW–P

Steyr-Gleink, Pfarrkirche. © Robert Kallaschek

Steyr-Gleink, römisch-katholische Pfarrkirche und ehemalige Stiftskirche (Hl. Andreas)

1732: Neubau, Johann Christoph Egedacher
1900: Neubau in das Egedacher-Gehäuse, Josef Mauracher
1994: Neubau und Rückführung auf den Egedacher-Zustand, Bernhardt H. Edskes (20/II/P)

Hauptwerk CDE–c^3
Principal 8'
Viola 8'
Quintaden 8'
Octav 4'
Spitzflöte 4'
Quint 3'
Superoctav 2'
Mixtur 4–5fach
Piffaro (D) 8'

Positiv CDE–c^3
Copel 8'
Rohrfleten 4'
Principal 2'
Quint 1 1/2'
Mixtur 2fach

Pedal CDE–d^1
SubBass 16'
OktavBaß 8'
QuintBaß 6'
Octav 4'
Mixtur 4fach
Fagot 8'

Koppeln: Manualschiebekoppel
Tromba, Cimbelstern, Trommelpauke
Tremulant aufs ganze Werk

Steyr-Hl. Familie (Tabor), römisch-katholische Pfarrkirche (Hl. Familie)

o.J.: Neubau für Familie Edskes, Sebastian Friedrich Blank (9/II/P)
1997: Übertragung der Blank-Orgel aus Edskes-Familienbesitz nach Steyr-Heilige Familie, Bernhardt H. Edskes

I. Manual C–f³	II. Manual C–f³	Pedal C–d¹
Holpijp 8v	Fluit 4v	Subbaß 16v
Prestant 4v	Woudfluit 2v	
Fluit 4v	Regaal 8v	
Octaav 2v		
Mixtur III		

Koppeln: ständig wirkende Pedalkoppel an das I. Manual

Steyr-Münichholz, römisch-katholische Pfarrkirche (Christus König)

1968: Neubau, Oberösterreichische Orgelbauanstalt (23/II/P)

I. Hauptwerk C–g³	II. Schwellwerk C–g³	Pedal C–f¹
Quintatön 16'	Gedackt 8'	Prinzipal 16'
Prinzipal 8'	Prinzipal 4'	Subbaß 16'
Rohrflöte 8'	Rohrflöte 4'	Oktavbaß 8'
Oktav 4'	Sesquialtera 2 2/3'	Choralbaß 4'
Spitzflöte 4'	Oktav 2'	Fagott 16'
Nasat 2 2/3'	Quint 1 1/3'	
Flachflöte 2'	Scharff 4fach 1'	
Mixtur 4fach 1 1/3'	Krummhorn 8'	
Trompete 8'		

Koppeln: Manualkoppel II–I, Pedalkoppel I, Pedalkoppel II

Steyr-St. Anna, römisch-katholische Pfarrkirche (Hl. Anna)

1961: Neubau, Oberösterreichische Orgelbauanstalt (10/II/P)

I. Manual C–g^3	II. Manual C–g^3	Pedal C–f^1
Gedackt 8'	Rohrflöte 8'	Subbaß 16'
Prinzipal 4'	Gemshorn 4'	Prinzipal 8'
Salizet 4'	Prinzipal 2'	
Mixtur 3–4fach 2'	Scharf 3fach 1'	

Koppeln (als Tritt ausgeführt): II–I, I–Ped, II–Ped

Steyr-St. Michael, Bruderhauskirche, römisch-katholische Filialkirche (Hl. Geist)

1847: Neubau, Simon Anton Hötzel
1899: Neubau, Johann Lachmayr (6/I/P))

Manual C–c^3	Pedal C–c^1
Bourdon 8'	Subbaß 16'
Gamba 8'	
Prinzipal 4'	
Salicet 4'	
Mixtur 3fach 2'	

Steyr-St. Michael, Pfarrkirche. © Christoph Waghubinger

Steyr-St. Michael, Michaelerkirche, römisch-katholische Pfarrkirche und ehemalige Klosterkirche (Hl. Michael)

1707: Neubau für die Stiftskirche Garsten, Johann Ignaz Egedacher (18/II/P)
1780: Erweiterung, Franz Xaver Chrismann
1788: Übertragung der Egedacher-Orgel nach Steyr-St. Michael, Peter Hötzel
1969: Neubau, Johann Pirchner d. J. (27/II/P)

I. Hauptwerk C–g^3
Quintade 16'
Prinzipal 8'
Coppel 8'
Gemshorn 8'
Oktav 4'
Flöte 4'
Quint 2 2/3'
Oktav 2'
Mixtur Major 5fach 2'
Mixtur Minor 3–4fach 1 1/3'
Trompete 8'

II. Oberwerk C–g^3
Gedackt 8'
Prinzipal 4'
Rohrflöte 4'
Oktav 2'
Quint 1 1/3'
Mixtur 4fach 1 1/3'
Terz 1 3/5'
Cimbel 2fach 2/3'
Krummhorn 8'

Pedal C–f^1
Prinzipalbaß 16'
Subbaß 16'
Prinzipalbaß 8'
Oktavbaß 4'
Nachthorn 2'
Posaune 16'
Posaune 8'

Koppeln: II/I, I/P, II/P

Steyr-Stadtpfarrkirche, Marienkirche. © Christoph Waghubinger

Steyr-Stadtpfarrkirche, Marienkirche (Dominikanerkirche), römisch-katholische Filialkirche und ehemalige Klosterkirche (Fest der allerseligsten Jungfrau Maria vom Rosenkranz)

1616: Neubau, (Hans) Ulrich Schreyer
1741: Neubau, Johann Christoph Egedacher (24/II/P)
1788: Übertragung der Egedacher-Orgel in die Karmelitenkirche Linz
1981/82: Neubau („Karl-Rieß-Orgel"), Oberösterreichische Orgelbauanstalt Kögler (21/II/P)

I. Hauptwerk C–g^3	II. Schwellwerk C–g^3	Pedal C–f^1
Prinzipal 8'	Gedackt 8'	Subbaß 16'
Rohrflöte 8'	Viola 8'	Oktavbaß 8'
Oktav 4'	Prinzipal 4'	Gedacktbaß 8'
Spitzflöte 4'	Rohrflöte 4'	Choralbaß 4'
Quint 2 2/3'	Sesquialtera 2 2/3'	Fagott 16'
Superoktav 2'	Waldflöte 2'	
Mixtur 4fach 1 1/3'	Scharff 3fach 1'	
Trompete 8'	Krummhorn 8'	
	Tremulant	

Koppeln (als Zug und Tritt ausgeführt): SW–HW, HW–Ped, SW–Ped

Steyr-Stadtpfarrkirche, Pfarrkirche. © Christoph Waghubinger

Steyr-Stadtpfarrkirche, Stadtpfarrkirche, römisch-katholische Pfarrkirche (Hl. Ägidius und Hl. Koloman)

1779: Neubau, Franz Xaver Chrismann
1895: Neubau, Matthäus Mauracher d. J.
1962: Neubau mit historischem Pfeifenbestand, Johann Pirchner d. Ä. (40/III/P)

I. Hauptwerk C–f³	II. Oberwerk C–f³	III. Positiv C–f³	Pedal C–f'
Prinzipal 16'	Liebl. Gedeckt 16'	Bordun 8'	Principalbaß 16"
Prinzipal 8'	Principal 8'	Quintade 8'	Subbaß 16'
Flöte 8'	Salicet 8'	Principal 4'	Bordunbaß 16'
Gamba 8'	Ital. Prinzipal 4'	Oktav 2'	Oktavbaß 8'
Rohrflöte 8'	Rohrflöte 4'	Larigot 1 1/3'	Flötenbaß 8'
Flöte 4'	Waldflöte 2'	Sesquialtera 2 2/3'	Oktav 4'
Oktav 4'	Cornett 4fach 4'	Cimbel 3fach 1'	Nachthorn 2'
Quint 2 2/3'	Nassard 2 2/3'	Krummhorn 8'	Pedalmixtur 4fach 2 2/3'
Superoktav 2'	Scharf 4fach 1'		Posaune 8'
Mixtur-mayor 4fach 2'	Oboe 8'		Posaune 16'
Mixtur-minor 4fach 1 1/3'			
Trompete 8'			

Koppeln: Hauptw.–Pedal, Oberwerk–Pedal, Positiv–Pedal, Oberwerk–Hauptwerk, Positiv–Hauptwerk
Kombinationen: Fr. Kombination, Pleno, Auslöser
Cresc. ein (Schwelltritt)
Zungenabsteller general und einzeln
Registertraktur elektrisch

Ternberg, römisch-katholische Pfarrkirche (Hl. Petrus und Hl. Paulus)

1908: Neubau, Leopold Breinbauer
1959: Umbau, Johann Pirchner d. Ä.
1976: Neubau, Riedl Orgelbau (15/II/P)

I. Hauptwerk C–g^3	II. Brustwerk schwellbar C–g^3	Pedal C–f^1
Principal 8'	Holzgedackt 8'	Subbass 16'
Gedackt 8'	Rohrflöte 4'	Octavbass 8'
Oktav 4'	Principal 2'	Choralbass 4'
Gemshorn 4'	Nasat 1 1/3'	Fagott 16'
Waldflöte 2'	Zimbel 1'	
Mixtur 1 1/3'		

Koppeln (als Zug und Tritt ausgeführt): BW–HW, HW–P, BW–P
Schweller im BW als Tritt

Vorderstoder, Pfarrkirche. © Florian Zaunmayr

Vorderstoder, römisch-katholische Pfarrkirche (Hl. Leopold)

1853: Neubau, Ludwig Mooser (6/I/P)
1992: Restaurierung, Orgelbau Kaltenbrunner

Manual C–c^3	Pedal C–H
Gedeckt 8'	Oktav Bass 8'
Prinzipal 4'	
Holzflöte 4'	
Oktave 2'	
Mixtur 3fach	

Ständig angehängtes Pedal

Waldneukirchen, römisch-katholische Pfarrkirche (Hl. Petrus und Hl. Paulus)

1924: Neubau, Gebrüder Mauracher
1982: Zerstörung durch Brand
1989: Neubau, Wolfgang Eisenbarth (21/II/P)

I. Hauptwerk C–g^3	II. Oberwerk C–g^3	Pedal C–f^1
Principal 8'	Gedeckt 8'	Subbaß 16'
Spitzflöte 8'	Rohrflöte 4'	Oktav 8'
Gamba 8'	Nasard 2 2/3'	Oktav 4'
Oktav 4'	Principal 2'	Posaune 16'
Hohlflöte 4'	Terz 1 3/5'	Trompete 8'
Oktav 2'	Zimbel 3 fach 1'	
Mixtur 4fach 1 1/3'	Oktävlein (aus Zimbel) 1'	
Trompete 8'	Vox Humana 8'	
	Tremolo	

Koppeln: OW/HW, HW/Ped, OW/P

Weyer, römisch-katholische Pfarrkirche (Hl. Johannes)

1912: Neubau, Josef Mauracher (26/II/P)

1. Manual C–g^3	2. Manual C–g^3	Pedal C–f^1
Bourdon 16'	Flötenprincipal 8'	Violon 16'
Principal 8'	Tibia 8'	Subbass 16'
Flöte 8'	Lieblich Gedackt 8'	Oktavbass 8'
Gedeckt 8'	Salicional 8'	Cello 8'
Gamba 8'	Quintatön 8'	Posaune 16'
Dolce 8'	Aeoline 8'	
Octave 4'	Voix celeste 8'	
Rohrflöte 4'	Geigenprincipal 4'	
Rauschquinte 2 2/3'	Flauto 4'	
Mixtur 2'	Kornett 4'	
Trompete 8'		

Koppeln: Manual-Koppel II. auf I., Unt.Oct.Koppel II.auf I., Ober.Oct.Koppel II. auf I., Pedal Koppel I., Pedal Koppel II.
Pneumatische Traktur

Windischgarsten, römisch-katholische Pfarrkirche (Hl. Jakobus)

1824: Neubau, Simon Anton Hötzel
1997: Neubau, Pflüger Orgelbau (29/II/P)

I. Manual C–g^3	II. Manual C–g^3	Pedal C–f^1
Holzgedackt 8'	Bourdon 16'	Prinzipalbaß 16'
Quintade 8'	Prinzipal 8'	Subbaß 16'
Prinzipal 4'	Rohrflöte 8'	Oktavbaß 8'
Rohrflöte 4'	Gamba 8'	Gedacktbaß 8'
Nasat 2 2/3'	Salizional 8'	Choralbaß 4'
Prinzipal 2'	Oktav 4'	Hintersatz 2'
Waldflöte 2'	Spitzflöte 4'	Posaune 16'
Terz 1 3/5'	Quint 2 2/3'	Trompete 8'
Quint 1 1/3'	Superoktav 2'	
Scharff 1'		
Vorabzug 1'		
Krummhorn 8'		
Tremulant		

Koppeln: II/I, I/Ped, II/Ped

Register

Personen

Orte